社会心理学

徐从德 主 编
汪 洋 副主编

中国纺织出版社有限公司

内 容 提 要

社会心理学是一门兼具理论性和应用性的学科，本书的编写兼顾基础与应用社会心理学两方面的内容。在基础性和理论性方面，本书内容丰富、结构相对完整，对社会知觉和认知、人际关系、社会感情、社会态度等基本理论与原理进行了较为全面系统的介绍。在应用心理学方面，主要就人际关系、领导行为、群体行为等应用社会心理学方面进行了介绍。同时，本书注重综合介绍社会心理学的理论和原理知识，在章节安排方面兼顾社会心理学学科体系的完整性和内容的可读性，基本涵盖了社会心理学的基本研究内容，可以满足不同专业和社会人士对社会心理学的兴趣。

图书在版编目（CIP）数据

社会心理学 / 徐从德主编；汪洋副主编. -- 北京：中国纺织出版社有限公司，2022.10

ISBN 978-7-5180-9974-0

Ⅰ．①社… Ⅱ．①徐… ②汪… Ⅲ．①社会心理学 Ⅳ．①C912.6-0

中国版本图书馆 CIP 数据核字（2022）第 199294 号

责任编辑：张　宏　　责任校对：高　涵　　责任印制：储志伟

中国纺织出版社有限公司出版发行
地址：北京市朝阳区百子湾东里 A407 号楼　邮政编码：100124
销售电话：010—67004422　传真：010—87155801
http://www.c-textilep.com
中国纺织出版社天猫旗舰店
官方微博 http://weibo.com/2119887771
三河市宏盛印务有限公司印刷　各地新华书店经销
2022 年 10 月第 1 版第 1 次印刷
开本：787×1092　1/16　印张：14.5
字数：298 千字　定价：89.80 元

凡购本书，如有缺页、倒页、脱页，由本社图书营销中心调换

前言
PREFACE

　　时光匆匆，转眼间笔者从事社会工作研究已几十载，对社会工作专业有深沉的爱。社会工作是一门专业、一门职业、一门事业。社会心理学是一门兼具理论性和实践性的综合学科，也是社会工作、心理学、社会学、文化人类学、生物遗传学等多学科共同关注的交叉学科和边缘学科。笔者拥有社会学和社会福利学的学科背景，在社会工作系从事社会心理学的教学与研究多年，参与多项课题的研究，发表多篇论文，这一系列学术经历使笔者在基础和应用社会心理学领域均有较好的涉猎和积累。多年来，笔者一直致力于社会心理学的研究，在社会知觉和认知、人际关系、社会动机和情感、社会态度、群体心理、社会化、社会行为等方面，以及社会心理学的理论和规律方面均有很好的实践和运用。

　　笔者曾参与青岛市军队离休退休干部、青岛市慈善事业发展服务规范、青岛市社会救助机构儿童社会工作等政策的研究与创新，参加多项社会服务项目，虽然研究领域的扩展导致精力有些分散，但对社会心理学的教学与研究从未间断和松懈。笔者也努力尝试将社会心理学的理论与不同实践领域相结合。例如，致力于社会心理学与人际关系、群体心理、社会行为、社会态度、社会化问题等方面的研究。

　　在教学生涯中，笔者先后主讲过"社会心理学""社会工作概论""非营利组织管理""社会福利思想""宏观高级社会工作实务"等涉及社会心理学的课程，从这些课程的教学中笔者开始从多角度思考社会心理学问题。

　　本书以社会学、心理学专业需求为主，兼顾管理学、社会工作、社会福利学以及相关专业需求，在编写中试图做到以下三点：

　　第一，兼顾基础与应用社会心理学两方面内容。

　　社会心理学是一门兼具理论性和应用性的综合学科，本书的编写也体现这双重性质。在基础性和理论性方面，本书内容丰富、结构相对完整，对社会知觉和认知、人际关系、社会感情、社会态度等基本理论与原理进行了较为全面系统的介绍。在应用心理学方面，主要就人际关系、领导行为、群体行为等应用社会心理学内容进行了介绍。

　　第二，在内容上将学科基础性和学术前沿性相结合。

　　社会心理学的知识浩瀚如海，如何选材才能满足广大读者的需求，是笔者较为关注的问题。本书重点介绍社会心理学的理论知识，同时结合学术前沿动态。例如，社会知觉和认知一章介绍了刻板印象，人际关系一章介绍了社会关系模式等。

第三，兼顾学科体系完整性与内容可读性。

本书在章节安排方面兼顾社会心理学学科体系完整性和内容的可读性。全书涵盖了社会心理学的基本研究内容，能够满足不同专业和社会人士对社会心理学的阅读需求。高校教师可以根据学生专业背景和专业基础的差异，有选择地讲授。

本书以笔者的社会心理学自编课件及讲义为基础，由笔者本人担任主编，汪洋担任副主编，笔者的研究生和汇泉社会工作服务中心的社工协助进行资料收集和文献整理工作，其中各章节内容整理分工为：绪论，李玥儒、位俊萍；第一章，位俊萍；第二章，李玥儒；第三章，唐颖、刘欣雨；第四章，唐颖、刘欣雨；第五章，刘欣雨；第六章，耿世枫；第七章，唐颖；第八章，唐颖、耿世枫；第九章、第十章，王静。李冲、张雨、姚文洁、林康也做了一些前期统稿工作。汇泉社会工作服务中心的张悦、李卓、梁逗逗等在本书编写过程中做了大量的内容完善与修正工作，在此一并致谢！

本书在编写过程中，参考了国内外社会心理学研究者的大量研究成果和相关著述，在此谨以诚挚的谢意。书中引用和阐释若有不当之处，恳请见谅并知会笔者予以修订。

由于笔者学术视野和能力有限，以及时间精力所限，疏漏和不足在所难免，恳请读者不吝指教！

徐从德

2022 年 1 月

目 录
CONTENTS

绪　论 1

第一章　社会知觉和认知 15
第一节　社会知觉 15
第二节　对他人的知觉——印象 29
第三节　对群体的知觉——刻板印象 36
第四节　社会认同及群体认同 40
第五节　对行为与事件原因的推断——归因 47

第二章　人际关系 52
第一节　人际关系概述 52
第二节　人际关系的发展 57
第三节　人际冲突与合作 65
第四节　利他行为与侵犯行为 69

第三章　社会动机 74
第一节　动机概述 74
第二节　几种主要的动机理论 79
第三节　几种主要的社会动机 84

第四章　社会感情 90
第一节　社会感情概述 90
第二节　社会感情理论 94
第三节　社会情绪 98

第四节　社会文化和情感 · 102

第五章　社会态度 · 105

　　第一节　态度概述 · 105
　　第二节　态度的形成 · 112
　　第三节　态度改变理论 · 114
　　第四节　说服 · 117
　　第五节　偏见 · 119
　　第六节　态度的测量 · 121

第六章　群体心理 · 125

　　第一节　社会群体概述 · 125
　　第二节　群体领导者 · 133
　　第三节　群体内部沟通 · 135
　　第四节　群体决策 · 137
　　第五节　集群心理 · 140
　　第六节　民族心理 · 143

第七章　社会影响 · 147

　　第一节　社会影响的反应机理 · 148
　　第二节　社会促进和社会抑制 · 149
　　第三节　从众与众从 · 151
　　第四节　服从 · 156
　　第五节　顺从 · 158
　　第六节　暗示 · 161

第八章　人际沟通 · 164

　　第一节　人际沟通概述 · 164
　　第二节　人际沟通的分类 · 169
　　第三节　影响人际沟通的因素 · 171
　　第四节　人际沟通的障碍 · 173

第五节　人际沟通的技巧 ……………………………………………… 175

第六节　关于倾听 ……………………………………………………… 176

第九章　社会化 …………………………………………………………… 179

第一节　社会化概述 …………………………………………………… 179

第二节　社会化的影响因素 …………………………………………… 186

第三节　社会化的心理机制 …………………………………………… 188

第四节　社会化的阶段和社会化的结果 ……………………………… 190

第五节　社会化的理论 ………………………………………………… 191

第六节　成人的社会化 ………………………………………………… 192

第十章　社会行为 ………………………………………………………… 197

第一节　社会行为的基础 ……………………………………………… 197

第二节　侵犯行为 ……………………………………………………… 202

第三节　亲社会行为 …………………………………………………… 210

参考文献 …………………………………………………………………… 219

后　记 ……………………………………………………………………… 222

绪 论

引言

社会心理学是一门科学吗？

社会心理学是科学还是常识？

1. 科学应该具有四种价值：

①准确性：以谨慎和精确无误的方式收集和评价关于世界（包括社会行为和思想）信息的保证。

②客观性：以没有人为偏差的方式收集和评价这些信息的保证。

③怀疑性：在已经被反复验证的准确范围内接受研究发现的保证。

④开放性：即使是非常肯定的观点，只要存在依据表明这个观点不准确，即改变观点的保证。

2. 常识可靠吗？（柏拉图的《理想国》中的"洞穴中的囚徒"只能看到阴影却误以为真的处境。）

"一日不见，如隔三秋"vs"眼不见，心不想"，"距离产生美感"vs"日久生情"，"物以类聚——相似吸引"与"异质相吸——因差异而吸引"究竟孰是孰非？这一矛盾的澄清，必须由科学的理论而不是常识来鉴定，社会心理学就是承担这一鉴定的学科。

一、社会心理学的含义及研究对象

社会心理学是心理学的分支之一，心理学包括人格、实验、认知、社会四个领域。人格心理学探讨的是个体内在特征对个体行为与心理有什么样的影响；实验心理学解决的是研究方法的问题；认知心理学解决的是心理过程和机制问题，使我们更好地了解心理现象发生的规律；社会心理学除了考虑个体本身的特性，还对个体和社会的种种关系进行考虑，它的目的在于了解各种社会因素对个体及群体行为的影响，它不像其他心理学把个体作为分析的单位，而是将个体置于社会环境中，从社会环境和团体动力中去探索行为。研究人和环境如何相互作用而产生有意义的思想、感情和行为。

社会心理是指在一定的社会生活状态下形成的、互有影响的多数人共有（个体或群体拥有）的心理现象。

（一）社会心理学的定义

1. Freedman 从行为主义的思路出发做出的定义

社会心理学是系统地研究社会行为的科学。其范围涉及如何认识他人、如何对别人作出反应、别人如何对我们作出反应，以及我们怎样受所处的环境的影响。

总之，社会心理学是研究人与人之间相互作用的所有领域，包括与社会现象直接相关的各种行为。

2. Myers 从社会认知的角度出发做出的定义

社会心理学是研究人是怎样想、怎样相互影响、怎样与别人相互联系的科学。正因为他对社会心理学研究对象的观点不同，其著作中出现了一些与众不同的概念，如社会信念。社会信念的不同，导致认知机制和作用过程也不同。

3. 吴江霖从个体为主的角度出发做出定义

社会心理学是研究个体或若干群体在特定的社会条件下心理活动变化发展的科学。

4. 沈德灿的综合性定义

社会心理学是研究个体和群体的社会心理、社会行为及其行为发展规律的科学。

定义选择：社会心理学是研究在特定的社会条件下，个体和群体的社会心理、社会行为及其发展规律的科学。

了解定义需要注意的三点：

第一，社会心理是指互有影响的心理现象，表明了社会心理的社会性，包括：

①个体心理：不是指作为相对独立的个体心理，而是指将个体置于人际关系及社会关系中进行研究的个体心理；在此感兴趣的是理解社会情境下塑造（影响）人类个体行动和思想的因素。例如，同样研究犯罪，社会学关注的是群体，高收入与低收入群体的比较，或不同社区的比较，而社会心理学比较关注促使某类个体从事犯罪的个体原因。

②群体心理（如游行队伍）。

③大众心理或民族心理（如中国人心理、德国人心理）。

第二，社会心理的形成条件是社会生活状况，包括社会、文化和习俗，甚至包括天文、地理等方面因素。

第三，社会心理是在"社会互动"下产生的。

（二）社会心理学的研究领域

社会心理学研究在社会条件下，个体和群体的社会心理和社会行为及其发展变化，试图理解社会性和思想背后的原因，其研究领域包括三个：个体心理与行为、人与人的互动作用、群体心理，主要从以下五个方面着手。

1. 他人的行动和特征

假如已经约会几个月的恋人突然对你说："我们还是分手吧。"

你正在排队买票，突然，一个人插队到你的前面。

你正在聚精会神地玩电脑游戏，忽然两个很有吸引力的陌生人走近，并很感兴趣地观看你的操作。

这时，你的行为和想法肯定会受到他人行动的影响。

另外，别人的长相和外貌也经常影响我们。当一个身体有缺陷的人站在你面前时，你可能会感到不自在；当你面对有吸引力和无吸引力的人时，你的感觉是否一样？与不同种族的人相处，你的感受是否一样？俗话说人不可貌相，但事实上，我们无不受别人长相的影响。如《三国演义》中的凤雏庞统由于长相奇丑，导致人们忽略了他的才华。

2. 认知过程

人们对所处的社会情境的认知在很大程度上决定着人们在这些社会情境中的行动。

假如你和朋友约好见面，他却迟迟不来，在你等待30分钟之后，他终于出现，并且说："对不起，我把见你的事情忘记了，几分钟前才突然想起来。"

——你会如何反应？你会很恼怒。

假如你的朋友说："我很抱歉来迟了，出了很大的交通事故，路上堵车了。"

——你可能就不会恼怒。

假如你的朋友总是以这一借口来解释，你又会作何反应呢？这说明，在此过程中，认知过程很重要，我们必须理解人们如何利用信息、记忆、推理、决策对情境进行思考。

3. 环境变量：物质世界的影响

相关研究变量包括：拥挤程度与人的心理；风水与人的心理特点；温度与犯罪；地域与性格；环境污染、噪声问题。例如，月圆时更容易出现野性冲动的行为；与寒冷和舒适的气候比较，炎热和潮湿是否更容易引起我们的愤怒和攻击；令人愉快的气味是否更能使人愿意帮助别人等。生态变量也成为社会心理学的研究范畴。

4. 文化背景（文化差异）

如跨文化研究中的魅力标准变化。20世纪60年代，女性魅力的文化标准表明：圆润而富于曲线的体型最具魅力。而近些年来，女性魅力的文化定义正趋向更苗条的体型，许多模特非常瘦以至于被归纳为厌食症。女性是曲线美还是苗条美就是一个文化的问题，苗条的身段成为现代人们渴望的目标之一。文化还会影响人们愿意与什么样的人结婚；人们愿意如何表达情绪，是隐藏在心里还是很开放地表达出来；与别人交谈时愿意与对方保持多远的距离等。对文化因素影响的关注是社会心理学领域逐渐重视的内容。例如，浪漫的爱情在许多西方文化中非常普遍，而且在求偶和婚姻中起重要作用，但在有些文化中却未必如此。

5. 生物因素

以往学界往往对这一因素的影响持否定态度，现在逐渐承认，主要是因为进化心理学关于遗传、变异、选择机制的研究成果充分证明了社会心理学的进化观点，变异（机体在许多方面的变化）—遗传（部分变异可以遗传）—选择（适应的变异在人口中普遍增加）这一进化过程可以应用于社会行为的某些方面。如求偶问题，为什么某些人更有吸引力？这是因为他们所呈现的一些特征：匀称的脸型、好听的声音、标准的身材（如女性完美的腰臀比例）、白皙的皮肤、有光泽的头发，这些都与生育能力有直接的关系。换言之，这些身体特点展示了内在的健康和活力。

二、社会心理学的发展史

（一）准备时期

历史上的思想家在一开始探索人的本质时，所提出的某种观点和方式，就已触及对社会心理现象的理解和解释。19世纪，直接为社会心理学的产生做了理论上和方法上准备的是德国民族心理学和法国群体心理学。

1. 德国民族心理学

（1）拉扎劳斯与施坦泰尔

德国学者拉扎劳斯（M.Lazarus）和施坦泰尔（H.Steinthal）于1859年创办了《民族心理学和语言学》杂志，在该杂志的首卷序言中，集中论述了关于民族心理学的思想。他们认为民族心理学分为两个基本研究领域，一个是对一般民族精神发展历史的研究，另一个是对各个不同国度的国民的特殊"民族精神"的研究。民族心理学的主要目的是发现这两种民族精神现象发展过程中有怎样的心理学基本原理，而民族精神的文化要素包括语言、神话、宗教、艺术、文学等。

（2）冯特

1879年，德国心理学家冯特在莱比锡建立了第一个心理学实验室，标志了现代科学心理学的诞生。冯特将心理学研究分为实验心理学（采用元素分析法进行研究）和民族心理学（采用历史分析法写成），其中后者是世界上最早的社会心理学研究，自此以后，社会心理学研究出现了许多流派。冯特在其研究的最后20年，毕其功于一役，写成了《民族心理学》（共十卷），他认为个体心理学是研究"民族心"这种集合精神的基础，与个体心理的构成要素想象、感情、意欲相对应，"民族心"的构成要素是语言、神话、习惯。民族心理学是对语言、神话、习惯的发生、发展原理的研究，是心理学家迈入社会心理学的一个重要门槛。但遗憾的是，他把个体心理视为主观性的个人意识体系。1897年，美国的心理学家诺尔曼·特里普利特（M.Triplett）第一次就常识性社会心理学的假设进行了实验，在此之前，他注意到，自行车手们在有人追赶时骑车的速度要远远快于一个人时骑的速度，他由此联想到：一个人的表现或许会受到他人在场的影响。于是他进行了首例社会心理学实验研究，在实验中，他让10～12岁的孩子单独或成对地卷钓鱼线（但不告诉他们真实的意图）。结果发现，许多孩子在两个人一起卷时的确卷得更快。这就是社会心理学的粗略实验模式：模拟现实世界情形，将研究者的真正目的掩盖起来，并对变量进行存在与不存在时的对比研究，这一方法是社会心理学研究的主导模式，且"社会助长"成为社会心理学的研究主题。

2. 法国群体心理学（法国早期社会学的直接产物）

（1）塔尔德（1843~1904年）

塔尔德将模仿视为心理学及社会学的法则，他认为模仿不仅是社会生活中常见的行为决定因素，而且是社会生活所特有的行为决定因素。社会生活中的所有现象，包括发明这种重要的社会现象都是模仿的产物，模仿是人们理解社会过程的基本法则。风俗是对过去事情的模仿，时尚是对现有事情的模仿。他对模仿这种社会现象给出了心理—社会的解释，从而揭示了社会生活及社会过程中个体间的相互影响、相互作用的特点，但夸大了模仿的作用，导致模仿成为某种神秘的超社会性能。

（2）涂尔干（1858~1917年）

涂尔干立足于社会中的群体而不是个体，强调社会过程中的集合性因素及其作用，提出了"集体表象"概念。所谓集体表象，是指群体所共有的经验或体验在想象和记忆中再现为社会事象，是群体共有的社会生活或经验的心理象征。而这种集体表象是个人表象的复合物，集体作用的结果一经产生，就是社会事实、社会心理，不是个人所能产生的。涂尔干揭示了包括精神现象在内的社会活动的自致性，社会心理是具有约束力的自致现象。

（3）勒庞（1841~1931年）

1895年，勒庞出版了《乌合之众》，该书推进了群体心理的研究，尤其是对群集性兴奋的社会控制研究。

群集，即自发行动起来的集合状态。在群集状态下，个人意识被淹没和消失，个人是去个性和被动的，个人有一种本能性的趋从多数人力量的倾向，容易被感染和被暗示。反过来说，群集具有精神统一的能量，具有感染性和暗示性，群集的实质是心理结合。

勒庞认为由于群集具有难以控制的匿名性和破坏性，因而在社会过程中起负面作用。

（二）以学科名义登场

将社会心理学作为一门科学进行研究，必须从前面提到过的特里普利特教授做的第一个社会心理学实验——社会促进实验算起（即他人在场时个体作业成绩会提高的实验）。

社会心理学真正成为一门科学却在1908年，这一年出现了两本社会心理学专著：一本是麦独孤（McDougall）的《社会心理学绪论》和罗斯（Ross）的《社会心理学》。

其中麦独孤以个体为重点，用本能论解释人类的行为，他认为人类的行为是由本能决定的，本能决定着个体的动机和行为倾向。后来的社会生物学（Sociobiology）在解释人的利他行为时也用到这一思路。沿袭的是英国本能心理学传统。

罗斯则从人际互动过程，比如模仿和暗示来解释社会对人的影响，他还认为社会心理应当研究群体而不是个体行为。沿袭的是法国群体心理学传统，但依然是美国社会学和心理学背景下的产物，对美国社会学、心理学的发展起承上启下的积极作用。

（三）社会心理学的确立时期

1. 奥尔波特（Allport）与实验社会心理学（欧风转向美风）

社会心理学真正引起注意是在1924年，奥尔波特出版了以实验为基础的《社会心理学》一书。他在这本书中证明了实验方法能够为理解人类的社会行为提供重要手段，社会心理学必将成为心理学的一个分支。奥尔波特的研究问题包括从众、非言语沟通以及社会促进。他认为除了个人心理，不存在群体心理，社会心理学是研究个人行为中对他人有刺激或者接受他人刺激所发生的行为反应及意识。

奥尔波特开创了实验社会心理学先河，在社会心理学的学科定位和方法论开拓方面的影响是空前的。不足之处是以个人为中心的研究倾向，否定来自群体以至社会文脉的群体心理学研究，对社会心理学的持续发展产生许多不利影响，为20世纪70年代西方社会心理学危机埋下伏笔。

2. 乔治·赫伯特·米德的社会学传统

以乔治·赫伯特·米德为代表的美国社会学家所从事的理论研究，在一定程度上弥补了奥尔波特实验社会心理学的局限，将原先社会学家对社会的宏观研究缩小到微观研究，即将社会行为看作两个人或两个人以上的社会互动。这一思想为后来的"符号互动"理论奠定了基础，并直接孕育了20世纪40~50年代后形成的诸多社会心理学理论。

（四）社会心理学近50年来的发展

1. 起步时期（1935~1945年）

促进社会心理学真正起步的原因：一是美国的经济危机（1929年的经济大萧条）使心理学界认识到社会问题的重要性，致使美国社会问题心理学研究会成立；二是第二次世界大战和德国的种族主义的产生。其中当属谢里夫（Sherif）对社会规范和勒温（Lewin）对领导和群体过程的研究在这个时期影响最大，并为社会心理学研究指出了一条相互作用（interactionism）的研究思路。

2. 发展时期（1946~1969年）

从第二次世界大战开始，欧洲的心理学家大批移入美国，对美国的心理学发展起了巨大的推动作用。勒温被推选为社会心理学之父，主要研究独裁和民主政体对人们的影响：如团体凝聚力和团体决策、专制与民主领导、态度转变与冲突解决。战后，有代表性的研究包括：勒温及其同事对士兵行为和士气及权威人格的研究；米尔格拉姆（Milgram）对服从的研究；费斯廷格（L. Festinger）对认知失调的研究，以及后来的利他行为和侵犯行为的研究，人际吸引和爱情问题的解说。20世纪50年代，社会心理学到处拓展疆土，美国各地的心理学系纷纷开设这门课程。20世纪60年代美国青年的反叛，一些思想混乱及其他社会问题使这门学科越来越受人重视。

3. 危机时期（20世纪70年代后期）

20世纪70年代后期，由于实验无法有效解释有关的社会心理学问题，如女性问题、种族问题等，导致人们开始对社会心理学进行反思，对实验社会心理学的研究进行反省，特别是对这些研究的外部效度产生疑问,导致社会心理学研究出现危机,经反省后,社会心理学以更快的速度发展,并影响着社会生活的各个方面[1]。

三、社会心理学研究方法

(一)社会心理学研究的两种取向

社会学的社会心理学与心理学的社会心理学是社会心理学领域两种明显不同的研究取向。来自社会学的社会心理学家注重用定性方法探讨社会心理学问题,而来自心理学的社会心理学家则强调定量研究基础上的定性分析。例如,对改革态度的研究,前者往往以百分比揭示人们的态度,如果70%人给予肯定的回答,他们就会说大部分人赞成,而不会区分在赞成这一态度上的反应量上的差异。而心理学家则不仅强调定性研究,也强调定量(在某一态度上的反应量上的差异)研究。另外,前者注重宏观研究,探讨社会对人的影响;后者更注重从个体角度研究在环境影响下个体如何主动地做出反应[2]。其差别如表0-1所示:

表0-1 社会心理学两种研究取向的区别

—	心理学的社会心理学	社会学的社会心理学
强调重点	个体	团体和社会
理解行为的途径	分析心理状态、人格等	分析社会变量:如地位、角色
首要目标	预测行为	描述行为
方法	以实验为主,兼调查	调查与参与观察为主

(二)社会心理研究的特点

社会心理学研究的总特点是复杂且困难,因为人是复杂的,加上"社会"两个字就显得更为复杂,其研究难度可想而知。其主要特点可以归纳如下:

1. 直接观察很难发现规律(知人知面不知心)

人的行为极为复杂,社会心理学研究不仅受观察对象本身的影响(如动机、情绪、态度),还受观察者主观因素(如期望、知识水平、经验)的影响,因而观察虽然可以积累许多事实资料,解释一些社会现象,但要证明某种假设,发现其规律是相当困难的。

2. 无关变量不易控制

进行社会心理学研究时,往往变量有很多,且不易控制,如果一一加以控制,其研究的意义就会大打折扣,如不加以控制又可能偏离设定的研究思路,难以处理,如霍桑研究。

3. 受期望效应(实验者误差)影响

研究者对研究结果的期待有时对研究结果也有影响,如期望效应、暗示,为避免对被试产生影响则不让被试知道实验目的,通常会采用双盲实验(即主试和被试都不知道实验

---

[1] 杨中芳.试谈大陆社会心理学研究的发展方向[J].社会学研究,1987(4):62-89,105.
[2] 葛鲁嘉.社会心理学研究的多元学术取向[J].武汉科技大学学报(社会科学版),2021,23(6):666-673,580.

目的)。例如，重握手和轻握手与产生第一印象的关系的研究，若主试知道实验目的，就会插入混淆变量。

4. 测量工具的误差不易控制

由于心理学的研究是对心理活动的研究，而心理活动是不能被直接观察和测量的，只能采用间接测量，这就制约着测量工具的效度和信度。另外，测量往往采用自陈量表，而涉及的心理学问题，又难以避免说谎、失误及社会文化的影响，如中国人可能会有从众、尊礼、中庸倾向。

（三）社会心理学研究的一般步骤

一般而言，由于研究领域和研究性质的差异，不同学科的研究步骤各有所侧重。但作为规范性研究，主要步骤是基本相同的，社会心理学也不例外，应按下面五个主要步骤进行。

1. 确定研究问题

善于提出问题是解决问题的基础。在研究中提出问题并不是一件容易的事，它需要研究者具备一定的理论素养、实践经验以及价值判断能力，实践中不少研究生不知道如何确定研究课题，就是因为缺乏研究经验和判断能力，不知道哪些问题有较高的研究价值。

研究者在选择研究问题时，通常有两种倾向：一种是从文献中发现有价值的问题进行研究，另一种是从社会实践中发现问题，结合有关文献，确立有价值的问题进行研究。如20世纪20~30年代美国种族歧视的研究。

在确定研究问题时，还必须对研究中涉及的概念进行清晰界定，以便确定研究方法（如果拟定采用定量研究，则各变量需要有操作性定义），最后对研究的问题提出假设。

研究问题假设的要求：

①必须合理，即与已知的事实或理论基本一致。

②假设必须具体，不可模棱两可或过于空泛。

③应提出变量之间的关系（因果关系还是相关关系）。

④假设必须简明。

例如，研究问题为"家庭教养方式对儿童创造性的影响"，假设有民主式、专制式、放任式三种教养方式，其中民主式教养最有利于儿童创造性的培养。

2. 查阅参考文献

在研究时之所以查阅参考文献原因如下：

①一项有意义的研究必须以已积累的知识和研究为基础，从而了解自己研究领域已取得的成果，避免进行重复研究。

②可以进一步确定自己的研究内容和假设。

③可以借鉴他人的研究思路和方法。

④可以为解释自己的研究成果提供参考。

参考文献的查法：权威著作、核心期刊、光盘以及网络及政府出版物等。

3. 研究设计

研究设计是根据自己的研究问题与假设所做的研究大纲，具体列出研究方案。主要包括：

①方法：明确提出采用何种方法，如实验法、调查法、观察法、相关研究等。

观察法：系统地观察、描述我们周围的世界，观察伴随着细致和准确的测量。只需记录不同的情形下发生了什么，不可以试图去改变被观察者的行为，相反，研究人员要付出很大的努力去避免影响被观察者。例如，温度对车主按车喇叭的影响的研究。

问卷法：测量针对某些具体问题的态度和行为。例如，测量选举前的投票倾向或对新产品的反应。问卷法要注意抽样方式和提问方式是否恰当。例如，如果问卷问题是"你认为犯有多重谋杀罪的人是否应该被处死刑"，许多人会表示同意，因为不管如何，被裁决的罪犯谋杀了多个受害者；但是，假如问题变为"你同意死刑吗？"结果可能只有很少人同意。

实验法：系统地改变一个变量，然后仔细地测量这种改变对另一个或多个变量的影响。假如一个变量的系统改变引起其他变量的改变，且符合以下两个条件：一是各种实验条件中被试是随机分配的；二是除自变量外，所有其他可能影响被试行为（因变量）的因素都尽可能地保持恒定。例如，握手力度（自变量）与第一印象之间的关系，若混入助理的友好程度，那么实验结果就值得怀疑。

相关研究：研究者系统观察两个或两个以上变量，以确定是否一个变量的变化伴随着另一个变量的变化。利用相关研究的结果可以进行科学预测。但相关并不一定是因果关系，即使是很强的相关，这是因为两个变量的变化可以与第三个变量有关联，或由第三个变量引起。例如，体重增加、收入增加。

在这些研究方法中，实验法是被运用得最多的方法，实际选择何种方法，应根据研究问题确定。各种方法都有其优点和缺点。

②对象：研究涉及的具体样本，包括样本结构（年龄、文化、性别、社区等分布），以及抽样方式与具体的操作步骤。

③时间：具体的实施计划。

④工具：量表、问卷或仪器。如是量表应当指明出处，如是自编的问卷应当说明信度和效度，如不用工具则可以省去。

⑤过程：具体说明研究中与操作和资料收集有关的步骤。

4. 资料和数据的处理、分析与讨论

如果收集的是观察和记录资料，则进行归纳和总结；如收集的是数据资料，则进行统计分析。分析的目的是检验假设，为得出研究结论提供依据。所谓讨论就是对资料或数据反映出的变量关系及发现的问题进一步分析其原因，同时参考有关文献对其做出合理的解释，这部分的最后还必须说明本研究的不足和今后有待解决的问题。

5. 做出研究结论

即是否验证了有关的假设。

（四）研究中应注意的问题

1. 样本的代表性

采取随机抽样并注意样本的异质化，即样本中要尽量包括各个层次的人。

2. 实验者偏差

研究者的暗示、期望往往会影响结果，可以采用单盲、双盲等研究方式。

3. 被试者的偏向

被试者可能会揣摩研究者的研究意图，尽量表现得正确、出色，从而影响结果的有效性。

4. 伦理问题

在研究过程中要注意保护被试者的身心安全，尊重被试者的隐私，保证研究对所有参与者都没有伤害。尤其是实验法的实施，例如，研究者有理由相信电视上某些节目足以促使青少年陷入不受保护的性行为中，但由于社会道德和责任心，不可能设计让一部分青少年大量地接触这些电视节目，而另一部分青少年却没有，然后比较他们不受保护的性行为发生的频率。

欺瞒是社会心理学研究特有的一项技巧，研究者用这一技巧向被试者隐瞒研究的真实意图，其目的在于社会心理学家相信，如果被试者知道研究的目的，他们的行为将会受到这种知识的影响而发生改变。例如，对救助行为的研究或攻击性的研究。但使用欺瞒本身会对被试者产生一定的伤害，如产生被愚弄的感觉，且容易使被试者对社会心理学的结果产生怀疑，对社会心理学的未来发展产生消极影响。解决的方法如下：

①知情同意：在被试者决定参与研究之前，尽可能多地给予他们关于实验程序及他们将要做什么的信息，即在他们参与之前，不能隐瞒被试者关于研究程序的信息以诱导他们参加实验。

②详细的事后解释：研究结束，详细告诉被试者研究的意图，包括为什么必须隐瞒一些信息。

只要欺瞒是有目的且有必要的，大多数被试者对实验中暂时使用欺瞒并不会产生太大的消极反应。使用的原则如下：

①当没有其他更好的办法，必须使用时。

②须慎重。

③尽可能保护被试者的权利、安全感及良好感觉，还要接受关于他们工作的消极反馈。

四、社会心理学的基本理论[1]

同一个问题可以从不同的层面来研究，而即使同一层面中的问题也可以用不同的理论

---

[1] 黄雪娜，金盛华，盛瑞鑫.近30年社会心理学理论现状与新进展[J].社会科学辑刊，2010（3）：54-59.

来解释。心理学在20世纪发展出了一系列理论，这些理论有的与社会心理学有关，有的则与社会心理学无关。下面笔者列举五种与社会心理学有关的理论，看看这些理论是如何解释人类社会心理与社会行为的。

（一）生物理论

麦独孤、弗洛伊德和劳伦兹（Lorenz）等人都强调生物因素对人类行为的影响，他们提出的理论可以归为生物理论的范畴。按照生物理论的观点，人的许多生物特质是与生俱来的，这些特质在决定行为方面扮演着重要角色。生物因素限制了人类能力的极限以及人所能接收到的刺激范围，比如人不能飞、有语言、智力高、记忆力好、有很好的视力和听力，但只对一定范围内的光波、声波敏感。与动物相比，人类的成熟比较缓慢，小时候需要较多的保护，在6岁前无法独立生活。而山羊一出生便会走路，并且很快能够独立。因此，生物理论认为本能特质影响着人类的社会行为。生物理论强调两个方面的因素对人类行为起决定作用。

一是本能。本能对社会行为的影响有多大呢？人们一直想找到这个问题的答案。麦独孤和弗洛伊德等人曾经提出人有侵犯和冲动的本能，人类在战争中的仇杀就是这种本能的体现。劳伦兹也认为人类的侵犯性冲动与生俱来，且无法改变。有趣的是，劳伦兹对幼小动物印刻（imprinting）行为的研究恰恰提供了本能影响动物行为的证据。在对刚刚出生的小鸭的依恋（attachment）行为进行研究时，劳伦兹发现刚刚会走的小鸭会追随它们出生后看到的第一个活动的客体（有生命或无生命均可，只要能够活动就可以），并与其建立起依恋关系，劳伦兹把这种现象称为印刻。后来人们对此做了进一步研究，并用关键期这一概念说明本能的影响，比如鸟类建立印刻行为的关键期是出生后12~24小时，人类口语发展的关键期是2~3岁，书面语言发展的关键期是4~5岁，而儿童建立数的概念的关键期是5~5.5岁。

二是遗传差异。生物理论强调遗传差异对行为差异的影响。例如，在研究侵犯行为时，有些心理学家认为有些人因为遗传原因而较具攻击性。他们发现，与具有正常染色体的人相比，XYY染色体的人容易犯罪。另一种相关的生物理论则以其他生理因素，如荷尔蒙失去平衡或脑损伤解释攻击行为，认为激素分布不平衡以及大脑生理机制方面的原因造成了些人侵犯行为的增加。现在随着认知神经科学的发展和大脑扫描技术的进步，有些心理学家也开始关注这一方面的问题。

总之，生物理论强调，所有行为——包括社会行为，可以用个体的生物本质，如遗传特性、本能及生理方面的原因加以解释。很显然，本能论的解释缺乏科学性，因此尽管有人对此很热衷，但众多心理学家并不承认它。可以用著名心理学家Eric Turkheimer一句话，总结我们对本能理论的认识："人类的任何一种行为特征都与遗传有关，都有它的生理基础，也都在某种程度上与一定的脑功能相联系。但是，如果我们仅以此为基础去理解人类的行为，那将是可笑的。因为生理基础与行为不在一个层次上，就好像生理特征是电脑的硬件，而行为是电脑的软件一样，哪个有问题，电脑都会出毛病。"所以在对待生物理论的时候，我们重视它，但不能过分夸大它的作用。

（二）学习理论

多年来，欧美的许多社会心理学家从学习的角度看待并研究人的心理与行为，学习理论也因此被看作最重要的理论。与生物理论强调的因素不同，学习理论强调早期的学习决定了行为方式。学习理论认为，在任何情境下每个人都会学到某种行为，在多次学习之后还会形成习惯。以后当相同或类似的情境再次出现时，个体将会采取惯用的方式作出反应。例如，如果有一双手伸向我们，我们便会与其握手。这是因为我们已经学会了当一双手伸过来时应该如此反应。如果一个人骂你，你可能会骂他，也可能去试着感化他，这要看你过去习得的是什么反应方式。学习理论在 1900 年开始流行，并在那时成为行为主义的基础。后来，霍尔（Hull）、斯金纳（Skinner）以及米勒（Miller）和多拉德（Dollard）等人将行为理论运用到社会心理学上中。20 世纪 70 年代以来，著名的社会心理学家班杜拉（Bandura）更是将其应用范围扩大，提出了社会学习论（Social Learning Theory），在解释人类社会行为方面取得了极大成功。

社会学习理论认为，人类的学习主要有三种机制：

一是联结（connection），又称经典条件作用（classical conditioning），最早是由巴甫洛夫提出的。巴甫洛夫在他的条件反射研究中发现：狗之所以学会一听到铃声便分泌唾液，是因为每次铃声都与食物同时出现。经过一段时间的学习后，狗会将铃声与食物联结在一起，这时即使没有食物一起出现，狗也会对单独的铃声产生分泌唾液的反应。对人类来说，态度的形成也要经过联结过程。

二是强化（reinforcement），是学习理论的核心，它是指人们能学会一种特别的行为，是因为这种行为经常伴随着愉快、能满足某种需要，或者可以避免某种不愉快的后果。例如，一个男孩可能会对在学校里侮辱他的人施展拳脚，因为每当他为了维护自己的权利而与人打架时，父亲总是加以赞赏；另一个学生可能学会不要在课堂上和老师争辩，因为他这样做总是换来老师的白眼，甚至惩罚。

三是模仿（imitation），人们也会通过观察他人的态度及行为学习到社会态度与行为。一个小男孩可能学会怎样生火，因为他曾看到母亲这样做；儿童或青少年对于政治的态度也在很大程度上与父母相一致。模仿的发生并不需要外界的强化，只需观察他人的行为。

（三）诱因理论

诱因理论认为，行为取决于个体对各种行动的可能结果所做的诱因分析，它认为人们以行为后果的有利或不利为判断基础而决定采取何种行为。诱因分析只是很简单地考虑某一行为的正性与负性效果，并依此预测人们将采取的行为方式。社会心理学中有三种重要的诱因理论：

1. 理性决策论

理性决策论（rational decision-making theory）是经济学家对人类行为的基本看法，这种理论假设：在选择行为的时候，人们会估计不同行为的利益及代价，而以理性的方式选出最佳行为，也就是以最低代价获得最大利益。这一类型的理论很多，其中以爱德华滋（Edwards）的预期价值论（expectancy-value theory）最具代表性。该理论认为在决策的时候，人们以对下列两项因素所做的判断结果为基础：某一决策各种可能结果的价值（结果的重要性），某一决策后果真正实现的可能性的大小（实现某种结果的概率）。例如，经济学家在决策时采用的决策树就是以此为基础建立起来的。这种理性模型能清楚地预测我们如何决策，所以是极有实用价值的。理性决策模型常被用来作为预测个人、公司、政府进行经济抉择的模型。

2. 交换理论

将理性选择扩大到两个人之间的互动时，便是交换论（exchange theory），这一理论将人际互动视为彼此所做的一连串理性决策。也就是说，人们之间的互动取决于彼此对各种结果的代价及利益所做的评估。以护士及病人间的人际互动为例，病人如果与护士合作便可获得利益（能得到正确的治疗并尽快痊愈），而护士也能够从对病人的友好态度中获得利益，比如能得到病人的合作，并因工作出色而受到表扬。在这个例子中，护士和病人二人的共同利益建立在合作及友善的互动之上。因此，社会交换理论的重点在于强调相对代价及利益，该理论在分析协商情境（bargaining situation）时很有价值。协商实际上就是两个人或两个团体通过交换达成利益的一致。

3. 需求满足论

需求满足论（need satisfaction）也是一种诱因理论。该理论认为每个人都有某种需求或动机，一个人之所以有某种行为，是因为这种行为能满足这些需求或动机。例如，有两名女孩同时追求一位男士，你推测男士会爱上其中哪个女孩呢？我们又怎样解释这位男士的选择呢？从诱因理论出发，我们要找出他的需要，以及这两个女孩所能给予的满足，并通过这些来预测他的选择。

以上三种诱因理论都说明了个体面对多种选择时，依据自己能从各个行为方案中获得多少利益或损失多少利益来做决策。与学习理论不同，诱因理论将重点放在"当时"情境下各种可能行为的相对利益或损失，而不是强调过去学来的习惯。也就是说，它认为行为的起因在于个人当时所处的环境，并关心个人内在状态，而不只是外部环境。

（四）认知理论

认知理论（cognitive theory）是社会心理学中最重要的理论之一。按照认知理论的观点，人的行为取决于其对社会情境的知觉（perception）与加工过程。心理学家在研究人类认知过程时发现，有关社会知觉的定律和对物体知觉的定律极为相似，人们常常很自然地把对某一社会情境的知觉、想法和信念组织成一种简单而又有意义的形式，就像对物体的知觉一样。并且不管社会情境如何错综复杂，人们都会将它变得有规律。这种对环境的知觉、组织及解释影响了个人对社会情境的反应，而这个解释社会事物的过程被心理学家称为社会认知（social cognition）。社会认知的范围极为广泛，它不仅包括我们对他人外在特征的认识，还包括我们对他人内在特征（如人格、情绪）以及人际关系的认识。

1. 认知理论的两个基本原则

一是分类（categorization）：我们知觉事物的时候，往往先根据一些简单的原则将事物加以分类。例如，我们看到一个人的时候，最先依据性别的相似性把他或她归入男性或女性；我们也可能根据地域的接近性把这个人归为山东人或是陕西人；还可能根据过去与其交往的经验把这个人归结为可信任或不可信任之人。

二是聚焦（focus）：就是将注意力集中到主题上，忽略背景的影响。比如，我们看到某个场景时，立即就能知觉出什么是主题、什么是背景。一般来说，色彩鲜艳、移动、独特及近处的刺激是主题，而灰暗、静止、形状相同及远处的刺激是背景。比如，一个高大的外国人站在一群幼儿园孩子中间，我们很容易就把注意力集中在这个外国人身上。这两项原则不仅适用于人们对物体的知觉，也适用于对社会情境的知觉。

由于分类和聚焦的缘故，人们往往存在按照某种方式对事物加以组织的倾向，并且这种倾向非常强烈。比如，你在校园中看到一男一女两个学生走在一起，你想把焦点集中在其中一个人身上，并把每个人看成单一个体是很困难的，如果把他们看成一对就容易多了。另外，如果有一群学生在校园散步，你想把注意力平均分配到每一个人身上就很难做到，实际情况是人们总是注意到其中几个特别的人。

2. 重要的认知理论

认知理论当中有两个理论特别重要：

一是归因理论（attribution theory）：这一理论包括海德（Heider）、凯利（Harold·H.Kelley）以及韦纳（Weiner）等人提出的归因理论，这种理论主要想说明我们如何解释事件的原因。例如，怎样知道一位推销员奉承你，是因为他真的喜欢你，还是因为他想让你买他的东西？当一个人喊救命时，我们会对他喊叫的原因做怎样的猜测？这种猜测将影响我们决定是否要帮助他。

二是认知失调理论（theory of cognitive dissonance）：这个理论是由费斯廷格提出的，该理论主要解释当人们的态度与行为不一致时，人们如何改变自己的态度或行为，以使二者协调一致。该理论在解释态度改变等方面相当成功，因此，在过去的几十年中备受推崇，成为社会心理学理论影响人们社会生活的典范。

（五）角色理论

角色理论是与社会学紧密联系的一种理论，它强调个体的行为是由其社会角色决定的，角色理论最早是由比德尔和托马斯提出的。角色是指一套与个体在社会中所处地位有关的思想、信念与行为方式。角色理论没有强调行为的某一种单一决定因素，如态度、人格或动机等，而是从角色、角色期望、角色技能等方面的相互关系中解释行为的原因，角色理论有助于我们了解为什么人们的行为会随他们在社会系统中的位置的变化而变化。

第一章　社会知觉和认知

引言

关于是否理性的假设：

①人是非理性的，是受潜意识支配的，因而常常自己做了什么也不清楚。（此地无银三百两，人的理性就像一个软弱的骑手，而无意识则是一匹野马，人不是意识驾驭潜意识，而是无意识把意识不知带往何方。）

②人是理性的，是受人的理智支配的，人在做事时只依据利害关系行动，因而人情淡如水，世态炎凉。（一个人为了救另外两个女人而死，这两个女人不仅不报案，也不参加死者葬礼。当记者采访时她们还回答说：我没有叫他救我。）

③人有时理性有时感性。一切以时间、条件、环境和当时的情境为转移。

这些人性的假设对你有何启发？

第一节　社会知觉

一、社会知觉的含义

社会知觉是对人和社会群体的知觉。社会知觉是主体的一种特殊的社会意识。它影响着主体的心理活动，调节主体的社会行为。

作用于人的信息有两大类：一类是自然界中的机械、物理、化学和生物方面的信息；另一类是由人的实践所构成的社会现象的信息，它包括担任社会角色并具有人性的人、人际关系和群体，以及各种社会结构和社会事件等。如果说后者是社会性信息，则前者为非社会性信息。对非社会性信息和社会性信息所形成的感知，通称为知觉，而对社会性信息所形成的知觉就叫作社会知觉。所以，社会知觉是指个人在社会环境中对他人（某个个体或某个群体）的心理状态、行为动机和意向（社会特征和社会现象）做出推测与判断的过程。

人对社会客体的感知和认识过程，与对自然客体的感知和认识过程相对应，包括对他人、对自己和对群体的知觉，原来这个术语主要用来指人际知觉，即个人对个人的知觉。在苏联社会心理学家安德烈耶娃看来，社会知觉的内涵更加广泛。从知觉客体来看，它不仅指个人对个人的知觉，而且包括对群体的知觉；从知觉主体来看，不仅个体，群体也可以视为知觉主体，如群体对其成员的知觉、群体对其他群体的知觉、群体对其他群体成员的知觉、群体对自身的知觉等。

"社会知觉"这一概念是美国心理学家 J. 布鲁纳于1947年在知觉研究中采用的，用来指知觉的社会决定性，即知觉不仅仅取决于客体本身，也取决于主体的目的、态度、价值观和过去经验。这种用法与社会心理学中的用法有所不同。在社会心理学中，社会知觉主要用来表示对人、对己和对社会群体的知觉。

社会心理学中社会知觉的"知觉"一词，其含义与传统普通心理学中的知觉有所不同。在传统普通心理学中，知觉不包括判断、推理等认识过程。社会心理学中的知觉既包括对人的外部特征的知觉，也包括对人的个性特点的理解、对人的行为的判断和解释。这里的知觉相当于认识，因此，在社会心理学中有人主张用"社会认识"一词来代替社会知觉。

社会知觉包括四方面内容：

①对人知觉（包括对他人和自我的知觉）：是指通过他人外部形态和行为特征的知觉，进而了解其心理活动。

②人际知觉：是指对人与人之间关系的知觉。

③角色知觉：是指对人们所表现的角色行为的知觉。

④因果关系知觉：是指对社会事件因果关系的知觉，在有关的一系列社会知觉中对其因果关系的知觉。

人们如何感知与判断自己和他人的性格、能力？如何形成对他人或群体的印象？如何推断自己和他人的行动及某些事件发生的原因？这些都是社会知觉与认知领域要研究和回答的问题。

与对物的知觉相比，社会知觉有如下独特性：

①认知对象的独特性。人能体验其内部世界，而物不能，所以，社会知觉的主体同时还是社会知觉的对象。换句话说，社会知觉的对象是有意识的人、复杂的社会环境和人际关系，而人们对这些对象的知觉又是通过一些特殊的介质进行的。例如，通过他人的言行、表情、态度等来认识、判断。但是，无论是知觉的主体，还是知觉的对象，都会掩饰自己的内在动机，所以人们的社会知觉判断常常是不准确的。

②对他人行为的期望会影响社会知觉过程。社会知觉的主客体能够理解彼此间的行为对对方的利害关系，于是知觉者和被知觉者都可以有意识地操纵和利用彼此。当个体能够预测他人可能做出的行动时，个体便可以预先计划自己的行动。因此，相互间的期望会影响彼此的知觉。

③社会知觉加工过程的特殊性。社会知觉也需要对知觉对象的各种信息加以组织和分

类，但社会知觉往往根据他人的外表和行为进行概括和判断，而且在加工过程中，对信息的处理更容易采用以点带面的策略，所以，个人的经验会严重影响社会知觉的过程。另外，人总是在不断地变化，人与人之间的差异很大。因此，获得对人的知觉要比获得对物的知觉更困难。

社会知觉（也称社会认知）是研究个体如何感知认识自己、他人与群体以及如何解释和推断社会行为与事件的。社会认知和知觉的对象可以分为四个方面：一是对自我的知觉；二是对他人的知觉——印象形成；三是对群体的知觉——刻板印象；四是对行为与事件原因的推断——归因[1]。

本章以社会知觉与社会认知为标题，根据社会知觉和社会认知的对象，分为五节：第一节讲社会知觉；第二节讲对他人的知觉——印象形成；第三节讲对群体的知觉——刻板印象；第四节讲社会认同及群体认同；第五节讲对行为与事件原因的推断——归因。

二、自我知觉

自我知觉是社会知觉的原点，任何社会知觉都由自我知觉开始，都有自我知觉的参与过程。

试想一下，你向别人描述自己时，首先提到的特征是什么？是你的性格特征（如内向、外向）、外表特征（如高、矮、胖、瘦），还是社会类别（如男、女）？除这些具体的特征之外，你还会向别人大致介绍一下你对自己的总体评价，如"我这个人还不错"。这种个体对自己的认识与评价就是自我知觉要研究的内容，它们在现代社会心理学中备受重视。传统的社会心理学对自我的研究关注的是个体如何受情境影响，所以，传统的研究方法是操纵情境的特征来看它对个人行为的影响。在这种研究背景下，个体被当作相似的、可互换的。

现代社会心理学意识到个体特征（如人格特质）的重要性，意识到不仅某一情境可使所有个体表现相似，而且有些人不管情境如何变化总倾向于表现出一致的行为。所以，现代社会心理学对自我的研究极其重视，致力于研究人们如何获得对自己的认识，这些认识又是如何影响自己的想法、情绪与行为的，等等。

所谓自我知觉（self perception）就是个体对自己的认识与评价。自我知觉的内容主要包含两个基本成分：自我概念与自尊。自我概念（self-concept，又叫自我认识、自我图式）是指个体对自己所有特征的认识的集合，它包括个体对自己的社会角色、性格、能力、身体等方面的认识。自尊（self-esteem）是个体对自己的整体评价，它可以是积极的，也可以是消极的，它反映了个体对自己是否满意。个体对自己某一具体领域的能力的评价称为自我效能感（self-efficacy），与自尊既有联系又有区别。

至于自我概念与自尊的关系，前者是后者形成的基础，即个体通过对自己的认识产生

---

[1] 倪卓.他者"镜像"中的朝鲜族[D].延吉：延边大学，2017.

对自己不同的评价；反过来，个体对自己的正负性评价也会影响自我概念，甚至是歪曲对自己的认识与看法。两者的区别在于自我概念关注的是对自己的认识、看法（thoughts），其中的认识有好、有坏，也有中性的。自尊关注的是对自己品质、性格、能力等的评价，关注的是对自己的情感（feelings），正负性更明显，主观性也更强。同样的自我概念，如"好强"，对某些男性可能强化他们的自尊，而对于某些女性，则可能会减弱她们的自尊。

需指出的是，有一些学者[1]把自尊当作自我概念中的一个具有评价性质的成分，即认为"自我概念"是一个更广泛的名词，它既包括认知成分，也包括由评价而引起的情感成分。

（一）自我概念

自我概念包括理想自我、应该自我和实际自我，三个部分产生冲突时，个体就会产生负性情绪，并导致长期的不良效果。

1. 自我概念形成的信息来源

（1）他人的反馈

有时，别人会对我们的品质、能力、性格等给予清晰的反馈，从而使我们增加了对自己的了解。例如，当父母告诉我们不要害羞、老师告诉我们在数学上要更加努力时，我们就会知道自己是一个害羞的人、数学成绩不好的人。特别是当许多人对自己看法都一致时，我们就会相信这种看法是真的，从而确信自己就是这样的人。

（2）反射性评价

有时，他人特别是与我们毫无关系的人，并不会给予我们清晰的反馈，但我们可以从他们对我们的态度（如冷淡、瞧不起）及反应（如拒绝）中来了解自己。符号互动论学者库利（C. H. Cooley）提出了"镜像自我"（looking-glass self）这一概念，认为我们感知自己就像别人感知我们一样，镜子中的自己或别人眼中的自己就是我们感知的对象。[2]所以，我们通常根据别人如何对待我们来了解自己，这一过程就叫反射性评价。

（3）根据自己的行为来推断

贝姆（Bem）提出的自我知觉理论认为：当个体在内部线索（如想法、情绪）微弱或模糊的情况下，个体常根据外在行为来推断自己的特征（性格、态度、品质、爱好），但大多时候是根据自己的内部线索，如想法和情绪来了解自己，而且比根据外显行为更准确，因行为更易受外在压力的影响，更易伪装。[3]

（4）社会比较

费斯廷格于1954年提出了社会比较理论，他认为人们在缺乏明确的目标时，为了准确地认识和评估自己，往往和自己相似的人比较。这一理论后经伍德发展，提出社会比较

---

[1] J. P. Robinson, P. R. Shave, L. S. Wrightsman, et al. 性格与社会心理测量总览：上册［M］. 杨中芳，译. 台北：远流出版社，1997: 151-218.

[2] C. H. Cooley. Human nature and the social order［M］. New York: Charles Scribner' Sons, 1902.

[3] D. Bem, L.Berkowitz, et al. Advances in experimental social psychology: Self-perception theory［M］. New York: Academic Press, 1972, 6.

的动机包括准确的自我评价、自我美化、自我保护与自我提高四种，社会比较的方式有向上比较、相似比较和向下比较。当个体的动机与目的不同时，所采用的社会比较策略、方式也不同。

我们从以上各个渠道获得的信息是零碎的，还需要对它们进行加工，去除相互矛盾的方面，挑选出核心特质，整合成统一、稳定的有机体——自我概念。自我概念一旦形成，就会拒绝变化，我们不再根据自己的行为来判断自己是什么样的人，别人如何对待我们、对我们有什么评价，这些很少能使我们改变已形成的自我概念。

2. 自我概念的作用

如上所述，自我概念一旦形成就不会轻易改变，而且影响个体的想法、情绪与行为。例如，当一个人认为自己画画有天赋，别人却说他画得不好时，他就可能不相信，认为对方外行，从而对这种批评产生愤怒情绪，之后还可能报美术班或报考美术学院等。下面笔者详细地介绍自我概念对行为的作用。

有些时候，人们有一种自我表达（self-expression）的动机，即人们试图通过自己的行动来表达与反映自己对自己的认识。如果一个人认为自己是一个热心肠的、有爱心的人，他就有可能给希望工程捐款。研究表明，如果可以选择的话，大多数人都倾向于进入能允许自己按与自我概念一致的方式行动的社会情境。[1] 正因自我表达性的行为是对自己认为的真我的反映，所以，这就可能使他人对我们形成准确的印象，从而使他人按我们的意愿来对待我们。但是，我们生活在社会上，总要受社会规范与道德的制约，总不能按自己的真我为所欲为。例如，当一个人认为自己是一个凶恶的人，那他就去杀人。有些时候，为了获得别人的接受、称赞，为了获得金钱、权力等资源，我们不得不表现出一种良好的形象，不管这个形象是不是我们所认为的真我。这种为了获得权力、赞许等而给别人留下好印象的动机称为自我表现（self-presentation）。[2] 大多数人都想给别人留下一个好印象，毕竟一个好印象对恋爱的成功、找到如意的工作能起到关键作用，进而决定我们生活的好坏及幸福与否。不过，自我表现的痕迹不应太明显，否则会适得其反。虽然人们有时会从事自我表达性的行为，有时会从事自我表现性的行为，但人们对两者之一会有一种稳定的偏好。至于偏好于哪种，要视自我监控（self-monitoring）水平而定。自我监控是一种人格特征，是指个体对社会情境的需要及据此采取相应行动的敏感性及灵活性。[3] 高自我监控的人常根据当前所处的情境及观众的需要而采取相应的行为，呈现出相应的形象；而低自我监控的人常根据自己内心的态度及自己的性格而采取行动，所以在不同的情境中，当面对不同的观众时，其都表现出一致的行为。高自我监控的人适合从事公关、政治工作，而低自我监控的人则适合从事艺术、研究工作。

---

[1] M. Snyder, S. Gangestad. Choosing social situation: two investigations of self-monitoring processes [J]. Journal of personality and social psychology, 1982（43）: 123-135.

[2] E. E. Jones, T. S. Pittman, J. Suls, et al. Toward a general theory of strategic self-presentation [J]. Psychological perspectives on the self, 1982, 1.

[3] M. Snyder. Self-monitoring of expressive behavior [J]. Journal of personality and social psychology, 1974（30）: 526-537.

3. 自我概念的测量

由于自我概念与自尊对人的情绪、行为有极大的影响,所以对这两个概念与其他变量(如年龄、学业成绩和工作业绩等)之间关系的研究颇多,对它们进行测量的工具也较多。下面笔者只介绍较流行的两种测量工具[1],即田纳西自我概念量表和自我描述问卷。

(1)田纳西自我概念量表(TSCS)

该量表由费茨(Fitts)编制:具体包括100个自我描述句,分别描述了身体自我、道德伦理自我、个人自我、家庭自我和社交自我5个方面,要求受测者在5点量尺上表明他们同意或不同意每一描述的程度。例如"我有一个健康的身体""我对自己的品行感到满意""我是一个快乐家庭的成员"。

(2)自我描述问卷(SDQ)Ⅰ、Ⅱ和Ⅲ

马什及其同事于1983年、1984年编制了三个版本:

SDQ-Ⅰ(儿童):包括体能、外表、与同伴的关系、与父母的关系、阅读、数学和(其他)学校科目,共66题。

SDQ-Ⅱ(青少年):包括整体学业成绩、体能、外表、与同性同伴的关系、与异性同伴的关系、与父母的关系、诚实以及情绪稳定。

SDQ-Ⅲ(成人):比SDQ-Ⅱ增加了两个层面:问题解决和创造性、宗教。

自我描述问卷的具体题目,如用"我长得很好看"测外表,用"我与父母相处融洽"测与父母的关系,用"我易于结交朋友"测与同伴的关系。

自我描述问卷在国内被广泛应用,而且适用于青少年的问卷SDQ-Ⅱ已经被华东师范大学心理学系陈国鹏[2]等人加以修订,信度、效度都较高。

(二)自尊的建构及其作用

自尊是指个体对自己是否满意的整体评价,可以是积极的,也可以是消极的。自尊涉及自我情感和评价,对心理和谐具有重要作用。

1. 影响自尊高低的因素

(1)生活中的成败经验

成功常使我们自我感觉良好,信心倍增,从而形成高自尊;失败常使我们信心全无,从而形成低自尊。

(2)社会比较得来的信息

像自我概念一样,自尊的建构也依据社会比较。有时我们无法选择跟谁比。我们之中可能很多人有这种不幸的经历:当我们参加演讲比赛、歌舞表演的时候,先于我们出场的人表现非常好。这种无法逃避的比较可能导致我们自尊的降低。莫尔斯(S. J. Morse)等人曾做过一项有关社会比较如何影响自尊的研究。[3]在大学的研究中心,来应聘助理研究

---

[1] 详细介绍请参见 J. P. Robinson, P. R. Shaver, L. s. Wrightsman(Eds.):《性格与社会心理测量总览》(上册)。
[2] 陈国鹏,朱晓岚,叶澜澜,等. 自我描述问卷上海常模的修订报告[J]. 心理科学,1997(6).
[3] S. J. Morse & K. J. Gergen. Social comparison, self-consistency and the concept of self[J]. Journal of personality and social psychology,1970(16):149-156.

员的被试遇见了另外一个申请者，其实这个申请者的真实身份是主试的助手。这位助手或者是西装革履、潇洒深沉、大有学问的样子（称为"洁先生"），或者是不修边幅、慌慌张张、冷漠至极的样子（称为"脏先生"）。让被试在见到"洁先生"或"脏先生"的前与后分别填写测量自尊的问卷。结果发现，当他们见到自己的对手是"洁先生"后，自尊降低；当他们见到自己的对手是"脏先生"后，他们的自尊反而有所提升。可见，与他人的比较会影响我们对自己的评价。

有些时候，人们可以自由地选择比较的对象。这时，我们常倾向于做向下的比较，即与不太幸运、不太成功的人比较，以维护自尊。还有一种维护自尊的策略就是把自己与成功的人的距离拉大，使自己与他们的相似性降低，与他们的联系割断。因为我们常与自己熟悉的、有关系的、相似的人比较，而很少与自己无关的、不相似的人比较，所以在现实生活中，我们都经历过这种情况：当同班的一个同学考上了名牌大学，而甲却名落孙山，甲可能会说："他家条件多好啊，我哪能跟他比啊。"甲所使用的策略就是降低他与那个同学的相似之处，从而把他排除在比较对象之外，进而避免了自尊的降低。

（3）自己的内部标准

日常生活中，在我们看来有些人已经很成功了，可他们仍觉得自己还不够好。可见，一个人对自己的评价、对自己是否满意与其为自己设立的内部标准有关。

根据希金斯（E. T. Higgins）的自我差异理论（self-discrepancy theory）[1]，个体有两种内在的标准——理想自我（ideal self）与应该自我（ought self）。前者是指我们想成为的人，它激励我们实现自己的抱负；后者是指我们觉得自己应该成为的人，它引导我们尽职、尽责、尽义务。当现实自我（actual self）与理想自我产生差距时，个体就会产生负性情绪——抑郁；当现实自我与应该自我产生差距时，个体就会产生负性情绪——焦虑。这两种情况都会导致失望、悲伤、内疚或不安等心境，并导致自尊降低。

在国内，王垒等人以98名大学生为被试，对希金斯的自我差异理论的跨文化适用性进行了验证。[2]结果发现：现实自我与理想自我及应该自我的差异都与焦虑显著相关（相关系数分别为0.47与0.33，$p<0.001$），但与抑郁的相关（相关系数分别为0.19与0.17）都不显著。这种结果与希金斯的自我差异理论一半相符，一半不符。王垒等人把这种结果归因于所使用问卷的差异及文化差异。另外，郭力平以中学生为被试的研究结果也部分支持了希金斯的自我差异理论。他的结果是：抑郁组、焦虑组与正常组相比较，都是现实自我与理想自我的差异较大，但现实自我与应该自我差异不大。根据自我差异理论，应该是焦虑组的现实自我与应该自我之间的差异比正常组的要大。郭力平认为造成这种结果的原因可能是中国人的理想自我与现实自我有很大重合，都含有较多的社会规范成分。

自尊的作用是个体行为的主要动力，是身心健康的决定因素。研究表明，高自尊的人能够树立合适的目标，以自我提高的心态利用反馈，成功地应对困难情境；而低自尊的人常选择不切实际的目标或不树立目标，对未来持悲观态度，对批评与负性反馈产生更多的

---

[1] E. T. Higgins. Self discrepancy: A Theory Relating Self and Affect [J]. Psychological Review, 1987（94）：319-340.

[2] 王垒,郑英烨,高凡.青年自我差异与情绪关系的实验研究+自我认知对情绪的启动效应[J].心理发展与教育,1994（1）.

消极情绪及行为反应。低自尊的人会认为自己活着没有价值、没有意义，所以，很多人在自杀前有自尊降低和丧失的情况。正因自尊对人如此重要，大多数人都认为自己不错，都认为自己在平均水平之上。[1]据此可以推断，人们对自己的评价并不完全是准确的。

2. 自尊的测量

由于自尊对人的行为与适应有极大影响，所以对自尊与其他变量（如父母教养方式、身心健康等）之间关系的研究较多，对自尊进行测量的工具也较多。下面笔者只简单介绍较流行的两种工具。

（1）罗森伯格自尊量表（测量整体自尊）

罗森伯格自尊量表是最常用的测量整体自尊的工具，包括10个李克特式题目，易于实测、计分和解释，但易受社会赞许性反应倾向的影响，使受测者的分数分布呈正偏态，即大多数人的分数都较高。具体题目如"我觉得我有许多优点"。"总体而言，我对自己感到满意"。

（2）Texas 社交行为调查量表

Texas 社交行为调查量表是测量社交自尊的一个工具。尽管它不是对自尊的整体测量，但"社交自尊"是整体自尊的一个重要决定因素。该表格有两个含有16个题目的复本，两者之间的相关系数为0.87。题目描述的是与他人交往时的自信程度、与陌生人说话时的恐惧感、在社交情境中的安全感等，以测量社交信心、支配欲、社交能力，与权威人士的关系。

3. 如何确立自尊

拥有自尊是人格成熟的重要标志，确立自尊的方法如下：

①学会向下比较，自我提升。

②选择性遗忘。比如人们对消极事件比对积极事件遗忘得更快。

③使用防卫机制否认或逃避消极的反馈。

④用自我障碍的策略为失败找借口。

⑤在自己某一方面的能力受怀疑时，转到自己擅长的活动中去，以体现优势，增强信心，提高自尊。

三、自我认同

（一）认同的含义

认同理论主要有三大取向：生物取向、心理取向和社会取向。例如，弗洛伊德早期的认同理论多是个体方面，以生物取向为主，后来转为心理取向。其实这两者的目标是一致的。其他学者有关群体认同和文化认同的讨论更多的则是社会取向。

认同（identification），起源于拉丁文 idem（即相同，the same），其含义主要包括：一

---

[1] E. R. Smith, D. M. Mackie. Social psychology [M]. New York, Worth Publishers, 1995.

是使等同于、认为一致；二是同一性、一致；三是身份、正身、本体。学理讨论包含两层意思：

①在心理学上，指认识与情感的一致性。经过认同，帮助个体形成自我概念。

②在社会学上，泛指个人与他人有共同的想法。在交往过程中，为他人的感情和经验所同化，或者自己的感情和经验足以同化他人，彼此间产生内在的默契。

从认同的定义出发，认同研究分为两类：一类表示赞同或同意，另一类是指确认或归属。

最早提出"认同"概念的是威廉·詹姆斯和弗洛伊德，詹姆斯曾用"性格"一词表示一个人的认同感受："一个人的性格特征可以在精神或道德态度上看出，当这种情形突然发生在自己身上时，他会感到自己充满生机和活力。这一刻，有一种发自内心的声音在说，这才是真正的自我。"❶ 詹姆斯在这里说出了个体对自己"形象"的感悟，他把这个过程称作自我认同。弗洛伊德把认同"看作一个心理过程，是个人向另一个人或团体的价值、规范与面貌去模仿，内化并形成自己的行为模式的过程，认同是个体与他人有情感联系的原初形式"。❷ 弗洛伊德认为个体的认同常常与对强大权力或权威的依恋和维护分不开。

詹金斯（Richard Jenkins）指出"认同"一词有两个含义：第一，同一性，即两者之间的相同或同一；第二，独特性，它表现为在时间跨度中所体现的一致性和连贯性。由此可见，"认同"揭示了"相似"（similarity）与"差别"（difference）的关系。"同一"与"独特"是认同的两个不同的方面。一个人的独特性或一个群体成员之间的相似性，则构成了与其他人或其他群体的差别。❸

社会心理学家凯尔曼在描述态度变化理论时认为：认同是个人在想要同另一个人或群体建立或维系一种令人满意的关系而接受影响时发生的。简言之，它是指个体由于喜欢某人或某群体而自愿接受他人的态度，这虽然还不是自己的态度，但已接近自己的态度。

社会心理学者阿伦森认为，认同是一种对社会影响的反击，做出这种反应，是由于个人希望自己成为与施加影响者一样的人。在认同过程中，个体满意地确定了自己与所认同的个人或团体的关系，因而采取了一种与他人相同的行动。认同区别于依从之处在于，个体能够逐渐相信自己所采取的观点和准则，虽然对这些观点和准则的信仰还不够坚定。如果一个人发现某个团体或个人在某一方面对自己很有吸引力和感染力，他就会由于喜欢该团体或该人而倾向于接受其影响，采取与其类似的准则或态度，从而成为与施加影响者一样的人。认同的目的不是获得奖赏或免受惩罚（如依从那样），只是为了和那个人一样。

美国《心理学百科全书》对认同做出如下解释：认同是精神分析理论中的一个核心概念，指的是主体同化、吸收其他人或事，以构建自身人格的过程。

---

❶ David. I. Sills. International encyclopedia of the social sciences [M]. New York: Crowell Collier and Macmillan, Inc., 1968: 250.

❷ David. I. Sills. International encyclopedia of the social sciences [M]. New York: Crowell Collier and Macmillan, Inc., 1968: 250.

❸ Richard Jenkins. Social identity [M]. London: Routledge Publishing Group, 1996: 3-4.

张春兴认为，认同是一种社会学习的历程，人格发展的过程就是从社会认同转变为自我统合。社会认同是指个人的行为思想与社会规范或社会期待趋于一致。具体包括价值认同、工作或职业认同和角色认同。❶

沙莲香认为，认同是心理学中用来解释人格结合机制的概念，即人格与社会及文化之间怎样互动而维系人格的统一性和一贯性。认同是维系人格与社会及文化之间互动的内在力量，即维系人格统一性和一贯性的内在力量，因此，这个概念又用来表示主体性、归属感。❷

（二）自我认同

在有关认同的各种研究中，自我认同总是先于其他社会认同并始终存在于其他社会认同的过程中。在自我认同研究中通常有如下四个理论视角：

①心理动力论。强调的是儿童早期如何体验到主要照顾者对其性格塑造的重大影响，这些经验会影响心智的深层结构（潜意识）并且持久不变，如在性别方面，认为性别认同是潜意识、部分生物基础的发展。

②社会学习理论。强调自我认同的发展是通过环境，而不是通过潜意识，是由环境中直接接收到不同的对待、奖赏和处罚，以及间接通过观察学习和模仿而形成的。

③认知发展理论。强调自我认同的发展是配合认知发展阶段而自发形成的。

④社会基模理论。整合了社会学习理论及认知发展理论，并强调其中文化因素的重要性。该理论认为大部分自我认同的发展在社会基模的处理过程中产生。比如，性别认同发展是在性别基模的处理过程中产生的。而所谓性别基模是指个体通过观察文化中所呈现的两性差异，而产生的认知结构。例如，"男生是……女生是……"而在性别基模产生过程中，个人学习去评估一个人的适任程度进而产生性别认同。

学者李孟潮认为❸，出现认同之前的人是生物学的人，人和动物的最大区别就在于其大脑构造中蕴含着一种功能，就是形成自我意识的功能，目前发展心理学的研究已经表明，只有人类、猩猩、黑猩猩的大脑具有这个功能。

这个功能在生命早期要通过人际网络的体验得到激发，首先激发出来的便是粘附性认同，可以说，婴儿一出生就具备了建构人类心理学自我的能力。在粘附性认同后，随着神经系统的成熟和各种体验的刺激，婴儿分别依次出现了内摄认同（原始性的自恋认同），内摄—外投认同，也就是个体水平上的投射性认同，然后是超我认同，俄狄浦斯后的部分认同，接着是青春期的身份认同。大约到了40岁，个体开始经历一个解认的过程，我们可以观察到中、老年人的认同结构步步分解消失，直到去世前，如果个体的认同结构完全解离，个体的自我会消失，从而能够面对死亡。

表1-1和表1-2可以说明这个认同进化过程和焦虑、心理发育分期的关系：

---

❶ 张春兴.青年的认同与迷失[M].北京：世界图书出版公司，1993：26-29.
❷ 沙莲香.社会心理学[M].1版.北京：中国人民大学出版社，2002：2.
❸ 李孟潮.为什么要研究认同？（演讲稿）[EB/OL].

表 1–1 青春期前的认同发育

心理发育期	认同模式	防御机制	焦虑模式	主—客体区分度
0~3 个月或 5 个月	粘附认同	无或不明	生物学焦虑	无自我，无客体
3~6 个月至 18 个月	内摄认同（原始自恋）	内摄，合并（incooperation）妄想性投射	存在焦虑、失整合焦虑	自我—客体融合状态，缺乏界限
18~36 个月	内摄—外投认同（肛欲期自恋认同）	（个体内在的）投射认同，分裂、反向形成、抵消、仪式化、外化、攻击转向自身、与攻击者认同	被害焦虑，分离焦虑，丧失客体和丧失客体爱的焦虑	自我和客体出现模糊的界限
26~48 个月或 36 个月~学龄前	超我认同	与攻击者认同、置换、象征化、喋喋不休、压抑、退行	阉割焦虑	自我和客体形成明确而不稳定的界限
6~12 岁	部分认同、性别认同	升华、合理化、理智化	超我焦虑	不稳定的界限逐渐稳定

资料来源：李孟潮．为什么要研究认同？（演讲稿）[EB/OL].

表 1–2 青春期后的认同发育

心理发育期	认同模式	防御机制	焦虑模式	主—客体区分度
12~30 岁	身份认同	理想化、贬低、克制、禁欲	道德焦虑	清晰而有灵活性的界限
31~60 岁	解认，具体形式不明	不明	阉割焦虑	界限开始不稳定
61~80 岁	解认，具体不明	不明	分离焦虑，丧失客体的焦虑，存在焦虑	界限模糊
81 岁到死亡	解认，具体不明	不明	生物学焦虑或无焦虑	界限融合、消失

资料来源：李孟潮．为什么要研究认同？（演讲稿）[EB/OL].

实际上，根据功能的不同，很多认同形式都可分为两种类型，即发育性认同形式和防御性认同形式。发育性认同形式是正常发育过程中不可或缺的认同形式，随着儿童的心理发育，自我认同的形式依次为：粘附性认同—原始性认同—投射性认同—自恋性认同—超我认同—部分认同—身份认同。它们分别与心理发育分期和焦虑进化等级对应。而防御性认同是指人的心理退行到发育的早期，采用早期的认同模式进行防御。❶

（三）自我认同中的性别认同

在自我认同的性别认同方面，李孟潮认为，个人的性别认同（"我是男孩"或"我是女孩"）在 18 个月至 3 岁建立，然而这并不表示孩子已完全了解男性和女性的意义，如表 1-3 所示。要肯定一个人的性别角色，要从所有他（她）所说的、所做的每件事来看，使其他人可由此判断他（她）是男性还是女性。这包括社会上看待男性或女性所应有的服装、发型、兴趣、职业等外表现象。因此，有的学者认为，小男孩或小女孩不应该被限制或鼓励只能在他（她）性别基础的特定方向上发展，女孩应该了解她们长大后，也能够成为医生或消防队员，而男孩也知道他们可以成为舞蹈家或护士。

但就性别认同的观点而言，儿童应在生命之初就知道两性之间存在差异，以及这些差

❶ 李孟潮．为什么要研究认同？（演讲稿）[EB/OL].

异是什么,这是非常重要的。假如你问一个孩子,请他解释为什么某人是男孩时,你大概会听到"因为他留短发"之类的回答,这是相当普遍的反应,但也是令人困惑的回答。儿童应该知道男女之间的区别,除了头发长短、打扮或服装等不同之外,还存在一些更真实而且不会改变的差异。

表1-3 儿童性别认同的阶段

年龄	认知发展阶段	性别认同发展	例如
学步期至2岁	感知运动阶段 已发展使用原始符号来界定人物,并会预期结果	性别标志的使用	小明玩车是男孩,小美穿裙子是女孩
4岁左右	前运算阶段 单向思考,并集中在较明显的外观上、特定物之间的推理	性别是稳定的	小明是男生,长大了会成为父亲
5~7岁	前运算阶段 不具可逆性及衡存观念	性别是恒定的	即使小明穿了裙子也是男孩
7岁以上	具体运算阶段 具可逆性及衡存观念,具可易(替代)概念	性别具有生殖器基础	小明因为有"那个",所以是男生

(四)自我认同的研究

心理学领域进行认同研究,主要是对自我认同的研究,从发展心理学,特别是青年发展角度进行研究得较多。这些研究都认为建立认同是个人在人生的某一个阶段的重要发展任务。

1. 埃里克森(Erikson)对自我认同的研究

自我认同又可称为"自我同一性"(self-identity),这是青少年自我发展的一个重点。埃里克森认为,人的一生可以分为既是连续的又各有独特发展课题的不同发展阶段,并提出了著名的"循序渐进的发展学说"。他认为人一生的发展要遵循胚胎的渐次生成原则(epigenetic principle)。据此,他将人的一生从婴儿期到老年期分为八个发展阶段,每个发展阶段都有其独特的发展课题,他称之为"心理社会危机"(psychosocial crisis)。

埃里克森认为,自我同一性的确立,对于青少年的健康成长,较好地适应社会和实现自身的价值都具有重要意义。"这种同性的感觉也是一种不断增强的自信心,一种在过去的经历中形成的内在持续性和同一感,是一个人心理上的自我。如果这种自我感觉与个体在他人心目中的感觉相称,很明显这将为一个人的生涯增添绚丽的色彩。"

埃里克森指出:自我同一性这种心理上的任务的实现问题,在传统社会里通常能够比较顺利地得以解决,因为传统社会是一个同质性较高的稳定延续的社会,而现代社会的一个重要特点则是它的异质性、与传统之间的断裂,因而,现代青年想要迅速而明确地建立起自我同一性并非易事,必须经历一个心理社会的"合法延缓期"。

2. 马西亚(Marcia)对自我认同的研究

马西亚主要将认同重点放在青少年身上,他将焦点放在认同发展的形成历程上。马西亚具体整理了埃里克森的观点，他认为认同发展中有两个心理社会指标：一是"危机"（crisis），即青少年会有危机感，是个人想要尝试不同角色和寻找美好理念的感觉；二是"承诺"（commitment），即青少年克服危机之后为自己找到自我定义，并为自己在社会上找到立足之地，也就是"我知道我是谁"并且"别人也知道我是谁"的感受。

马西亚进一步定义了"承诺"的主要内容：一是职业上的承诺；另一个是政治上、宗教上等意识形态上的承诺。虽然个人需要承诺的内容很多，但马西亚认为职业和宗教承诺对青少年而言是最重要的。

（五）自我认同的形成确立

认同的形成和确立受到个人的内在因素、团体因素和人际因素的影响。个人的内在因素主要是个人的人格因素，团体因素主要是团体的文化氛围，人际因素包括个人所尊重的人、重要人物的影响等。

正如认同是在个体和环境的相互作用中建构形成的一样，认同的确立也是这三个方面达成动态平衡的过程。

埃里克森提出了认同确立的三因素模式，如表1-4所示，他认为认同形成和确立从理论上可以区分为个人的、相互的、集体的三大因素，每个因素中又包含了认知、情感、行为和社会四个方面。

表1-4 自我认同的形成确立

	个人的	相互的	集体的
认知	感知到作为独特个体的自我概念	感知到自尊并加入人际交往中	感知到作为集体成员的集体自我
	区别和个性化	和他人具有联系和角色间的关系	
情感	不和团体在一起时仍具有积极的情感	积极的自尊	以最大的利益和最小的伤害来处理情感
		信任	
		和别人一起很愉快	
行为	依据自我兴趣和力求积极人格而行动	行动中考虑到他人利益	依据集体中的自我兴趣而行动
		行为素质高	在职业发展中建构认同
社会	洞察自身和他人的关系	与他人交往频繁	注意到与他人交流的频率和质量
	对自我失去人格化的感觉		共同的集体认同

如前所述，马西亚[1]为了了解青年人究竟带着什么样的自我概念迈入社会，曾经以年轻人为对象，详细询问他们对于价值、工作、爱情、政治的看法。所谓自我概念包含自我定位、自我评价、自我期许以及自我认同。他发现那些从高中或大学毕业即将进入社会的年轻人，在自我认同的成熟度上，基本可以分为四大类。

1. 认同成功（identity achievement）

这些年轻人充分了解社会对个人在能力以及价值态度上的要求，并且能够忠实评估、

---

[1] 杨晶.高校学生教师专业认同发展研究——以白城师范学院为例［D］.长春：东北师范大学，2007.

审视自己的能力与价值观，不盲从，也不愤世嫉俗。他们能够发展出对社会的认同感，对于自己的工作、爱情、宗教、政治信仰有明晰的价值观，并不固执己见，能够保持开放的弹性，更愿意为自己的理想与社会共同的大目标奋斗。

2. 认同延缓（identity moratorium）

这些年轻人正在寻找自我定位，在工作、爱情、政治、宗教等领域，有些已达成认同，找到方向，有些则还在摸索、尝试、探寻。他们积极扩展经验、寻求知识上的导引，也十分渴盼与其他年轻人分享心得。这些年轻人对未来的不确定性感到焦虑，却对开放的各种可能性充满期待。

3. 认同闭锁（identity foreclosure）

这些年轻人已经找到方向，并努力朝目标前进，因此并不会对未来感到迷惘或不安，但是他们的目标与方向主要是成人社会为他们设定的，换句话说，是权威的大人为他们安排的，而非经过他们自己去摸索、探寻得来的答案。由于这种认同感相对而言较为被动、封闭，在封闭、稳定的社会情境下，这样的认同一般也能够让个人顺利发展，但是一旦情境改变、权威消失，便可能濒临崩溃的边缘。

4. 认同混淆（identity diffusion）

有些年轻人对于大人为他们设定的目标并不真正认同，却也不积极找寻自己的方向，对周遭的一切都感觉无聊、提不起劲。还有些年轻人找不到自己能够认同的目标，对未来完全没有想法，对自己也没有信心，因此为了填补空虚、掩饰焦虑，他们只能抱着"今朝有酒今朝醉"的心态，寻找麻醉自己、让自己不必面对严肃人生课题的生活方式。

马西亚与埃里克森的看法相同，认为"自我认同"是每个人一辈子的功课，是永远的追寻。换句话说，是一个不断统合个人经历与基本信念的历程，也是一个持续调整自我与社会关系的过程。在个人经历中，马西亚认为婴幼儿期与父母或照顾者间的依附关系之质量，对自我认同的影响最为深远。因为自我认同程度高者在婴幼儿时很少有不安全依附关系，反而是认同闭锁型的年轻人在幼儿时期，常常经历不安全依附关系。这种家庭因素的影响会一直持续到青少年期，一个在鼓励探索、提供机会的家庭环境下长大的孩子，与一个在禁止探索、限制自由的家庭环境下长大的孩子，他们在认同课题的成绩单上通常有很大的差异。

四、与自我有关的其他概念

（一）自我提升

即自我美化，个体以一种有利于对自己做出正面评价的方式，收集和解释有关自我的信息。

（二）自我确认

即个体寻找和解释情境，以证实自我概念的过程。

（三）自我障碍策略

即人们提前准备用来解释自己预期失败的一系列行为时使用的策略。

（四）自我表现（自我展示）

即人们在别人对自己形成印象时所做的显露。

①自我抬高：通过行动或语言把自己的正性信息呈现给别人。

②显示：向他人显示自己的正直和有价值，引起他人的内疚。

③谦虚：故意低估自己的良好品质、成就和贡献。

④恳求：向他人表达自己的不足与依赖，引起他人同情。

⑤逢迎：说他人喜欢的话。

⑥恫吓：威胁。

（五）自我监控

即个体根据社会情境的需要采取相应行动的能力，视自我监控水平而定。高自我监控的人往往会根据情境的需要而采取相应的行动，低自我监控的人根据自己的内心态度和自己的性格行动，在不同的场合行为一致。

（六）体像

描述与个体对自己躯体知觉有关现象的总称。

（七）自我效能感

个体对自己能够完成任务、实现目标或克服障碍的信心。

第二节　对他人的知觉——印象

在现实生活中，我们常常对他人形成一定的感觉和看法，这就是我们对他人的知觉——印象。那么，对他人的印象是如何形成的呢？

一、印象形成的要素

（一）外表

一个人的外表往往是我们最先看到的信息，例如，我们通过一个人的穿着打扮，就可以判断出是男性还是女性，美丽的外表往往更容易唤起我们的正向认知，"以貌取人"就是典型例子。

（二）非言语线索

由于一个人所说的话能被人有意识地加以控制，特别是那些小心谨慎或圆滑的人，话到嘴边时不知在肚子里折腾、琢磨了多少回合，言不由衷的话已司空见惯。但言语之外的一些行为，如面部表情、目光接触、身体姿势、言语节奏等却很难被人有意识地加以控制，从而更真实地揭露人们内心的想法、情绪、性格等。

一般来说，相同的面部表情通常表达相同的情绪状态，各种族大同小异，全人类具有较高的一致性。例如，一个人如果嘴角下垂，两颊拉长，皱眉呈八字形，那他多是不愉快的；如果他经常是这副表情，我们就可以推测他可能是一个抑郁、悲观的人。

目光接触可以表示对对方感兴趣，被认为是诚实、直率；而目光不接触，说明此人害羞或害怕；但长时间的目光接触可能是愤怒、敌意的信号。

一个人的身体姿势能够传递丰富的信息。例如，当一个人与我们交谈时，如果他面对着我们，身体向我们倾斜，而且不断地向我们点头，我们就会认为他赞同、喜欢我们。反过来，我们就会对他产生一个好的印象，从而产生好感。

我们对他人的知觉，不仅取决于对方所说的话，也取决于他怎么说，如说话的速度、节奏等。当一个人说话的速度很快时，我们常常推断此人心直口快，是个直率、没有心机的人；一个说话轻声慢语的女孩，常会给人留下温柔、恬静、有涵养的印象。

最有用的信息是人的行为，因为行为与某些人格特质有密切联系。人们在什么时候会根据一个人的行为来推断此人具有与其行为相对应的内在特质呢？往往是在这两种情况下：当一个人的行为不符合社会期望或不被社会接受时，例如消防员救火时，人们不会据此得出此人是利他的、勇敢的，而过路人冲入火中救火，则所有人都会认为他是利他的、勇敢的。

美国心理学家艾伯特·梅拉宾在进行了一系列的实验研究后，提出一个公式：信息交流的总效果 = 7% 的语言 + 38% 的音调 + 55% 的肢体语言。就如 David Abercrombie 所说："我们用发音器官说话，但我们用整个身体交谈。"而且，非言语行为在情感和态度的表达方面起着特殊的作用，它既可以独立表现意义，也可以对言语行为表达的意义进行补充。所以，我们应该深信，人们有一半以上的信息是由非言语行为来传递的。

总之，人们会利用所能获得的各种线索对他人形成印象。但线索（如人的长相、穿戴、身体姿势等）本身并无意义，它们是根据知觉者记忆中所储存的有关人、行为、特质的知识来解释的。另外，人们会把各种渠道获得的信息综合起来，形成对一个人的概括性认识。所谓的印象形成就是把一个人若干有意义的特征加以综合、概括，形成一个具有结论意义的特性。例如一个女孩脸上总是笑眯眯的，在车上常给老人让座，同学有什么问题她总是热心帮忙，我们就可以推断出她是一个热情、善良的人。那么，人们是以怎样的方式知觉他人的，即对他人所形成的整体印象是由哪些内容构成的？在这个问题上，不同学者有不同的回答。

二、印象的组织结构

关于印象的组织结构，有两种理论普遍受到学界支持。

（一）维度观

维度观认为人们在评定人和事物时有三个潜在维度。

（1）评价维度，即一个人品质的好坏，是最重要的评定维度，决定了我们喜欢不喜欢这个人以及程度如何。

（2）能量维度，即一个人是强有力的还是软弱的。

（3）活动水平，即一个人是积极主动的还是消极被动的。

（二）类型观

类型观认为人们以类型的方式来知觉他人。例如外向、成熟、忧郁等词汇，就是人们用来识别他人类型的。

三、印象形成过程中信息加工整合的方式和规律

（一）印象形成过程中信息加工的方式

1. 安德森的平均模型

人们把所获得的信息加以平均以获得对他人的总体评价，例如，小芳与小强经他人介绍见面，小芳发现小强很机灵（10分）、有礼貌（4分），但个子矮（-5分）。且衣着寒酸（-9分），总体印象是0分，好坏抵消，只能等新的信息出现再决定是否交往。这就是加权的平均模型，也就是在将所有特质平均前，对那些人们认为非常重要的特质赋予较大的权重。例如演员要有演技，科研部门要有才能。

2. 布鲁尔的双重加工模型

人们在印象形成过程中，主要有两类加工操作：一类是以类别为基础的加工。把个体当成是某一类别群体的成员之一，根据对此群体所具有的看法来形成对此个体的印象（不须多大努力）。另一类是以特征为基础的加工。注意并整合他人各种信息（如行为、身体特征）来建构对其独特的印象（需要时间和努力）。

（二）印象形成过程中信息加工整合的规律

1. 不同特征在印象形成过程中所起的作用不同

阿希的经典实验包括两组形容词。A组：聪明、灵巧、勤奋、热情（文雅）、果断、实际、谨慎。B组：聪明、灵巧、勤奋、冷淡（粗鲁）、果断、实际、谨慎。A组塑造出来的是慷慨大方、快活、幽默的形象。B组塑造出来的是斤斤计较、毫无同情心、势利十足的形象。个体自己认为最重要的特征往往带有主观性。

2. 信息出现的先后对印象的形成起不同作用

①首因效应，指人们比较重视最先得到的信息，据此对他人作出判断。陆钦斯实验：选取一个叫吉姆的人的两段完全不同的材料。然后把这两段短文按不同的顺序分给被试者，实验结果产生了首因效应。首因效应表明了第一印象的重要性。

②近因效应，是指最新得到的信息对他人印象形成起较强作用。陆钦斯实验：不让被

试连续读两份材料，中间插入其他活动，在这种情况下，大部分被试根据后看到的材料来评价吉姆。

3. 人们倾向于把有关的特质联系起来形成对他人较统一的认识

随着生活经验的积累，人们认识到一些特质之间存在密切的联系，如热心与利他，于是当了解到一个人具有某一特质时，就会自动地联想到与这一特质相关联的其他特质，从而认为此人也具有这些特质。例如当我们知道一个人很喜欢冒险，我们就会想象他一定很强壮、敏捷、适应能力强等。正因如此，人们常会歪曲信息，以减少不一致的信息，从而对他人形成统一的评价与认识。

该效应与背景作用相类似。人们对他人的多数判断最初是根据好坏得出来的，一个人被认为是好的，他就被一种积极的光环所笼罩，从而也就被赋予其他好的特质。如果一个人被认为是坏的，他就被一种消极的光环所笼罩，从而也就被赋予其他不好的特质。后一种效应又称为魔鬼效应。一个人对他人的评价，往往受他对被评价者的总印象的影响。被评价者的特质越模糊，越难以测量，这种效应就表现得越明显。正因为这种泛化倾向的存在，当我们对一个人的某一方面做出良好评价时，就会认为这个人一切都好，反之，则认为他一切都坏。

戴恩等人的研究证明了晕轮效应的存在。他们让大学生被试仔细观察三个与他们年龄相近的人的照片。其中一个人外表很有魅力，一个人魅力中等，还有个人缺乏魅力。要求被试在其他27种人格特质中逐个评价三个人，接着让他们估计三个人婚姻美满的可能性，三人中谁最有可能在事业上取得成功。结果表明，被试对有魅力的人比无魅力的人赋予了更多的正性人格特质，如和蔼、沉着；而且认为有魅力的人更容易有美满的婚姻，更容易在事业上取得成功。晕轮效应是很难避免的，它是人们快速认识他人的一种策略，但有时却可能会产生负面的影响。

历史小说《三国演义》中有这样一个故事：周瑜死后，鲁肃把凤雏庞统举荐给孙权。孙权见他"浓眉掀鼻，黑面短髯，形容古怪，心中不喜"，以至"看不用之"，结果因以貌取人，把一个"智囊"推给了刘备。因为晕轮效应不利于人们做出正确评价，所以在使用评价量表时，心理学家想出一些办法加以克服，如对评价者加以训练，评价时一个特质一个特质地评定，使评价者知识水平均等。

4. 人们比较重视负性信息，但对他人却倾向于做正性评价

在知觉他人过程中，人们比较关注与重视负性信息，即对负性信息比对正性信息给予更大的权重。但是人们却倾向于对他人做正性评价，这似乎是一个矛盾。人们之所以对他人的评价如此宽容，原因可能有：一是人们希望自己的周围都是好人，这样自己会感觉舒服些；二是在大多数文化中，正性词汇比负性词汇更常见；三是人们通过对他人的宽容来显示自己的大度和仁慈。

在日常生活中，当我们向别人打听某人怎样时，常会听到"这人不错""挺好的"之类的话。其实也许对方的脑海中此时正浮现出此人的负面信息，恨得咬牙切齿。

随着对社会知觉研究的深入，人们所了解的在印象形成过程中信息加工整合的规律会越来越多。

四、印象的作用

我们对他人的印象一旦形成，就很难改变，即使发现最初的印象是错的仍然如此，这种倾向被称为保守性偏差（perseverance bias）。罗斯与其同事的研究证明了此种偏差的存在。他们安排女大学生观察他人做"决策"作业。一些观察者被告知，决策者25个问题做对了24题，另一些观察者被告知决策者只做对了10题。然后主试又告诉这些观察者上述反馈是随机决定的，与决策者的实际操作无关。最后让观察者评定决策者的能力及预测他们将来的操作成绩。结果表明，初期的反馈仍影响着观察者对决策者能力的评价及对他们将来操作水平的预期。由于印象的稳定性与渗透性，它构成了人们判断与行动的基础。

印象的作用表现为：

（一）所形成的印象影响我们对他人的判断

印象一旦形成就会左右我们对后获得的信息的解释，从而保持原有印象不变。例如，我们在看《欢乐总动员》或《正大综艺》等节目，两个嘉宾抢答10个问题。其中一个嘉宾前5个问题都抢到了且回答正确，然后开始穿插广告。这时，你会认为哪个嘉宾更聪明呢？对广告后5个问题的回答谁会得分高些？可能大多数人都认为是前5个问题都答对的第一位嘉宾。可是在广告后看到的却是第二位嘉宾后5个问题全抢到且都答对了，两人一比一平。人们就可能觉得第一位嘉宾的失误是谦让，或者是后面的题太简单，或者是他太得意了，但仍认为他非常聪明。也就是说，最初形成的印象会影响对后来不一致信息的解释，从而使最初的印象保持不变。

（二）产生与印象一致的行为——自我实现预言

我们对他人形成一定的印象之后，就会对他人产生相应的期望，而此期望又引导我们采取相应的行为以证实该期望，这现象就叫自我实现预言（self-fulfilling prophecy）。罗森塔尔（R. Rosenthal）与雅各布森（L. Jacobson）等人的一项经典研究证明了教师的期望对学生成绩的显著影响。他们以小学生为被试，先对他们做语言能力与推理能力的测验，然后随机抽出一部分学生，对老师说这部分学生有可能在几个月后有突飞猛进的进步。到了期末，罗森塔尔等人对全体学生做了一次测查，发现这部分学生的成绩都显著提高，而且教师对他们的评语也比其他学生好。这种期望的作用被称为"皮格马利翁效应"。皮格马利翁是希腊神话中一个雕刻师的名字，他曾精心雕刻了一个美丽的象牙姑娘，并对她倾注了自己全部心血与感情。他的真情终于感动了上帝，他的愿望得到满足，雕像获得了生命。

在罗森塔尔等人的实验里，皮格马利翁效应之所以会产生，是因为实验者的话使教师对这些学生产生了好的印象与期望，从而使他们更多地鼓励、帮助这些学生；这些学生也因教师的所作所为而提高了学习积极性，学习更加努力，所以成绩提高得比其他学生快。

但是只有当人们对自己或他人缺乏认识或缺乏肯定的认识时，才会受到别人的评价与期望的影响。例如在罗森塔尔等人的实验中，如果教师很了解自己的学生，而且很肯定自己的了解是正确的，那么实验者所提供的信息就不会改变他们最初对这些学生的印象，也不会产生新的期望，当然也不会改变他们的行为方式。另外，当人们知道他人对自己的看法是负面时，如某一学生认为教师对自己的评价很不好，那么人们就不会让他人的这种期望"得逞"，自我实现预言当然也不会实现。

五、情感与认知

（一）情感如何影响认识

我们的心境影响着我们的社会认知。正如我们日常生活中所体验到的那样，当我们高兴的时候，这个世界是那样美好，蓝天、白云、绿树，周围人都是那样可爱。大多数人都意识到，自己在积极的心态下比在消极的心态下呈现出更好的思考状态。例如，当我们心态积极时，困难的任务或者情况就会比我们在消极心态下更容易解决。事实正是如此，我们当前的情绪状态的确对我们如何掌握信息产生很重要的影响。

首先，一个人的情感状态会影响他对不明刺激的认知。简单地说，当一个人处于积极的心态时，他能够更好地感受到这些刺激。例如，有研究报告显示，当一个人在面对一项不确定的任务时，如果环境为他提供积极氛围（比如给他一块巧克力或者一个小礼品），那么他会增强解决这项不确定任务的能力。如果环境提供的是消极气氛（比如有人给他脸色看），那么这个人就会面临解决问题能力下降的局面。研究也表明，一个人在任务相当不明确的情况下，积极的氛围或者消极的氛围对其影响表现强烈的话，说明这个人既不是非常适合该任务，也不是完全不适合该任务。反之，当一个人完全适合或者完全不适合某项工作时，环境这种影响将会大大降低。

其次，积极或者消极的情绪对人的记忆力也有很大影响。一般来说，与我们的心情相一致的信息比那些与当时的情绪不相符的信息更容易让人记住。而且，情绪的这种作用不仅在信息最初录入记忆时有效，在回忆信息时同样起作用。积极或者消极的情绪同样影响着信息在头脑中的组织结构。情绪积极的人比情绪消极的人更能从广泛的记忆信息中获得信息。同时，那些情绪积极的人比消极的人对中性词汇产生更多不寻常的联想，而且更愿意把那些不能确定分类的事物，归到比本身更具有代表性的一类事物中（比如，情绪积极的人更愿意把电梯归类到交通工具中）。

最后，有证据显示人在情绪积极的情况下更具有创造性，或者说他们至少在需要创造性地解决问题时比别人表现得更好（比如探寻新颖的思路，为原有的事物开发新的用途等）。人们情绪积极的时候，能自觉动用身体资源，容易形成多元联想；此时神经兴奋强烈，会积极地连接更多种类的神经元细胞，激活其功能，形成丰富的想象空间。

大量证据显示，人的情感状态的确对社会认知有一定影响。由此产生了一个问题：积极或者消极的心态是如何施加这种影响的？关于这个问题的研究才刚刚起步。然而佛格斯已经发布了一个令人欣喜的关于情感影响的框架。该理论认为，一个人可以通过直接策略来获得社交信息，即将原先记忆中已有的判断直接应用到当前的情形中去。比如，一个人对英国人有比较好的印象，那么当他遇见一个英国人时，就对这个英国人有比较良好的印象。佛格斯也考虑到了另外一个控制策略，即建立在启发性基础上的策略，这里佛格斯采纳了心理拇指规则，即以最小的努力来做出判断。然而佛格斯在关于情感影响社会认知的理论中，强调最多的是动机处理策略。该理论认为，我们心中原有的目标将指引我们搜寻和使用各种各样的信息。换句话说，就是我们去搜寻某种信息，是为了得出与该信息相关的某项结论。

我们的情感状态和这种动机过程有着怎样的联系呢？佛格斯解释道，当一个人处于良好的情绪状态时，他就会努力维持这种状态。所以，他可能会避免影响情绪的工作，反过来这对我们的积极情绪有所作用。当我们的情绪比较低落时，动机处理过程就会指引我们来消除这种感觉。在这种情形下，我们会去搜寻那些有利于提高情绪的信息，而且我们会更精确地回忆起这些信息。与此同时，我们也可能采取其他策略，如倾向于那些与消除我们低落情绪想法一致的人。

佛格斯对这些预测观点进行了一系列完整的测试。在实验中，参与者（起先没有看过任何能够影响他们情绪的电影）首先被安排看那些极度搞笑或者极度悲伤的电影，如很成功的喜剧系列，或者是讲述一个妈妈死于癌症的故事。然后，这些参与者被要求从8个候选人中选择一个成为未来的合作伙伴，无论是为自己还是为别人挑选。为了挑选出最合适的人选，参与者都会查看包含候选人信息的索引卡。其中一些信息是涉及他们完成任务的能力的（如才智、以前的表现），其他信息是涉及个人的性格和喜好的。参与者还被告知他们可以按照任意顺序来挑选索引卡，并且把觉得与做决定没有任何关系的信息都挑选出来。

研究者收集了许多参与者在挑选未来伙伴时所持有的不同标准策略。经过分析这些标准策略，研究者发现人的心理状态对策略的选取有很大的影响。比如，如同预期的一样，那些情绪悲伤的人倾向于关注伙伴的个人品质，大概这样能够帮助他们寻找到一个让他们快速恢复情绪的人。而那些情绪积极的人倾向于关注伙伴的任务能力。同样，如同预期的一样，当他们在为自己挑选伙伴的时候这些倾向变得更加强烈。情绪低落的人更倾向于通过大致印象来选择自己的伙伴，这也与情绪低落的人更有动机去选择一个能给自己带来益处的伙伴这一观点相符。因此，他们依靠的是总体印象而不是对性格特征逐个比较来选择伙伴。

这些发现以及以前的一系列调查表明我们当前的情绪经常会影响我们掌控的信息，而这些信息反过来又影响我们所做的决定。很明显，我们的情感状态在我们的社会认知中扮演了很重要的角色，它还影响着我们和其他人之间的关系。

（二）认知如何影响情感

许多关于情感和认知的研究都在关注情感是怎样影响思想的。然而，同样有引人注目的相反的证据证明认知对情感的影响。我们通常不能直接知道自己的情感和心态，因为这些内在的反应是有点模糊的，我们通常是通过外界的行为来寻找自己内心情感的线索，在这种情况下，我们的情绪通常是由我们对自身选择的行为的相应解释来决定的。

认知影响情感的另一种途径是通过激活包含各种各样情感成分的结构或者认知框架来实现的。比如，当我们把某个人归入某个群体时，通过这个群体的框架，我们就可以知道这个人的特性了。此外，这也可以让我们知道我们对这些人的感觉是怎样的，所以，某一种族、信仰、宗教的背景框架或者某些刻板印象被激活，会对我们的情绪心态产生强烈影响。

同时，我们的认知可以通过如何解释那些挑起我们情绪的事件来影响我们对这些事件的反应。比如，你在一家电影院外排队买票的时候，一个女人从后面推了你一下，你会不会很生气呢？这要看你内心是如何理解她这个举动的。假如你觉得她是想要抢到你前面去，你就会很生气，甚至会把她往后推。相反，假如你认为她只是在人行道上不小心绊倒了，你就不会生气。越来越多的证据表明，我们对他人的具有刺激性的行为的反应，很大程度上影响着我们对这些人的情绪以及行为反应。

认知影响情感还有一种途径，即通过我们心中对判断和反应的期待来起作用。越来越多的证据显示，如果一个人心中保留着对某件事情或者刺激的反应期望，那么当他真正遇到这些事情时，这些期望就会对他看待事件和情感的形成产生影响，这种影响的实例每天都可以见到。比如，假如某个人预计他不喜欢某种新的食物时，他在没有品尝该食物的情况下就会表现出对它的反感。相反，当人们期望去看电影、听笑话或故事的时候，他们就会很乐意去做，即使他们此刻并不很想去做这些。事实上，很多事件都表明，期望比某种事件或刺激本身的特性更能影响人们对它的反应。比如，在一个关于这种影响的实验中，威尔逊和他的同事们让参与者看两类不同的卡通片。根据以前的经验，他们都知道第一类非常搞笑，而第二类就没有那么搞笑。在开始看第二类卡通片之前，有一部分参与者被告知他们很幸运地被选中去看非常搞笑的卡通片，而其他参与者则没有给予这些期望。当这些参与者看第二类卡通片的时候，那些被给予期望的人比那些没有给予期望的人更觉得这部卡通片搞笑。由此可见，他们的反应的确在很大程度上受到了自己对事件的预期的影响。

第三节 对群体的知觉——刻板印象

所谓刻板印象（也有人译成定见），是指人们对一个社会群体所形成的印象。所谓社会群体，是指由具有某一共同的且具有社会意义的特征的两个或两个以上的人构成的集合。划分刻板印象的特征在不同的国家和地区有所不同，例如，宗教在中东地区是划分社会群体的重要特征，但在中国却不是。但在大多数国家，性别、年龄、种族、社会地位、文化背景都是划分群体的重要特征。对一个群体的刻板印象由正负性特性构成，如对女性的刻板印象有热情、敏感、以家庭为中心、依赖。刻板印象可能是正确的，也可能是不正确的，大多数无法测量和验证，因而没有合适的效标。

一、刻板印象的形成

（一）个人经验

当人们第一次与一个群体接触时，他们与一两个成员的互动就构成了刻板印象形成的基础。即使人们与一个群体内多个成员互动，便于形成准确的、无偏差的印象，但互动结果仍会产生夸大的、不准确的刻板印象。原因有二：

一是由于新奇的、极端的、凸显的刺激容易引起人们的注意，所以，一个群体中特殊的成员对刻板印象的形成产生重要影响。罗沙特（M.Rothart）及其同事的研究证明了这一点[1]。在他们的实验中，一组被试看一张清单，上面列着50个男人所做的行为，其中有10人犯了非暴力性罪；另一组被试看同样的清单，但其中10人所犯的罪是暴力性的。然后问被试他们看到清单上所列的50人中，有多少人犯了罪。结果被试认为第二种清单所列的群体中有更多的人犯了罪。

二是一个群体所做的行为对我们的认知起着很大的作用，但一个群体的社会角色往往限制了我们所看到的行为，即一个群体所承担的社会角色、所要完成的工作往往决定了他们要如何做。例如，一个医生就要耐心地照顾病人。前文在讲述个体印象形成的来源时曾提到，人们常根据个体的外在行为来推断个体也具有相应的内在人格特质。这种对应推断的过程在刻板印象形成中同样适用。所以，人们就把群体成员在一定情境（如工作场合）中根据他们所承担的社会角色、所从事的行为当作他们内在品质的流露与表现，认为他们真的像行为所表现的那样，如医生总是有耐心、有爱心、爱整洁的，女性都是以家庭为重的，男性都是以事业为中心的。正因如此，对群体的刻板印象极有可能是不准确的。

（二）社会学习

刻板印象的获得不一定总是依据个人的亲身经验，也可以从父母、教师、同学、课本及大众媒体习得。例如，我国学者张德就认为，我国大中小学生对性别产生的刻板印象深受小学语文教材的影响。[2]他以人民教育出版社1970年至1982年出版的十册全日制小学语文课本为分析素材，发现：

①各册语文书的人物比例都是男高于女（781∶542）。
②教材给予不同性别的人以不同的职业。例如，保育员、营业员、纺织工人都是女性

---

[1] M. Rothart, S. Fulero, C.Jensen, et al.From Individual to group impressions: availability heuristics in stereotype formation [J]. Journal of experimental social psychology, 1978（14）: 237-255.
[2] 张德.关于心理偏见的调查报告[J].社会心理研究, 1990（3）.

所担当的；而科学家、文学家都是男性所担当。

③在课文中无知、低能的人物都是女性，而男性则知识渊博、能力高超。例如《数星星的孩子》中，张衡的奶奶说："那么多星星一闪一闪地乱动……你能数得清吗？"而张衡的爷爷则开导说："天上的星星在动，而它们之间的距离是不变的。"又如《看月食》一文中，奶奶说月食的形成是因为天狗吃了月亮，而爸爸则纠正说是因为地球转到了太阳与月亮之间。

④教材在一些课文里往往让女性来表现人类的不良性格特征。例如《蓝树叶》中不借给同学笔的林园园，《田寡妇看瓜》中小气的田寡妇，《西门豹治邺》中凶狠恶毒、草菅人命的老巫婆，《渔夫与金鱼》中贪婪的老太婆。

另外，关树文对初中语文课本中性别角色的分析也得出了与张德相似的结论[1]。

二、影响刻板印象唤起与使用的因素

已有的研究表明，在下列情况下，人们易唤起和使用刻板印象：

①一个人的类别特征越明显，与此类别相联系的刻板印象越易浮现在他人脑海中。例如一个女人的长相越甜美，穿着越女性化，人们越易把她知觉为具有女性特征（如温柔、贤淑）的女人。

②对待匿名的、可互换的群体成员易用刻板印象知觉他们，从而忽略了个人特征。我们在日常生活中常有这样的体验，到某一饭店吃饭时，有一位穿制服的女性服务员来打招呼，记下我们点的菜，端上碗筷、茶水。等我们想再多加一个菜时，看着众多穿着制服且不停忙碌的女性服务员，都不知刚才那位是哪一个。

③当时间紧迫，需快速对他人作出判断时，易使用刻板印象。

④当所获得的信息很复杂，不易分析加工时，也易使用刻板印象。

⑤当人们处于极端的情绪状态，如勃然大怒时。

⑥当人们意识到对个体的判断不太重要，人们也许不会进一步收集有关个体的信息，而是使用有关群体的刻板印象来认识个体。

三、如何看待刻板印象

刻板印象作为关于各个群体的概括性知识，牢固地储存在我们的记忆中，一看到或听到有关群体类别的线索，如一个群体的名称，一个人的年龄、性别、职业、籍贯、方言等，有关相应群体的刻板印象就会自动浮现在脑海中。所以，使用刻板印象的好处就是能快速地了解一个陌生或不太熟悉的人或群体的特征。但刻板印象的使用也有弊端：一是它夸大了群体间的差异性，容易产生偏见与歧视，即夸大了一个社会群体及群体内成员间的

---

[1] 关树文. 少年读物中的性别角色研究［C］// 李庆善. 中国人社会心理研究论集·1992. 香港：时代文化出版公司，1993：141–146.

相似性，从而对个体的知觉产生先入为主、以偏概全的偏差；二是它夸大采取的正性或负性的行为。

既然刻板印象有如此的弊病，那如何改变它呢？

四、抵制刻板印象变化的策略

即使人们获得了与一个群体的刻板印象完全不同的信息，人们仍然不改变原有的印象。人们是怎样对待那些不一致信息的呢？

一是对不一致的信息做出解释。当人们获得与自己的期望不一致的信息（例如，一位白人发现与他打交道的黑人并不粗鲁、暴躁）时，就会去找原因。但人们通常把这种不一致的信息归于特殊的环境（例如，是在一个重要的酒会上见到这位黑人的），认为这种信息不是行动者真实品质的反映。

二是把不一致的信息区隔开来。当不一致的信息不能被如此解释时，人们就会把一个社会群体进一步分成各个亚群体，如把黑人分成有知识、有教养的黑人与无教养的黑人，然后把不一致的信息归属于其中一个特殊的亚群体，从而保持原有的刻板印象不变。

三是把不一致的信息归于群体中不典型的成员。人们通常认为不一致的信息是从特殊的、非典型的群体成员那里获得的，而原有的刻板印象是典型的群体成员所具有的，所以更具代表性与概括性，当然也就无须改变。

五、改变刻板印象的方法

很多学者认为，通过在特定的条件下与一群体的成员相互交往，就能减少对该群体的刻板印象和偏见。那么怎样交往才有效呢？

第一，为了避免与刻板印象不一致的信息被归于特殊的环境与时间，要使不一致的信息不断重复，这种稳定的信息就可以被解释为个体内在品质的反映，而对个体所归属的群体的刻板印象就可能改变。为此，人们就需要与有刻板印象的群体成员进行长期的、深入的、一对一的交往。

第二，为了避免与刻板印象不一致的信息被归于群体中的亚群体成员，要与有刻板印象的群体成员广泛交往，这样，所获得的普遍的不一致信息，就会改变人们原有的对该群体的看法。

第三，为了避免把与刻板印象不一致的信息归于群体中非典型成员，要与群体中有代表性的、典型的成员交往。

第四，由于刻板印象常是自动被唤醒的，又无意识地作为人们判断、评价与行为的基础，所以要想改变刻板印象，人们必须有意识地去寻找不一致的信息，有意识地校正自己的判断。这才是改变刻板印象的根本与前提，否则，即使不一致的信息反复地、广泛地出现，人们仍可以熟视无睹，充耳不闻。

国内有关群体知觉的研究已有很多。例如，韩向明让 252 名学生与成人在 100 个形容词中挑出 5 个来描述美国人、英国人、法国人、日本人、印度人、中国人等。结果得出：我国居民认为美国人是"敢于冒险的""思想解放的""不拘小节的""外向的""开朗的"；中国人是"勤劳的""爱国的""聪明的""吃苦耐劳的""勇敢的"，等等。孙健敏以 25 对形容词为测量工具，比较了中美大学生对对方的刻板印象。结果发现：美国大学生评价中国大学生是"无攻击性的""忠诚的""关心别人的""有耐心的""害羞的""虚弱的""消极的""保守的"；而中国大学生眼中的美国大学生是"幸福的""强壮的""干净的""主动的""吸引人的""聪明的""自信的""幽默的""不忠诚的""自私的""富有攻击性的"。另外，韩向明等人还利用县志、文学作品、问卷等来了解人们是如何对山西人的性格特征进行描述的。

第四节　社会认同及群体认同

一、社会认同

（一）早期社会认同研究

自我认同是个体体认"我是什么""我是谁"的过程，而社会认同则是个体归属于哪个群体、哪个社会位置、哪种文化的过程。对社会认同重要性的最早说明是由勒温提出来的。他断言，为了保持一种健康感，个体需要一种强烈的群体认同意识。这个观点在泰弗尔（Tajfel）和特纳（Turner）的社会认同理论中通过相当多的细节发展起来。根据该理论，只有成为一个群体的成员才可以给个人提供一种有助于促成正面自我概念的归属感。泰弗尔于 20 世纪 80 年代大力提倡社会身份论，启发了很多有关社会认同历程研究的新思维。

在 20 世纪 90 年代，美国的社会心理学日趋国际化，文化心理学的兴起令美国心理学家注意到美国以外的心理学知识传统，随着研究人才的交流，贾尔斯（Giles）、霍格（Hogg）等社会认同论大师先后赴美，社会认同研究在美国本土生根并迅速发展。在短短十几年间，美国成为社会认同研究的重镇之一，而社会认同论也成为美国社会心理学主流理论之一。在 2004 年，美国的《性格与社会心理学综论》以特刊形式介绍社会心理学的宏论（grand theories），其中有关社会认同和社群关系的论文就有 3 篇（全特刊共 14 篇）[1]，可见社会认同研究在美国主流社会心理学的地位。

---

[1] D. Abrams & M. A. Hogg. Metatheory: lessons from social identity research; M. B. Brewer. Taking the social origins of human nature seriously: toward a moreImperialist social psychology; J. Levine. Collaboration the social context of theory development.

研究者最早是以社会心理学和哲学的概念来定义社会认同的。他们通常从米德的社会理论和埃里克森所做的研究入手，将重点集中于群体认同在社会情境下的形成上，认为群体认同是个人因素和社会因素共同作用的结果。社会认同不是一个固定的或单一的实体，而是一种认识、一种态度、一种趋向、一个过程，认同不是预先设定的，它是个体对自身的行为、语言和每日实践与社会情境和环境相互关系的解释和归因中引发的自己与环境之间复杂的动态平衡的过程。在某些时候，认同让个体成为某社团的一员，在另外一些时候，认同又让个体成为自我的一部分，或者成为分享关系的一部分。

比如教师的认同包括教师的自我认同、职业认同、角色认同等多个方面，这些方面是互相联系在一起的，其中，教师对自我的认同是认同的核心。和埃里克森所认为的认同是人在青年某个阶段所面临的任务不同，关于教师的认同研究认为：认同是一个持续的过程。在一个变化的环境中，教师的角色认同会受到许多挑战和影响，教师对角色的认同是一个不断变化的长期过程，同时，教师在致力于建立职业认同过程中，会面临一系列困惑。

（二）有关社会认同的观点

认同感是一种社会心理稳定感，具有群体性（即社群性）。心理学家埃里克森指出，一个成熟的心理认同的渐进发展是以人所属的团体为条件的，团体的传统价值对个人的成长意义重大。心理学家米勒"指出认同的本质不仅是'心理'的，它还包含'群体'的概念，是一项'自我的延伸，是将自我视为一个群体的一部分'。这是认同的核心"❶。

一些社会学家和心理学家分析了认同的价值和认同的层次，还分析了认同几种层次之间的联系。社会学家帕森斯把认同定义为"个性模式保持代码系统"，他认为，认同是通过相连贯的组织内有关个体的信息来维持个体的连续性的。社会学家汉斯·摩尔（Hans J.Mol）认为，认同分为个人层次和社会层次。在个人层次方面，"认同是一个人在混沌环境中所占据的稳固方位，个人能够据之对外在环境作出积极的防御"；在社会层次方面，"认同是一个基本的及普遍拥有的信仰、模范及价值之综合，它能抵抗外在事物对本身环境与成员的威胁及维续自身"。英国心理学家贝特·汉莱密（Beit Hallahmi）认为，"认同由三个层次展开，即从群体认同经过社会认同到自我认同"❷，即通过某种认同获得一种归属，从所在的群体获得一种信仰系统，通过这个所在的群体参与社会，得到某种社会认同感，而个人在获得某种社会认同之后，对自我认同有内在的动力，即它直接影响到个人的自我意识活动和把自己投入某项活动中。

一些学者从个体的心灵修养、心灵需要出发探讨了认同的产生、内涵和作用，认为认同是"关涉个人与群体隶属关系的一个概念，因此认同首先是个体对某种意义上的身份的

---

❶ David·L. Sills. International encyclopedia of the social sciences［M］. New York: Crowell Collier and Macmillan. Inc，1968：250.
❷ David·L. Sills. International encyclopedia of the social sciences［M］. New York: Crowell Collier and Macmillan. Inc，1968：250.

一种心理肯定,认同给予个人以存在感,给人的个体性以稳固的核心"。❶认同不仅指较长时间的态度,还指个人对某群体的自我认同,对某群体的长期承诺是认同的重要表现形式。认同对人们的存在起着重要的作用,认同是人们精神稳固的源泉之一。

英国学者戴维·莫利(David Morley)等人在《认同的空间:全球媒介、电子世界观和文化边界》中,分析了认同的概念,认为是"差异构成了认同",认同涉及排斥和包含,"因此,界定种族集团至关重要的因素便成了该集团相对其他集团而言的社会边界……而不是边界线内的文化现实"❷。认同是动态的、自然发生的集体行为。英国学者麦克盖根(Jim McGuigan)认为,"认同是一种集体现象,而绝不仅是个别现象。它最频繁地被从民族主义的方面考虑,指那些身处民族国家疆域之中的人们被认为共同拥有的特征"❸。

一些研究者指出了认同的基本特点,即社会性、可塑造性和可共存性。安德森(Benedict Anderson)在《想象的共同体:民族主义的起源与散布》中分析,认同可以多种共存,认同是在行动者之间互动的过程中,在情境中建构的,它不是预先给定的,也不可能完全以自我利益为中心,受到共同规则的制约和导引。❹姚大力也认为某种认同并不纯粹哪方面的认同,而是与别的认同相互融合相互共存的,他对"认同"做了分析:"所谓认同,不仅可以从适用于此处全部讨论的那种严格和相当正式的意义上加以理解,而且可以在更加广泛的意义上把它看作部分政治、部分文化和心理的'现象'。"❺杨彼在博士论文《认同与国际关系:一种文化理论》中论述了认同的内容和特点:"一、认同是复杂的社会过程的结果,个人和集体认同都是在复杂的社会语境中建构的。二、人处于整体之中。制度的变迁会改变个人和集体的政治文化认同。三、理解和解释认同问题需要考虑这些复杂现象。认同是在社会过程中建构的,认同随着社会制度、利益的改变可以得到重塑。由于社会生活的极端复杂性,多种认同集于一身是可能的。因此,认同概念具有三个基本特点:社会性、可塑造性和可共存性。"杨彼认为认同的特点和产生来源是紧密相关的:"从个人领域来看,认同是家庭、住所、社区中人们之间的权力关系的产物。在公共领域,认同体现集团之间的权力关系。认同可以理解为记忆和当下之间的动态平衡。因此认同总是变化的。"

(三)社会认同的含义

"社会认同"一词,其广义指的是个人通过自己(或他人)在某社群的成员资格,把自己(或他人)与其他人区分开来,并将该社群内典型成员的特征冠于自己(或他人)身上,让自己(或他人)的特性等同于社群内典型成员的特性。在广义的社会认同概念下的认同现象在社会生活中很常见,比如社会认同、群体认同、文化认同、民族认同等。

---

[1] 梁丽萍.中国人的宗教心理:宗教认同的理论分析与实证研究[M].北京:社会科学文献出版社,2004:15.
[2] 莫利,罗宾斯.认同的空间:全球媒介、电子世界景观和文化边界[M].司艳,译.南京:南京大学出版社,2001:61.
[3] 吉姆·麦克盖根.文化民粹主义[M].桂万先,译.南京:南京大学出版社,2001:228.
[4] 本尼迪克特·安德森.想象的共同体:民族主义的起源与散布[M].吴叡人,译.上海:上海人民出版社,2005.
[5] 复旦大学历史系,复旦大学中外现代化进程研究中心.近代中国的国家形象与国家认同[M].上海:上海古籍出版社,2003:120.

其中，社会认同是指"个人的行为思想与社会规范或社会期待趋于一致"[1]，狭义的社会认同表现为三个层面，即价值认同、工作或职业认同和角色认同。价值认同是指人们对社会的传统观念和道德习俗等的基本原则有趋于一致的倾向，比如人们认为社会应该实现公正，在各种竞争中保持公平合理，政治生活中追求政治民主也是人们普遍的一种价值认同。工作或职业认同是指一个人认为工作不仅出于谋生的需要，还出于一个人价值实现的需要。

二、文化认同

传统文化认同和民族认同具有某些和血亲关系角色认同相同的特点，比如源远流长性和很强的稳定性。它们对人们的影响是潜移默化的，不太明显，平常难以察觉，但是其深刻性、深远性和久远性却是其他类型认同难以企及的。例如，胡勇在《文化的乡愁：美国华裔文学的文化认同》中分析了美国华裔文学中的中国传统文化情结，他指出，美国的华裔作家无论对中国传统文化是赞同还是否定，都带有强烈的中国情结，而且最有影响力的作品都与中国文化相关。

无论是在美国再生顺利的作家，抑或是再生困难的作家，无一例外地缅怀国内的文化，有强烈的国家和民族的认同。随着时间的推移，他们越来越怀念祖国的一切，到美国后，在岁月的流逝中，对中国和中国文化的依恋在心中日渐浓厚。对于民族文化和个人出生的地方没有永远强烈的爱和恨，只有细细流淌地看似淡然实则深奥的文化情感的记忆和延续。也许真正的认同就是在这强烈的情感和冲撞之后，经岁月沉淀而保留下来的记忆和有意或无意的传承延续，无论对过去的肯定还是否定，都是对过去的认同，无非内容和形式相异而已。

文化认同意指个体对所属文化以及文化群体内化并产生归属感，从而获得、保持与创新自身文化的社会心理过程[2]。文化认同包括社会价值规范认同、宗教信仰认同、风俗习惯认同、语言认同、艺术认同等。文化认同是形成"自我"的过程，蒙田说过："世界上最重要的事情就是认识自我。"[3]自我是个体心理结构深层的构造，也是探寻一种文化时所能进入的最核心部分。

文化认同的心理机制包括文化比较（cultural comparison）、文化类属（cultural categorization）、文化辨识（cultural distinctiveness）和文化定位（cultural definition）四个基本过程。在个人层面上，文化认同影响着个人的社会身份认同和自我认同，引导个人热爱和忠实于民族文化，从而保存和光大民族文化，最终将其纳入个人的价值观这一深层心理结构之中。在社会层面上，文化认同以民族文化为凝聚力，整合和辨识着多元文化中的人类群体，成为群体构成的一种类型——文化群体[4]。

---

[1] 张春兴.青年的认同与迷失[M].北京：世界图书出版公司，1993:27.
[2] 陈世联.文化认同、文化和谐与社会和谐[J].西南民族大学学报（社会科学版），2006（3）.
[3] 恩斯特·卡西尔.人论[M].甘阳，译.上海：上海译文出版社，2003：3.
[4] 陈世联.文化认同、文化和谐与社会和谐[J].西南民族大学学报（社会科学版），2006（3）.

三、民族认同

（一）民族认同的含义

大多数关于民族认同的研究是在社会心理学家进行概念化的社会认同的框架中进行的。然而，民族群体对群体认同提供了一种特殊的情况。如果社会的主流群体贬低处于低自尊状态的一个民族群体的特质或特点，那么该民族群体的成员就潜在地面临一种否定的社会认同。与一个处于低地位的群体有联系可能导致低自尊。

泰弗尔断言，低地位群体的成员通过不同的方式努力提高他们的地位。个人可能作为主流群体的成员而试图离开这个群体，但是这种解决途径可能具有负面的心理影响。此外，这种解决方法对在种族上不同并且被其他人归类为民族群体成员的人来说是不合适的。可供替代的解决方法是，发展出个人对自己群体的自尊，重新解释被认为是"劣等的"特征，因而使他们不再显得劣等，并且强调一个人所属群体的特殊性。

社会认同理论也解决了从参与两种文化中而产生的潜在问题。勒温和泰弗尔都讨论了这种可能性，也就是说，与两个不同的群体有联系可能给民族群体成员的认同形成带来问题，因为他们自己的群体和主流群体之间在态度、价值观和行为方面都存在冲突。在这种情况下，问题是个人是否必须在两种互相冲突的认同中进行取舍或有可能建立一种双文化的民族认同，如果是这样的话，这是不合适的。

民族认同的一个不同的但是相关的方法是建立在符号互动论和认同理论基础上的。这个框架中的研究强调对个人的民族认同意义的共同理解的重要性，这来自一个人自己的群体和一个"对应群体"。

（二）民族认同与文化适应

民族认同只有在两个或更多的民族群体在一段时间里相互接触的情境下才有意义。一个民族或种族同质性的社会中，民族认同是一个几乎毫无疑义的概念。涉及相互接触群体方面的研究可参见文化适应方面的文献。

"民族认同"这个术语有时候几乎等同于"文化适应"，但是应该将这两个术语区分开来。文化适应指从两个不同文化的接触中而产生的文化态度、价值观和行为的变化。它关心的水平一般是群体而不是个体，而且焦点是少数民族或移民群体如何同主流社会联系在一起。可以把民族认同看成是文化适应的一个方面，在此情况下，关心的是个人，而且焦点是他们如何同作为大社会的一个亚群体的他们自己的群体相联系。

（三）民族认同的形成

社会认同和文化适应这两个框架都承认民族认同是动态的，随时间和环境而变化。几个早期采用的定义以相似的含义包括了一种思想，即民族认同是通过决策和自我评价这种主动的过程而获得的。在一篇概念性文章中，魏茵莱什（Weinreich）声称，民族认同并

---

❶ 本段部分内容引自Psychological Bulletin, 1990, 108(3): 499-514。部分内容参见琼菲尼. 青少年与成人的民族认同: 研究回顾[J]. 社会心理研究, 2006（4）.

不是一个实体，而是人们建构自己民族的一个复杂过程。然而，在以社会认同或文化适应框架作为基础的研究中，研究者基本上没有在个体变化的水平上，也就是从发展的角度来研究民族认同。民族认同的形成可以看成是与随时间发生的自我认同的形成类似的一个过程，在这个过程中，人们对民族在自己生活中的作用进行探索并作出决策。许多概念模型描述了在少数民族青年或成人中民族认同的发展。

在一篇文章中，菲尼（Phinney）考察了不同模型之间的共同点，并提出了一个三阶段进程，也就是个体的民族认同是从一个未经检验的民族认同，通过一个探索期，最后到达一个获得的或承诺的民族认同。根据这个模型，青少年早期和也许还没有出现民族认同问题的成人处于第一阶段。根据克罗斯（Cross）和其他人的观点，这个早期阶段的特征是少数群体对主流文化的偏好。然而，这种偏好并不是这个阶段的必然特征。年轻人可能只是对民族不感兴趣而且很少去考虑它（他们的民族认同是扩散的）。或者，他们可能已经从父母或其他成人那里获得了积极的民族态度，虽然他们并没有为自己考虑这个问题。第二阶段的特征是一个人对自己民族的探索，类似于由马西亚所描述的暂停状态。这可能是作为产生一个人的民族意识的重要经验的结果而发生的［克罗斯所提出来的"相遇"；金姆（Kim）所提出来的"唤醒"］。它指的是一个人沉浸于自己文化中的一个密集过程，包括像阅读、同人交谈、去民族博物馆、积极参与文化事件之类的活动。对于一些人来说，它可能还包括拒绝主流文化的价值观。

作为这个过程的结果，阶段模型提出，人们开始对自己的民族有了更深层次的理解和欣赏，也就是民族认同的获得或内在化。对少数民族来说，达到这个结果可能要求解决两个基本问题：一是他们自己的群体和主流群体之间的文化差异性，二是他们的群体在社会上较低的或受到贬低的地位。对于不同的个人和群体来说，因为他们不同的历史和个人经验，毫无疑问，民族认同获得的意义是不一样的。然而，获得并不必然指高水平的民族参与。一个人可能对自己的民族很清楚和很自信，却不想保持民族语言或习惯。一篇概念性文章提出，这个过程并不必然随着民族认同的获得而结束，而可能循环继续，包括进一步探索或重新思考对个人来说民族的作用或意义。

（四）民族认同的组成

1. 自我认定

自我认定指的是一个人为自己所使用的民族标签。对儿童的研究主要关心的是儿童对自己"正确"归类的程度，也就是说，他们所选择的称号是否同他们父母的民族一致。一个相关的问题是"不正确的"归类是不是同一个不好的自我概念有关。儿童期以后，个体关心的内容是不同的。可以假设青少年和成人知道自己的民族，因而，这个问题是一个人选择什么样的标签来使用的问题。虽然这看起来是一个简单的问题，事实上却相当复杂，因为由血统（父母背景）所决定的一个人的民族，可能同一个人如何从民族方面来看待自己是不一样的。

2. 归属感

当具体问到一个人的时候，人们可能使用一个民族称号并且还没有对所选择的群体有一种强烈的归属感。所以，评价归属感是很重要的。然而，回顾以往的研究，其中只有四分之一对归属感进行了评价，也许是因为精确处理这种微妙感情存在困难。研究者已经对这个问题设计了许多方法。例如："我是一个（从来不，很少，有时候，经常，常常）对我自己的群体感到强烈联系的人。""我的命运和未来是同我自己的群体联系在一起的。""我感到对我自己的群体有一种巨大的依恋。"被试可能表现出一种"人"的意识或者给自己封上一个民族称号。这种态度的变化归因于一个人对自己民族重要性的看法，或一个人对自己文化关心的一种感情。

根据研究，自我认定、归属意识，以及一个人对群体的自尊是在不同程度上表现出来的民族认同的关键方面，而不管群体如何。此外，发展模型假定所有民族群体成员都有选择权来探索和决定与他们的民族有关的问题，尽管无论是在个体水平还是群体水平上，他们在参与这个过程的程度上会有所变化。对这些共同因素的关注将涉及群体之间的比较并且涉及一个人的决策能否被普遍认同。

从民族和种族方面来看，在这个大多数国家人口日益多样化的世界，理解这种多样性的心理影响是最重要的。尽管主要群体对少数民族群体的态度已经受到相当大的关注，但同样重要的是如何把民族群体成员视为群体的组成部分，这个群体可能会受到贬低或歧视，必须努力维护它自己的习惯和传统，而且在其他问题上，在媒体上没有很好地表现出来。由于区分每个群体和环境的独特性使得在不同群体之间得出普遍结论存在困难，因此理解民族认同的任务是复杂的。

四、中国人的自我认同与文化自觉[1]

人格与文化密不可分，从社会化的视角看，人格是人在社会化过程中不断接受文化规则而逐步形成的，从这个意义上说，人格是文化的复制品。在这种状况下，把费孝通多次提倡的"文化自觉"作为自我认同的相关话题予以思考，其目的在于提高心理品质，推动人格建设。

中国文化中的心理学财富中"己"观念和与之相关的命题，在我们今天谈论"自省""自知"，进而谈论心理品质和人格建设话题时，显得尤其重要。中国文化的"己"，并不是孤立的"个"，而是以对关系（二人关系）为单元的关系体，"人"不有，则"己"亦不成，不是单纯"义利"于"己"，也不是单纯"义利"于"人"，而是沿着"为仁由己"的命题逻辑，"为仁"之时亦"为己"，"行仁"之中亦"行己"。"修身"在"齐家""治国""平天下"之先。"为""行""修"都含有做、实践、操作、管理的意义。每个人对自己，要像做什么、实践什么、操作什么、管理什么一样，首先要做自己、实践自

---

[1] 沙莲香. 社会心理学 [M]. 1版. 北京：中国人民大学出版社，2002.

己、操作自己、管理自己，从这个意义来说，这就是自我认同与"文化自觉"的心理学解释、理解和推动，亦即提高心理品质和人格建设。

第五节　对行为与事件原因的推断——归因

一、何时归因

归因是生活中比较常见的现象，通常会发生在以下情况中：当出乎意料的、不寻常的事（如飞机失事）发生时；当令人不愉快的负性事件（如生病、离婚等）发生时；当对个体很重要，但又不太了解、肯定的事（如同事被"炒鱿鱼"）发生时。

二、归因理论

（一）海德（Heider）的归因理论[1]

1958年，海德在他的著作《人际关系心理学》中，认为不仅是心理学家，即使是普通人也试图解释别人的行为，寻找他人行为的原因。海德认为，事件发生的原因不外乎两种：一是内因，如情绪、态度、人格、能力等；二是外因，如外界压力、天气、情境等。在归因的时候，人们经常使用两个原则：一是共变原则，是指某个特定的原因在许多不同的情境下和某个特定结果相联系，该原因不存在时，该结果也不出现，我们就可以把结果归于该原因。例如，一个人总是在考试前闹别扭，抱怨世界，其他时候却很愉快，我们就会把闹别扭和考试连在一起，把闹别扭归于考试而非人格。二是排除原则，是指如果内外因中某一方面的原因足以解释事件，就可以排除另一方面归因。例如，一个凶残的罪犯连环杀人，我们就可以归为是他的本性，而不是外部环境。

（二）成就归因模型（韦纳的归因理论）

此模型于1972年提出，并在1979年做出修改。此模型认为人们用于解释成败的原因可用下列三个维度加以分类与描述：

①内因—外因。内因即个人内在的原因，如人格、品质、动机、态度、情绪、能力、努力等。外因包括个人之外的所有原因，如环境因素、运气、任务难度、他人帮忙等。

②稳定—不稳定，即原因是长期稳定的，还是变来变去的。例如，内在原因中能力是较稳定的，而努力是较不稳定的，而外因（如运气）也是可变的、不稳定的。

③可控制性，即一个原因是否在个人的控制范围内。例如，不稳定的内因（如努力）是可控的，而稳定的内因（如能力）是不可控的，主要靠天赋。

---

[1] 杨佳倩.归因理论在企业管理者决策中的作用[J].经营与管理，2021（6）：72-77.

一般来说，若一个人把成功的原因归于内在的、稳定的因素（如能力）时，他就会增强自信心，预测自己将来会成功，就会更加积极努力。若将失败的原因归于自己能力太差，就会消沉、自卑。这就是乐观型的归因和抑郁型的归因。因而，韦纳的归因理论引起人们对归因风格的训练的兴趣，即怎样帮助人们发展出适应性更强的归因风格。

（三）凯利的三维归因理论（立方体理论）

凯利认为任何事件最终可以归因于三个方面：行动者、刺激物以及环境背景。例如，张三打李四这件事情的归因，张三是行动者，李四是刺激物，打架时的环境是背景。凯利指出，在归因时，人们需要借助三种信息：

①一致性信息，即其他人在这种情况下是否也有相同的行为，若有，一致性就高，若没有，一致性就低。

②一贯性信息，即行动者的行为是否经常发生，若经常发生，一贯性就高。

③区别性信息，即行动者对其他对象是否也以同样方式作出反应。例如，对某个学生上课睡觉这一行为的归因。

有了上述三种信息，就可以进行归因判断。具体如何判断如表1-5所示。

表1-5 利用三种信息进行归因的方式

一致性	一贯性	区别性	归因于
高	高	高	知觉对象（刺激物）
低	高	低	行动者
低	低	高	环境

以教授甲批评学生乙一事为例：我们既可归因于学生乙，如果学生乙懒惰；也可归因于教授甲，如果教授甲是个爱批评人的人；还可归因于环境，如果环境使教授甲误解了学生乙。这三个原因都是可能的，问题在于要找出一个真正的原因。凯利认为，要找出真正的原因就要使用以上三种信息。一致性是指该行为是否与其他人的行为相一致，如果每个教授都批评学生乙，则教授的行为是一致性高的。一贯性是指该行为是否经常发生，如教授甲是否总是批评学生乙，若是，则一贯性高。区别性是指行动者的行为在不同情况下对不同人是否相同，如教授甲是否在一定情况下对学生乙如此，面对其他学生则不如此，若是，则区别性高。凯利从这里引出结论：如果一致性低、一贯性高、区别性低，则应归因于行动者。也就是说，其他教授都不批评学生乙，教授甲总是批评学生乙，教授甲对其他学生也如此，此时应归因于教授甲。如果一致性高、一贯性高、区别性高，则应归因于知觉对象。也就是说，每个教授都批评学生乙，教授甲总是批评学生乙，教授甲不批评其他学生，此时应归因于学生乙。如果一致性低、一贯性低、区别性高，则应归因于环境。也就是说，其他教授都不批评学生乙，教授甲也不总是批评学生乙，教授甲只是在一定情况下批评学生乙，对其他学生未加批评，此时应归因于环境。

凯利强调了三种信息的重要性，所以他的理论又称为三维归因理论。该理论是一个理想化的模型，人们实际上往往得不到这个模型所要求的全部信息。在这种情况下，人们如何解释行为呢？凯利提出了因果图式的概念。人们在生活经验中形成某种看法，即图式，以此解释特定的行为。例如父亲拥抱儿子这件事，可能有两个原因，一个是父亲是个热情的人，另一个是儿子做了什么好事。如果我们知道儿子没做什么好事，那么我们会认为父亲是个热情的人。如果我们知道父亲不是个热情的人，那么我们会认为儿子做了什么好事。

三维归因理论也受到了一些批评。例如：①模型过于理想化，人们通常得不到一致性、一贯性与区别性三种信息；②模型逻辑含混不清，而且不必那么复杂；③忽略了归因者对特定行为的知识所起的作用，如在听相声时，当听众捧腹大笑时，人们一般会直接归因于相声说得好、说得棒。

（四）琼斯和戴维斯的对应推论理论

对应推论是人们对行为进行归因的一种方式，是指当人们认为一个人的行为与其特有的内在属性（动机、品质、态度、能力等）相一致时，就是在进行对应推论。例如，某人经常违背诺言，我们可以认定他是个不诚实的人。

影响对应推论的因素主要有两种：

①行为的社会合意程度。若个人的行为的社会合意程度高，则人们无法从中推论其本性，反之，某人偏离社会规范做了此事，人们就会说该行为反映了这个人的独特个性。

②行为的自由选择性。自己选择的行为反映了行为者的意图，可以据此推断行为者的品性。假如是外界压力的结果，就会以外力的作用来解释他的行为。

（五）反常条件关注模型

希尔顿等人于1986年提出反常条件关注模型。此模型认为，一个行为和事件的可能原因有很多，要从中找出真正的原因常需借助已有知识。在与行为、事件发生有关的所有条件中，如果某一条件比较突出、比较异常，那么归因者就会把行为事件的发生归于它。而那些经常保持不变的条件不会被作为事件的原因，即使它们对事件的产生是必要的。例如数学考试，其他人都及格，只有小张不及格，那他本身就是原因。若大家都不及格，那可能是试卷难或老师教得不好。至于哪些条件是反常的，则根据归因者已有的知识、注意的焦点、对照标准的选择等主观因素来决定。

（六）顺序阶段模型

吉尔伯特等人于1988年提出的归因加工的顺序阶段模型，把整个归因过程分为三个阶段：

①行为的分类。这一阶段是自动进行的。

②自动的特质归因，即根据已有的知识和经验，自动地把此行为与相应的人格特质联系起来。例如看到一个人随地吐痰，就认为他没有修养。

③校正，即利用当时的情境因素来调整最初的判断。例如看到周围没有垃圾箱，就会认为这个人随地吐痰是因为公共设施不完备。

前两个都是自动地、无意识地进行的，而且非常快速，后一阶段需要意志的努力和时间。

三、归因偏差[1]

在前面的归因理论和模型中，都假设人是理性的，讲究逻辑的，但实际上，人在归因时会产生偏差和错误，下面介绍几种重要的归因偏差。

（一）基本归因错误

基本归因错误又叫对应偏差，是指人们在解释他人的行为时，夸大行动者的个人内在因素，低估环境因素的现象。西方国家比东方国家更易出现这种偏差，这是因为西方比较重视个人的内在特征，而对方则重视环境。

基本归因错误产生的原因：

①人们总有一种对自己行动负责的信念，所以更多从内因去评价结果，而忽略外因对行为的影响。

②情境中的行动者比其他因素更加突出，人们更容易注意行动者，而忽略背景因素、社会因素。

（二）行动者与观察者偏差

观察者较易强调行为者的内在因素，而行为者则较多强调外在的环境因素。这种归因分歧产生的原因有：

①两者的着眼点不同，观察者通常把注意力放在行为者身上，行为者更注意环境对自己的行为造成的影响。

②因为两者可用的信息不同，观察者不了解行为者过去的信息，只注意此时此地。而行为者对自己过去的行为非常了解，不仅是看当时的情况。

③自我服务偏差，即人们把成功归于自己，把失败归于外因，以摆脱责任，免受责备，有利于心理平衡，维护自尊。

四、归因的个体差异

内控者认为结果的产生取决于自己的行动、能力和努力；外控者认为是运气、命运或强有力的他人控制着结果的好坏。这种不同的归因方式进而影响着个体的情绪、动机、行为。例如内控者更加努力，成就动机更高；而外控者则可能放弃努力，听天由命，把失败的责任归结为外部因素。内控程度越强，越易产生正性的情感体念，活动水平越高，生活满意度、生活质量也越高。

习得性无助理论指出，当人们把失败归于内部、稳定且普遍的因素时，就会产生结果

---

[1] 张爱卿.归因理论研究的新进展[J].教育研究与实验，2003（1）：38-41.

不可控的期望，从而出现动机水平下降及抑郁、无助的情绪。这种归因方式是"悲观式的解释"。由于归因与个体的情绪、动机和身心健康有关系，所以，许多学者试图通过归因训练，改变个体原有的归因方式，朝乐观、健康的方向发展。例如，把失败归于暂时的、局部的因素，把成功归于内部、稳定、普遍的因素，从而改变个体的情绪、期望与动机，进而改变行为，改善问题。

本章小结

本章主要讨论了社会知觉的五个方面，对自我的知觉、对他人的知觉——印象、对群体的知觉——刻板印象、社会认同及群体认同、对行为与事件原因的推断——归因。探讨的主题包括：自我概念的信息来源、作用、测量，自尊的建构及作用，以及与自我有关的其他概念，印象的形成过程、组织结构、形成过程中信息加工的方式、加工整合的规律、作用，刻板印象的利与弊，改变刻板印象的办法，归因理论、偏差及个体差异等。

关键概念

社会知觉；自我概念；刻板印象；立方体理论；韦纳归因理论

思考与练习

1. 人们怎样形成对他人的印象？
2. 什么是晕轮效应？它对我们认识他人有什么影响？
3. 人们通过哪些线索形成对他人的知觉？
4. 我们怎样构建自我概念？
5. 简述自我表演的策略。
6. 什么是图式，它分为哪几类？
7. 社会认知对我们的健康有什么影响？
8. 试述海德、韦纳、凯利的归因理论。
9. 简述贝姆的自我知觉理论。
10. 人们在归因中存在哪些偏差？

第二章 人际关系

引言

一个看起来非常优秀的人并不一定预示着这个人会非常优秀。

人际吸引：相见—喜欢—熟识

第一节 人际关系概述

一、人际关系的概念及研究

（一）人际关系的概念

广义的人际关系是指人与人之间的各种关系，包括经济关系、政治关系、法律关系、角色关系、文化关系、心理关系等一切方面。

社会心理学要研究的是狭义的人际关系，是指人们在交往过程中形成的心理关系。它关注的是这种心理关系的亲密性、融洽性和协调性程度，其构成成分有认知成分、情感成分、行为成分。

（二）研究现状

1. 西方社会科学界对人际关系的研究

（1）从社会心理学角度对私人关系或人际关系的探讨

研究相当活跃，主要在达克主编的《人际关系手册》中反映了基本情况。但西方社会心理学界对人际关系的研究存在缺陷，达克等人做了概括：A. 往往局限于对大学生友谊的形成和异性恋爱关系的探讨，其他领域很少涉及；B. 将关系看作包含两个已定型的、完整的、稳定的、独立的个体的一个静态的、铁板一块的容器，忽视了人际关系是一个不断变化的动态过程，也忽视了人际关系中的个人是开放的、不稳定的、变化的；C. 忽视了真实的关系是在一定的社会文化情境下运作的，这种社会文化情境规定了什么才是正常的、可接受的观点，此观点影响人们对关系的知觉，也影响研究者对关系的知觉；D. 忽视了社会文化情境对人们建立关系的过程和关系本身的影响。

（2）从组织行为学的角度对人群互动关系的研究

人群互动关系包括组织内所有的互动形态，例如组织内部决策的形成、组织设计、领导行为、士气激励、团队运作、冲突管理、人群互动训练等，其核心在于沟通和说服。有效的人群互动关系可以促使组织成员为实现组织的目标贡献心力，从而提高组织绩效。

2. 中国社会科学界对人际关系的研究

"关系"一词在中国社会结构中占有关键性地位，是中国人用以处理日常生活的基本储藏知识的一部分，关系和人情是中国社会特有的本土现象。英语中没有对应的词汇，guanxi 已成为一个专有名词出现在英文学术报刊和文献中。

（1）传统文化对关系的研究

主要体现在对人我关系的思考。例如，儒家的"伦"（天地宇宙和人类社会都必须处在情感性的群体人际的和谐关系中），还有"贵己论""不争论""仁爱论""兼爱论""无我论"等。梁漱溟认为中国社会既不是个人本位，也不是群体本位，而是关系本位，这一观点明确了关系在中国社会中的核心地位。

（2）从社会和行为科学的角度对关系和人情的实证研究

20 世纪 30~40 年代，研究者对人情的概念、关系的建立、请客送礼行为、社会关系网络、关系的作用、关系与宏观社会结构的关联等问题都有不少研究。如费孝通以农村调研为基础而提出的"差序格局"概念，胡先晋对中国人的面子和中国人情感的剖析，杨联陞对作为中国社会关系基础的"报"的概念的阐释等。自 20 世纪 80 年代开始，心理学家和社会心理学家对关系和人情进行了大量的研究。在理论方面，学者们提出了一些试图揭示中国人的人际关系和人际互动规则的理论模式，包括黄光国的"人情与面子"模式、何友晖等人的"关系取向"理论、杨国枢的"社会取向"理论等。在实证研究方面取得了一定的成就。

二、人际关系的维度与类型

（一）人际关系的两个基本维度

情感上的亲疏维度和地位上的尊卑维度。是人际关系最基本的维度，除此之外，还有一些次要的维度，如"特殊主义与普遍主义（前者讲人情，做事因人而异，后者讲一视同仁）"，"工作导向与非工作导向"等。

研究表明，当互动双方在"尊卑"维度上表现出互补性（一方的支配行为引发另一方的顺从行为），在"亲疏"维度上表现出对等性行为（如一方的友善引发另一方的友善）时，双方的关系比较和谐；相反，当互动双方在"尊卑"维度上表现出对等性（双方都顺从或都支配），在亲疏维度上表现出对立性（一方友善，另一方却带有敌意）时，双方关系容易紧张。

这两个维度在中国人的人际关系中有非常明显的表现，不少学者对此有很深入的分析。例如，费孝通的"差序格局"概念认为：中国人往往以自己为中心，把他人按亲疏远近分为几个同心圆圈，与自己越亲近的，处于与中心越贴近的小圆圈内。人们以不同的交往法则来对待属于不同圆圈层里的人，与中心越接近的，对他们越好。而且，尊卑有序也是中国乡土社会人际交往的一个特点。

（二）社会关系模式

1. 费斯克模式

美国心理学家费斯克综合社会学、社会心理学和文化人类学的理论和研究，提出了一个相当系统的社会关系模式。他认为社会互动包括以下四种模式：

①共享：由团体成员共享情感与资源，不分彼此（家人关系、亲密朋友关系）。

②权威排序：依据年龄、阶层、地位等形成不对等的权威与顺从关系（如长幼关系、上下级关系）。

③对等互惠：双方平等，强调对等回报与交易的平衡（国与国之间）。

④市场定价：双方基于理性，进行得失衡量，考虑成本与收益的比率，商业关系往往如此。

费斯克认为，这四种模式存在于个人大脑中的关系原型，在现实生活中，人们根据具体情况，灵活地组合这四种基本模式，建构出复杂的人际关系，而且在不同的文化中都存在这些模式，但是，哪种模式占据主导地位，各种模式的应用范围如何，具体的实施细则是什么，则因文化而异。

2. 克拉克和米尔斯模式

该模式认为人际关系有两种：

①交换关系：强调礼尚往来，讲究平衡和对等。

②共享关系：关心对方的幸福，讲究需求法则，而且不希望对方做出对等的回报。

在共享关系中，人们并非不在乎公平问题，而是对不公平的容忍时间要长一些，容忍程度要大一些。在这一关系中，人们相互信任程度比较高，相信对方不会故意占自己的便宜，认为最后会达到大致的平衡，所以能够容忍一时的不平衡。相反，如果一方立即对等回报，反而会给另一方太见外的感觉，甚至影响关系的发展。

（三）中国社会中的人际关系类型

1. 既有关系与交往关系

既有关系是指在某一时间点上，两人关系中经由社会既定和认可的一些连带而形成的一个交往基础，如同乡、同事、校友等。交往关系是指在某一时间点上两人实际交往的状态。

2. 情感关系、工具关系与混合关系

这是黄光国在综合了中国儒家理论和西方的社会交换理论提出的华人社会的人际关系

交往模式，在不同的关系中，人们遵循不同的交往法则。

①情感性关系：家人、亲密朋友之间，是一种长久、稳定的关系，它可以满足个人在关爱、温情、安全感、归属感等情感方面的需求。"各尽所能、各取所需"是情感性关系的需求法则，类似共享模式。

②工具性关系：陌生人之间是一种短暂、不稳定的关系。"公平法则"是这一关系的交往法则，类似市场定价模式，如店员与顾客。

③混合性关系：介于情感性关系与工具性关系之间，双方有一定程度的情感关系，但是并不很深刻，没有达到可以随意表现出真诚行为的地步。例如亲戚、邻居、师生、同学、同事等关系属于混合性关系。具有延续性，双方预期有进一步的交往，遵循"人情法则"。注重均等与互惠，类似于对等互惠模式。

3. 家人关系、熟人关系和生人关系

这是杨国枢根据亲疏远近提出的中国人人际关系类型。在家人关系中，双方要讲责任，不太在意对方是否回报；在熟人关系中，双方要讲人情；在生人关系中，双方都讲利害。

4. 核心区、可靠区及有效区

阎云翔在《礼物的流动——一个中国村庄中的互惠原则与社会网络》一书中指出，一个村民的私人关系根据可靠性程度可分为几个区域，分别是核心区域、可靠区域、有效区域和村庄共同体，再往外就是外部世界。在外部世界，关系是一种办事的手段，送礼也是一种短期、工具性活动。在村庄内部，送礼和关系则有不同的含义。

①核心区域由一个人的家庭成员构成，包括亲近的族亲和姻亲，这是一个人亲属网络的中心。

②可靠区域由一个人的好友们组成，核心区域与可靠区域之间的界限并非很严格，因为最好的朋友有可能比亲戚还要好。

③有效区域由一般亲友组成，包括的人数较多，在吸收新成员方面更加开放。

阎云翔的研究发现，个人与在核心区的人交换的礼物最多，可靠区次之，有效区再次之。

三、人际关系的测量

（一）社会测量法

社会测量是由美国学者莫雷诺于20世纪30年代最先创立的。它从群体的角度，以定量方法了解整个群体的人际关系状况，以及每个成员的人际关系状况。问世之后，社会测量法得到了广泛的关注和应用，不少心理学家和社会学家都做出了贡献。

社会测量法的基本方法就是向群体成员提问题，请他们对其他成员进行选择。成员之间相互选择的情况，反映了他们之间的心理联系和心理距离，肯定的选择代表了心理上的接纳，否定的选择代表了心理上的排斥。例如，想测量群体内部的人际关系的状况，可以问"你目前与哪些人关系最好？""你愿意和谁在一起，首先是谁？其次是谁？第三是谁？""你愿意跟谁同座？你希望跟谁一起准备考试？"诸如此类的问题就是社会测量标准。社会测量标准有强弱之分，强标准就是涉及被试生活中最重要与意义最大方面的问题，而有关转瞬即逝的情景性因素方面的问题，就是弱标准，如完成一次性的任务、挑选值日、游戏等。在进行测量时选用几个标准，没有确定的数目，通常多则使用5~7个，少则使用2~3个，需要视具体情况而定。还要注意被试的选择数目对测量的准确性也具有重要意义。选择数目可以是自由的，也可以是固定的，成员10~15人一般不限制选择数目，成员30~40人时允许选择的数目最好是3~5人。还有就是选择的顺序问题，选择的先后顺序对分析人际交往的性质与规律性具有重大意义，例如，"你与每一位群体成员一起工作的愿意程度如何？请对每个人用5点量尺打分，最愿意的打5分，最不愿意的打1分"。

（二）人际关系状况的自我诊断

1. 人际交往类型测验

测量个体在人际交往中的主动性（例如，我在旅行时经常与不相识的人闲谈）、支配性（例如，我喜欢给别人出主意）、规范性（例如，约会迟到时，我会感到不安）、开放性（例如，我经常能够交到新的知心朋友）等方面的表现，从而确定一个人的交往类型。

2. 人际关系能力测验

测量个体建立关系的能力、与别人友好相处的能力、冲突管理能力等。

四、虚拟社区中的人际关系

技术的进步往往会戏剧性地改变人们的生活方式和人际交往方式。从电报的发明、电话的使用、电视的普及，到互联网的迅速扩散，人们的生活随之发生了巨大变化。今天，互联网已经成为影响人们学习、工作、休闲、通信等方式的最有效、最主要的信息传播载体，很多人花费大量时间和精力，在"虚拟空间"里冲浪、购物、写博客，与熟悉或陌生的人一起聊天、交易、玩游戏，体验自己的"第二人生"（second life）。调查表明，青少年对于网络尤为热衷，一些青少年甚至染上了相当严重的网瘾。

基于互联网的沟通促进了"网络人际关系"的产生。中外学者对网络人际关系的性质、特征以及这种关系对个人行为和实体人际关系的影响等方面进行了大量研究。很多研究发现，网络人际沟通与实际面对面交流的一个显著差异是：在网上，人们会无所顾忌，表现出更多不受约束的行为，其中与性有关的对话和行为尤其突出。

网络人际交往的特点如下：

①匿名性。在网上，个人往往不披露自己的真实身份。一方面可以减少交往时的压力和焦虑，更加轻松自然，大胆表露自己的真实思想和情感，可以讨论深层次的问题；另一方面，匿名性降低了道德约束，使一些人为所欲为，不顾后果。

②单面性。网络人际沟通大多通过文字进行，缺乏非言语线索。事实上，在人际沟通中，身体语言、语气等线索往往传递了比言语更多的信息。虽然，随着计算机技术的发展，人们在网络上可以进行语音和视频对话，但是，这与实际的面对面交流还是有本质区别的。这意味着，单纯通过网络交流，即使双方都以为已经很了解对方，其实还有很多盲区，这可能是一些"网恋"者"见光死"的原因之一。

③浅层性。在实际人际交往中，人际信任对于关系的发展非常重要。信任需要以彼此的了解和熟悉为基础。在网络交往中，由于上述匿名性和单面性特点，熟悉和信任很难稳定地建立起来。

④随意性。实际生活中的人际关系往往是特定的角色关系，甚至是法定关系，受到各种相关的社会习俗和法规制度的约束与保护。但是，网络人际关系往往是随机的、短期的，很少受约束，彼此没有责任和义务，要深入发展有很多困难。

⑤自主性。在实际生活中，一些人际关系是自主形成的，也有不少人际关系是被动接受、无法选择的。但是，在网络上，个人参与哪个虚拟社区、与谁交往都是自主自愿的，因此，网络上形成的一些兴趣团体往往互动频繁，也让参与者享受自由交往的乐趣。

⑥广泛性。实际的人际关系受时间、空间、社会地位、工作性质等诸多因素限制，因此，大多数人只可能与身边有限的人交往，但是，互联网使地球村变成现实，在网络上，人们可以朋友遍天下，天涯若比邻。

由于上述特点，网络人际关系的性质比较复杂，很难作出简单判断。一方面，一些学者强调网络人际关系的浅层性、随意性，认为这种关系是肤浅的、脆弱的、不健康的，认为网络上难以建立真诚的、亲密的、稳定的人际关系；另一方面，一些学者强调网络人际关系的自主性和广泛性，认为网络交往扩大了人们的社交范围，使人们可以与志趣相同的人自由沟通，对实体人际关系是一个有益的补充。除了理论上的分歧，实际调查结果也反映了网络人际关系的双面影响。

第二节　人际关系的发展

一、人际吸引

（一）人们为什么互相吸引

1. 亲和动机

包括亲和需求（一个人寻求和保持许多积极人际关系的愿望）和亲密需求（人们追求温暖、亲密关系的愿望）。人们的亲和需求与两方面因素有关，一是社会比较。人们通过社会比较来获得有关自己和周围世界的知识。二是社会交换。人们通过社会交换获得心理和物质酬赏。按照社会交换理论，人们尽量寻求报酬大于付出的人际关系，而亲和需求可以提供六种重要的报酬：依恋、社会整合（归属感）、价值保证、可靠的同盟感、得到指导、受教育的机会。

2. 为了克服寂寞

寂寞是指当人们的社会关系缺乏某些重要的成分时所引起的一种主观上的不愉快感。寂寞分为情绪性寂寞和社会性寂寞。情绪性寂寞是指没有任何人可以依恋而引起的寂寞。例如，到了一定的年龄没有成家所引起的寂寞。社会性寂寞是指当个体缺乏社会整合感或缺乏由朋友或同事等所提供的团体归属感时产生的寂寞。慢性寂寞对人的生理和心理健康产生重要影响。

对人们的寂寞感有影响的因素包括：

①婚姻与经济状况。已结婚的人比未结婚的人寂寞感较少，贫穷的人比富裕的人寂寞感强。

②年龄因素。实际研究表明，青少年最寂寞。

③人格因素。寂寞与社交技巧的关系最为密切。提高社交技巧的做法：提高对他人的关注，培养自己认识并遵从社会规范的能力（如观察他人的行为并模仿）。

（二）影响人际吸引的因素

1. 个人特质

①个人的温暖（对其他人有正性的态度，例如，主动帮助他人，赞美他人）。

②能力。人们往往喜欢有能力的人，但更喜欢有能力又有小错误的人，因为这种人更容易亲近。

③外表的吸引力。

2. 相似性

两人的相似性包括态度的相似性、行为偏好的相似性、价值观的相似性、个人建构（即个人形成问题、思考问题的方式）的相似性等。很多研究发现，相似性是产生人际吸引的重要因素。

为什么相似性会导致吸引呢？至少有三方面原因。

第一，人们愿意与那些与自己相似的人交往，即所谓"物以类聚，人以群分"。相似性使人们更加容易相互理解，有共同语言。例如，大学新生中，老乡之间会增加亲近感；都是来自农村的同学也因为生活背景的相似而有共同语言；都爱好足球的同学往往容易成为好朋友。

第二，相似的人可以为我们的信仰和态度提供支持，使我们感到自己不是孤立无援的，甚至感到自己的态度和信念是正确的。如果我的想法不对，为什么会有人支持呢？这时，相似者为我们提供了社会证实（social validation）的作用。在生活中，志同道合者往往会成为朋友、知己、知音，甚至成为生死之交。另外，对于那些在重要问题上与我们意见不合的人，我们可能会对其人格做出负面推断，认为他们道德感比较差、比较懦弱、思想没有深度等。

第三，人们认为与自己相似的人会喜欢自己。因为人们倾向于喜欢与自己相似的人，因此就想当然地认为人同此心，心同此理，觉得他们也会喜欢自己，这样就形成了一个良性循环。在选择约会对象和婚姻方面，人们往往倾向于选择与自己在长相上相似的异性做伴侣。

3. 互补性

人们往往选择那些能够与自己性格互补的人，例如，依赖性强的人往往会选择哺育性强的人，害羞的人可能会吸引外向的人。相似可以产生吸引，互补也可以产生吸引，两者是否矛盾？对这个问题的讨论可以概括为以下三点。

第一，相似性是更加基本的导致人际吸引的因素。这是因为大多数研究都支持相似性产生吸引的观点，而且相似性涉及更加广泛的范围，即各个方面的相似都可以促成吸引，而互补只在几个方面才能产生吸引。

第二，二者有时是协同的。导致吸引的互补是以基本情况的相似为基础的。

第三，有些研究发现，相似性在关系发展的早期很重要，而互补性在关系发展的后期比较重要。

4. 熟悉性和接近性

熟悉性可以增加吸引是因为曝光效应。接近性主要是指空间距离的接近。

二、关系的发展

人际吸引只是关系发展的一部分，吸引可以增强人们交往的动机，但并不能保证关系的顺利发展，关系的进展还包括交往动机和交往行为。交往动机是指人们在交往中想得到什么。交往行为包括工具性的交换和情感性的交流。

1. 社会交换

在社会交换理论（social exchange theory）看来，人际交往是一个社会交换的过程，人们之间的所有活动都是交换，是一种准经济交易：当你与他人交往时，你希望获取一定的利益，作为回报，也准备给予他人某种东西，他人也是如此。这种理论假定交换中的个体都是自利的（self-interested）：人们试图使自己的利益最大化，并使自己的成本最小化，从而确保交换结果是一个正的净收益。在这里，交换的东西非常广泛，可以是物质的，也可以是"社会"性的，包括信息、金钱、地位、情感、服务和物品等。

交换关系中的每个个体都会评估自己和他人在贡献和收益两方面的相对大小。如果觉得自己的投入获得了大致相等的回报，他们就会认为这种社会关系是公平的。有学者指出，公平性的关系是比较稳定和愉快的关系，当关系中存在不公平时，双方都可能感到不舒服，产生恢复公平的动机。一些学者还讨论了权力对于交换结果的公平性的影响，他们认为，在其他条件相同的情况下，权力较大的人在社会交换中收益更多。需要注意的是，在实际生活中，人际关系是在特定的社会交换结构中展开的，关系的发展必然受到这种结构的制约。

2. 自我表露

广义来说，社会交换过程也包括情感的交流，而情感的交流是与自我表露分不开的。所谓自我表露，就是把有关自我的信息、自己内心的思想和情感暴露给对方。良好的人际关系是在交往双方的自我表露逐渐增加的过程中发展起来的。

自我表露可以增加对方对你的喜欢，但过分的自我表露也会让人不舒服。

自我表露需要注意分寸。一般来说，表露的范围和深度是随着关系的发展而逐步增加的，对于不同的关系对象，在不同的关系发展阶段，自我表露的广度和深度明显不同。在非常亲密的朋友中，自我表露往往十分深入，达到无话不说的地步。但是，需要注意的是，无论关系多么亲密，人们都可能存在不愿意透露的领域，这就是所谓的"隐私"问题。对个人隐私的尊重和保护是社会文明与进步的表现，相反，侵犯个人隐私可能导致严重的社会问题。

在西方历史上，对隐私权的哲学和法学思考主要源于洛克的自由主义思想。人是社会性的动物，一般人都不愿意也不可能离群独居，然而，一个人可以与他人生死相依，但是如果真的与别人共穿一条裤子，他就无法正常行走。个人毕竟是作为独立个体生活在人海之中。他需要保持自主性，享有一定的个人空间，在自我与他人之间保持某种距离。这样就有了隐私和隐私权。隐私权是一种得到社会认可的个人控制自己的私人信息，限制他人对自己的思想行为进行观察或了解的合法权利。除了个人的隐秘情感，隐私还包括很多内容。个人独处、人际亲密行为、私人通信、个人信息（如收入、年龄、身份证号码、信用卡密码等）、个人心理偏好（如人格特点、职业偏好、性行为偏好等）都属于隐私。因此，隐私不是不可告人的东西，而是不想告人、不必告人甚至不应告人的东西。不是隐私见不得人，而是人不应该见他人的隐私。

有人认为，心里有隐私不说出来，就是不老实、不坦白；也有人觉得，隐私越多，心理负担就越重。这些想法都把隐私看偏了，甚至看歪了。在正常情况下，隐私并不是一种心理负担，更不是不堪回首的心灵隐痛，而是个人自主的栖居之地和个人情感放松的宁静港湾。一个自尊自主的人应该正视自己的隐私，认识到隐私的合法性和重要性，敢于并善于保护隐私，享受隐私带给自己的清净、自由和快乐。

当然，个人往往将部分隐私袒露给自己信任的亲友。除了隐私需求，人还有沟通的需求，需要同"知己"说一些私房话。亲密关系本身也要求人们坦诚相待，但是，这并不意味着关系亲密的人之间就不应该有任何隐私。只有隐私需求和沟通需求之间保持适度的平衡，亲密关系才能正常发展。

3. 关系的发展与变化

勒温格（G. Levinger）等人认为，人际关系的发展有三个阶段：第一是单向注意阶段，双方没有互动。第二是表面接触阶段，双方有初步的、浅层的互动，但是还没有相互卷入，也就是说，没有走进彼此的私我领域。一般的泛泛之交就停留在这个阶段。第三是相互卷入（mutuality）阶段，双方向对方开放自我，分享信息和感情，这是友谊发展的阶段。

阿特曼（I. Altman）等人提出了社会渗透理论（social penetration theory）来解释关系发展的过程。他们认为人际交往主要有两个维度：一是交往的广度，即交往或交换的范围；二是交往的深度，即交往的亲密水平。关系发展的过程由较窄范围内的表层交往，向较广范围的密切交往发展。人们根据对交换成本和回报的计算来决定是否增加对关系的投入。阿特曼等人认为，良好的人际关系的发展一般经历四个阶段：定向阶段、情感探索阶段、情感交流阶段、稳定交往阶段。

①定向阶段。在人际交往中，人们对交往对象具有很大的选择性。当进入一个交往场合时，人们往往会选择性地注意某些人，而对另外一些人视而不见，或者只是礼貌性地打个招呼。对于注意到的对象，人们会进行初步沟通，谈谈无关紧要的话题，这些活动就是定向阶段的任务。在这个阶段，人们只有很表层的自我表露，例如，谈谈自己的职业、工作、对最近发生的新闻事件的看法等。

②情感探索阶段。如果在定向阶段双方有好感，产生了继续交往的兴趣，那么就可能有进一步的自我表露，例如，工作、学习中的体验和感受，并开始探索在哪些方面双方可以进行更深入的交往。这时，双方有一定程度的情感卷入，但是还不会涉及私密性的领域。双方的交往还会受到角色规范、社会礼仪等方面的制约，比较正式。

③情感交流阶段。如果在情感探索阶段双方能够谈得来，建立了基本的信任感，就可能发展到情感交流阶段，彼此有比较深的情感卷入，谈论一些相对私人性的问题，如相互诉说工作、生活中的烦恼，讨论家庭情况等。这时，双方的关系已经超越了正式规范的限制，比较放松，自由自在，如果有不同意见也能够坦诚相告，毫无拘束。

④稳定交往阶段。情感交流如果能够在一段时间内顺利进行，人们就有可能进入更加密切的阶段，双方成为亲密朋友，可以分享各自的生活空间、情感、财物等，自我表露更深更广，相互关心也更多。一般来说，能够达到这种境界的关系相当少，也就是人们常说的"人生难得一知己，千古知音最难觅"。

还有一些研究探讨了关系退化的原因。综合起来，导致关系的亲密程度减弱的原因主要有：

①空间上的分离，交往的一方迁徙到别的地方。虽然分离的双方可以通过书信、电话、电子邮件等形式保持联系，但是最现代的通信工具也取代不了面对面的交往。

②新朋友代替了老朋友。

③逐渐不喜欢对方行为上或人格上的某些特点。一方面，个人的喜好标准可能发生变化；另一方面，交往中可能发现对方的一些新特点，而这些特点恰恰是自己不欣赏的。

④交换回报水平的变化，即一方没有按照另一方所期望的水平给予回报。

⑤妒忌或批评。

⑥对于第三方的关系不能容忍。在亲密关系中，这一点比较突出，因为亲密关系，尤其是异性之间的亲密关系往往有一定程度的排他性。

⑦泄密，即将两人之间的秘密透露给其他人。

⑧对方需要时不主动帮忙。

⑨没表现出信任、积极肯定、情感支持等行为。

⑩一方的"喜好标准"发生了变化。

总的来说，在西方的研究中，关系发展被视为两个独立的个体之间的事情，主要由他们自己的个性和相互交往的情况决定，社会环境因素的影响似乎很小。个体之间的相似性是导致相互吸引，启动相互交往的重要因素。在交往过程中，自我表露、内心交流、情感性的支持及工具性的互助是促成关系向较深层面发展的关键行为，亲密的人际关系必须靠这些相互依赖性的活动来维持，不履行这些行为就会使关系的亲密程度减弱。凯利认为，交往动机的转变是亲密关系形成的标志：由关注个人一时的得失，转变为关注双方共同的利益，对共同利益产生责任感。这个发现意味着人们对处于不同交往阶段的关系会有不同的期望，关系的双方往往会对他们关系的水平或类型以及与此相对应的交往法则或期望达成默契。这种默契达不成的话，关系就不能顺利发展。如果一方突然不按照已经形成的默契来交往，关系就会发生变化。凯利的观点还表明，人们在亲密关系中有形成利益共同体的动机，这种动机所要求的并不只是相互帮助及合作，而是利益上的一体化，即你中有我、我中有你的高度的相互依赖，下面，我们将对亲密关系作比较深入的讨论。

三、亲密关系

（一）亲密关系的特征[1]

①相互依赖，即双方的思想、情感和行为相互影响。

②共同活动。

③自我与亲密伙伴之间的界限被打破，对方成为自己个人心理自我的一部分。

④交往动机的转变，由注重交易转变为追求共享。

⑤亲密感，即心理上的密切感，表现为广泛的自我表露、相互理解、相互关心、相互接纳。

⑥承诺。双方都会表现出自己是可靠的、负责的、可以信任的。

（二）爱情

1. 什么是爱情

心理学家鲁宾（Rubin）看来，爱情是一个人对另一个人的某种特殊的想法与态度，它是亲密关系的最深层次，它不仅包括审美、激情等心理因素，还包含生理唤起共同生活

---

[1] 王浩，俞国良. 亲密关系中的权力认知［J］. 心理科学进展，2017，25（4）：639-651.

愿望等复杂因素。

2. 斯腾伯格的三角理论

在斯腾伯格看来，爱情由三个成分构成：激情、亲密和承诺。激情是指情绪上的着迷，亲密是心理上喜欢的感觉，承诺是心里或口头上的预期。这三种成分构成了7种爱情形式：

①喜欢式爱情：主要是亲密，没有激情和承诺，如友谊关系。

②迷恋式爱情：主要是激情，没有激情和承诺，如初恋。

③空洞式爱情：以承诺为主，缺乏亲密和激情，如纯粹为了结婚的爱情。

④浪漫式爱情：有激情和亲密，没有承诺。

⑤伴侣式爱情：有亲密和承诺，没有激情。

⑥愚蠢式爱情：有激情和承诺，没有亲密，如一见钟情。

⑦完美式爱情：激情、承诺和亲密均有。

3. 拉斯伟尔的爱情分类

心理学家拉斯伟尔（Lasswell）等人通过研究6种形式的爱情。

①浪漫式爱情：爱是强烈的情绪体验，最典型的是一见钟情，外表吸引力是此类爱情的必要条件。

②占有式爱情：对爱人有一份狂爱，容易嫉妒，完全被对方迷住。

③好朋友式爱情：爱情经由友谊、共同爱好及逐步自我展露，而慢慢成长起来的令人愉快的亲密关系。

④实用式爱情：彼此都感到合适，并能满足对方的基本需求，追求满足而非刺激。

⑤利他式爱情：无条件的关怀、付出及谅解。

⑥游戏式爱情：对待爱情就像玩游戏一样。

这6种形式的某些成分构成了人们常说的两种爱情形式：浪漫式爱情和伴侣式爱情。男性喜欢浪漫式爱情（一见钟情）和游戏式爱情（追逐的快感），女性喜欢好朋友式的爱情与实用式爱情。男性选择同伴和合作者，女性选择同伴和生活的支柱。

4. 对爱情的测量

5. 爱情行为和感受

从恋爱时的感受来讲，爱情与友情的最主要区别是生理上的反应。有研究者让679位大学生评定自己在恋爱中的感受，包括强烈的幸福感（79%的人），注意力难以集中（37%的人），有飘飘然的感觉（29%的人），希望自己狂奔、大叫（22%的人），在约会前感到紧张（22%的人），在恋爱时有陶醉感（20%的人），有双手冰冷等生理反应（20%的人）。

爱情行为和感受还与性因素有关，满意的性生活是浪漫爱情的重要基础。

（三）亲密关系的维持[1]

1. 平等

平等是亲密关系维持的重要条件之一，按照公平理论（Equity theory），在任何形式的人际关系中，人们的付出应该与其收益成正比。比如爱情与婚姻等亲密关系中，人们并不是以最小的付出换取最大的收益，而是追求一种大致的平等，付出多少，得到多少。

2. 归因

研究发现，幸福的夫妻经常做强化对方式的归因，即把对方良好的行为归结为对方的内在原因，而把对方的不好行为归结到情境中。而不幸福的夫妻则经常做抑郁式的归因，把对方良好的行为看成是幸运，而把其不良的行为归于人格特质。

3. 沟通

缺乏沟通是夫妻关系走向破裂的重要原因。在一项长达4年的夫妻关系研究中发现，在最终破裂的婚姻中，往往包含着许多埋怨，并且对对方的关怀置之不理。积极行为被忽略，消极行为被夸大。幸福的夫妻常常通过争论来理解对方的观点，陈述观点，这对维持健康关系极为重要。

4. 嫉妒与人际关系

在亲密关系中，一方面，嫉妒是浪漫爱情的标志，实际上反映了个体对这种关系的依赖性；另一方面，嫉妒会带来消极的情绪和行为，当这些消极情绪积累到一定程度是很可怕的事情。在恋爱关系中，有时一方会故意引发另一方的嫉妒心理来使双方的关系更密切。例如，经调查表明，33%的女大学生和20%的男大学生会向自己的伴侣炫耀自己以前的情人。

（四）亲密关系的终结[2]

1. 对待不满的策略

亲密关系的终止与满意度和承诺有关，满意度越高，承诺越大，则亲密关系越难终止。当亲密关系出现破裂的时候，人们往往会采取4种策略：

①真诚。主动弥补出现的裂痕，怕对方拒绝，所以很少说话，耐心等待、祈求，希望自己的真诚能让对方回心转意。

②忽视。男性多采用的一种消极策略。故意忽略对方，与对方在一起的时候经常在一些与所探讨的无关话题上挑剔对方的缺点。这种策略经常被不知如何处理自己的消极情绪，或既不想改变也不想终止这种关系的人使用。

③退出。多在个体认为没有必要挽回这种关系时采用。主动的、破坏性的策略。

④表达。对所遇到的问题寻求妥协并尽力维持亲密关系。主动的、建设性的方式。

心理学家把亲密关系出现问题时产生的争吵分为良性的争吵和破坏性争吵，并指出争吵的时候不要：一味道歉，不分谁对谁错；对所争吵的问题沉默或置之不理；假借他人之

---

[1] 王浩，俞国良. 亲密关系中的权力认知 [J]. 心理科学进展，2017，25（4）：639-651.
[2] 王浩，俞国良. 亲密关系中的权力认知 [J]. 心理科学进展，2017，25（4）：639-651.

口贬低对方；引出和争吵无关的问题；为了和谐而违心同意对方的观点；间接批评或攻击他人的长处；威胁他人将会遇到意外麻烦。

要做到：私下吵架，不要让孩子听到；弄清楚所争吵的事情，就事论事；表达出你积极的或消极的情绪；说出你同意什么，反对什么；提出一些能够使对方表达关系的问题；等待自然的和解，而不是妥协；提出一些能够增进双方关系的积极建议。

2. 关系破裂所造成的情感伤痛

有一项因素对双方伤痛程度有影响，即在关系结束是由哪一方先提出来的，先提出的一方痛苦会少一些，在男性身上表现得尤为明显。在恋爱关系中，如果遭到拒绝，男性比女性更容易紧张和痛苦。这可能是由传统的男权文化造成的，男性被看作控制和权力的中心，因此，当破裂的主动权被女性控制时，男性会体会到较高的对自尊的威胁和情绪紧张。

3. 社会支持

社会支持是指人们感受到的来自他人的关心和支持。在失去亲密关系的时候，社会支持是缓冲器。对老年人和产妇的影响可能更大一些。

第三节 人际冲突与合作

一、人际冲突

（一）研究人际冲突的意义

在人们开始交往，建立关系之后，分歧则难以避免，冲突也有可能出现。心理学家发现，从 18 个月开始，儿童就与父母之间存在冲突。对于青少年来说，冲突更是频繁，有一项针对美国高中生的研究发现，他们平均每天要感受到 7 次冲突。在成人之间，冲突也十分常见。一项调查表明，非常满意和稳定的夫妻关系中，平均每 5 天发生 1 次冲突，而不愉快的婚姻关系中，平均每天发生 1 次冲突。有一项对美国经理人员的研究发现，管理者大约有 20% 的时间用于解决组织中的冲突。

冲突的结果可能是负面的、消极的，也可能是正面的、积极的，因此，如何管理冲突已经成为人类生活中的一个重要议题，也成为众多学科，包括哲学、社会学、心理学、管理学的研究领域。在人际冲突中，双方往往具有不一致的目标，如何在满足关系与情境需求的同时，实现自己的目标，是一件需要较高技能的事情。

管理好人际冲突对于个人成长非常重要。在社会化过程中，我们会经历许多人际冲突，包括与父母、老师、同伴等不同对象的冲突。正是在这些冲突中，我们学会了如何探寻他人的思想和情感，如何了解他人的行为动机，如何理解社会规则的运作方式，如何运用谋略实现自己的目标。经过人际冲突的历练，我们逐步成熟起来。

管理好人际冲突还有助于维持和改善个人健康、提高人际关系的质量和家庭生活的满意度。研究表明，人们处理冲突的方式与他们的身心健康之间存在直接关系。美国的一些研究发现：在恋爱和婚姻关系中，大约有20%的人曾经受到对方的暴力攻击；在有青少年的家庭中，有20%~25%的家庭曾经发生父母与子女之间的激烈冲突，导致情感上和心理上的伤害。在我国，父母与子女之间因为学习问题、交友问题而发生冲突也比较普遍。在西方社会心理学中，有关亲密关系中的冲突研究是一个相当活跃的领域。

（二）人际冲突的实质

1. 冲突的定义

冲突是一种对立的状态，表现为两个或两个以上的相互关联的主体之间的紧张、不和谐、敌视甚至争斗关系。

2. 冲突产生的原因

①需要、利益的不同。

②对问题的看法、认识不同。

③价值观、宗教信仰不同。

④行为方式和做事的风格不同。

当双方的态度、动机、价值观、行为不兼容时，并且意识到双方的矛盾，冲突产生。冲突是战争，而竞争是竞赛，两者不同。

3. 冲突的作用

冲突既有负面作用（情感隔膜、相互诋毁、相互拆台等），又有正面作用（彼此激发新思想，最后找到解决问题的更好方案）。

4. 冲突的层次和类型[1]

（1）布瑞克和凯利的三层次冲突理论

①第一层次是特定行为上的冲突，双方对某个具体问题存在不同意见。例如，外出度假搭乘什么工具有争论。

②第二层次是关系规则或角色上的冲突。例如，夫妻做家务。

③第三层次是个人性格与态度上的冲突。往往牵涉到双方人格和价值观的差异，是较深层次的冲突。典型的性格不合的例子是，一方爱面子，讲排场，另一方习惯于节省。

一般来说，冲突的层次越深，涉及的因素越多，情感卷入程度越高，矛盾越复杂，解决起来就越难。

（2）多伊奇（Morton Deutsch）的五类型冲突理论

根据冲突的基础不同，划分为五种类型：

---

[1] 诸彦含，周意勇，刘丽颖，等.组织中的人际冲突：类型、模型与表达[J].心理科学进展，2016，24（5）：824-835.

①平行的冲突。存在客观分歧，并且都知道这种分歧。

②错位的冲突。一方可能有一个客观的理由，而且知觉到冲突的存在，但却不直接针对真正的问题本身。

③错误归因的冲突。存在客观的分歧，但是双方对这种分歧没有准确的知觉。以为事情是对方做的，但其实不是。

④潜在的冲突。存在客观的分歧，但是双方对这种分歧都没有什么感觉。

⑤虚假的冲突，双方有分歧，但这种分歧没有客观的基础。双方的冲突纯粹在于误会。

工作关系冲突包含工作性的冲突和情绪性的冲突。工作性的冲突较为良性，比较容易解决；而情绪性的冲突往往表现为情绪上的敌意或对立，比较复杂，可能产生不少负面影响。

（三）冲突的过程

美国学者潘迪曾经提出冲突的五阶段模型[1]：

①冲突的潜伏阶段。双方存在差异，难以兼容，但没有意识到这种不兼容。

②冲突的知觉阶段。已经认识到这种差异，而且认为不能相容。

③冲突的感受阶段。分析冲突性质，思考应对策略，而且出现一些情绪性的反应（如紧张不安、不舒服、愤怒等）。

④冲突的外显阶段。冲突公开化，言语上的争执、情绪上的对立，甚至行为上的对抗。冲突的升级，将矛盾扩大化、情绪化。

⑤冲突的结果阶段。经过一段时间的互动，双方关系一般会达到一个新的平衡，这时候进入冲突的结果阶段。冲突的结果可能是两败俱伤，可能一胜一负，处理得当也可能双赢。能否双赢，取决于冲突的性质和双方管理冲突的水平。

（四）冲突的管理

1. 定义

冲突管理是指人们采取一定的行为来应对、处理冲突。

2. 冲突管理的方式

不同的人对处理冲突有不同的"个人风格"，可以根据两个维度来划分：一是合作性，即关注他人的需求，愿意满足他人需求的程度；二是关注自己的需求，坚持满足自己需求的程度。根据人们在这两个维度上的表现，可以划分为五种典型的冲突处理方式：

①竞争模式。只关心自己的需求，对对方的需求并不在意的人采取这种模式。表现出较强的权力意识和支配性，结果往往是一胜一负。

②回避模式。对自己的需求和对方的需求都漠不关心，即用逃避的方式来处理冲突。

③顺应模式。向对方让步的做法，高度关注对方的需求，忽视自己的需求。

---

[1] 诸彦含，周意勇，刘丽颖，等.组织中的人际冲突：类型、模型与表达[J].心理科学进展，2016，24（5）：824-835.

④妥协模式。双方都放弃部分利益，以便在一定程度上满足部分需求，即双方都有所坚持，也有所退让。

⑤合作模式。将冲突作为需要双方来共同处理的问题，通力合作，努力寻求双赢的结果。

一般来说，前三种处理冲突的方式效果不佳，可能会进一步加剧冲突，使人感觉不舒服，或使问题搁置起来得不到解决。后两种处理冲突的方法比较有效，但未必适用于所有情景。

冲突处理方式存在文化差异。美国文化更注重竞争，在冲突管理中更倾向于采用竞争的方式。而中国文化强调"和为贵"，推崇合作。在个人主义文化中，倾向于采取直接的方式来处理冲突，比较关心自己的"面子"与利益，并主动将自己与对方分离开来。在集体主义文化中，人们处理方式较间接，注重保护对方的面子并尽可能维持一团和气的关系。

二、人际合作

合作是解决冲突的有效方式。事实上，在其他场合，合作行为也普遍存在。如何增进人们之间的合作，是学术界非常关注的一个问题，政治学家、社会学家、管理学家都对此进行了大量研究。

美国密歇根大学政治学教授艾克斯罗德（R. Axelrod）长期从事人类合作行为的研究，取得了非常重要的成果。在《对策中的制胜之道——合作的进化》一书中，他从分析"重复囚徒困境"游戏的博弈对策出发，讨论了在以自利为行为动机的社会中，人们相互合作的可能性。在该书中，他还探讨了人类组织与自组织的形成问题。

根据艾克斯罗德的研究，在一个人人追求自我利益，而且没有中央集权（即没有外在的力量强制人们合作）的社会里，合作是可以出现的。合作的必要条件有两个：其一是关系的持续，人们的交往不是一次性的；其二是相互回报。为了提高合作性，可以从以下几个方面去努力：第一，建立持久的关系；第二，增加识别对方行为的能力；第三，要维护自己的声誉，保证相互信任；第四，要保证对关系的控制力，分步合作，对对方的行为要奖罚分明。

一些管理学者探讨了组织中的人际合作问题。例如，阿盖尔等人（M. Argyle&M. Henderson）的研究表明，在企业员工之间，有许多共同的规范促成他们之间的合作行为，表3-1是这些规范的一个清单。这些规范可能是隐含的、心照不宣的，虽然没有在公告栏中张贴，却具有很大的效力。需要注意的是，这种"同事间的规范"有文化差异，也有组织差异。例如，"用名字来称呼同事"在欧美企业中是合适的，在中国企业就不一定可行。在中国，在外资企业和新兴的IT企业可能以名字来称呼同事，但是在传统的国有企业和民营企业中，则往往以职位来称呼同事。

"同事间的规范"包括：

①承担公平的工作任务。

②尊重其他人的隐私。

③在共享的客观工作条件上表现出合作。

④需要时愿意提供帮助。

⑤保持自信。

⑥尽管不喜欢，也要保持合作。

⑦不要诋毁上级。

⑧用名字来称呼同事。

⑨必要时，寻求建议与帮助。

⑩交谈时，与同事保持目光接触。

⑪不要对他人的私生活过分好奇。

⑫债务要偿还，对帮助和赞扬也要及时回报。

⑬不要与同事发生性行为。

⑭不要公开批评同事。

第四节 利他行为与侵犯行为

一、利他行为

利他行为是指不期待任何回报的亲社会行为。亲社会行为是指任何对他人、对社会有利的行为。

（一）利他行为的特征

①利他行为的目的是有益于他人，而不是为了自己的私利。

②利他行为是一种自觉自愿的行为，不是迫于外界的压力而做出的。

③利他行为不求任何回报，是一种真正的无私奉献。

④利他行为具有自我牺牲性，它需要个人付出一定的代价，但是个人并不会计较。

（二）利他行为的动机分析[1]

巴特森的"共情—利他主义假说"认为，当某人需要帮助时，首先影响我们决策的是，我们对这个人是否感受到了同情心。当这个人显得很苦恼、很无助时，我们是否感同身受？若产生了同情心，就会不计得失地去帮助他。当没有产生同情心时，交换心态就会

---

[1] 孙钊远. 比较人和其他动物的利他行为及动机 [J]. 祖国，2019（10）：292-293.

主导一切。

社会生物学理论认为，助人是一种直觉反应，是基因进化的结果，是为了保护和促进那些在遗传上和我们相似的物种的利益。

社会交换理论：助人是理性计算的结果，人们是为了利己而利人。

（三）利他行为的影响因素

1. 动机因素（以上已有论及）

2. 个人因素

包括可能提供帮助者的人格、性别、心情等。

个人的价值观和个性特点是影响其是否愿意做出利他行为的一个重要因素。富有同情心和自我效能感高的人帮助别人的可能性比较大。

在性别差异方面，研究表明，男性在短期的需要冒险救助他人的场合中表现比较突出，而女性在一些危险性较小，但是承诺性比较大的长期辅助行为中出力更多。

心情好时，做好事的积极性比较高。原因有三：

①愉快的心情使人们更加注意人生的光明面，更加注意别人的优点，把人往好的方面想，因此帮助他人的动机更强。

②做好事可以延续好心情，形成一个良性循环。

③好心情可以增加人的自我注意，使人们更有可能按照自己的理想形象来表现自己。

3. 情境因素

包括旁观者的人数、其他人的示范、需要帮助者的特点等。

第一，旁观者效应：在有人需要紧急救助时，在场目睹此情境的人数越多，任何一个人出手相助的可能性越小。

拉塔内和达利对此现象提出一个解释，认为旁观者是否伸手相救，有一个由五个步骤组成的认知决策过程。在每一步，旁观者都可能停顿下来，这五个步骤为：

①是否注意该紧急事件。若没注意到，助人行为当然无从谈起。

②如何解释该事件。例如，看到一个人躺在地上，可能以为他喝醉了，也可能以为他病了。这两种解释就会决定人们是否相救。

③对个人责任的评估，即个人对于解决该紧急问题有多少责任。若觉得责任重大，就会采取紧急行动；若觉得自己没有什么责任，就可能无动于衷。此时，旁观者的人数多少影响很大。若只有一个旁观者，可能意识到危险者的命运掌握在自己手里，自己责任重大，若不相救，会产生内疚感。旁观者人数增多以后，责任就会分散，内疚感也会小一些。

④是否知道如何相救。若没有一定的经验、知识和能力，即使有心相助，也束手无策，心有余而力不足。

⑤决定是否采取行动。若人们经过了上述所有步骤，觉得有责任相助而且知道该如何帮忙，他们就进入最后的阶段，有可能考虑一些问题，如对代价的衡量。有人挺身而出，

就会起示范作用。

第二，需要帮助的人与我们相似，我们提供帮助的可能性更大。

第三，社会风气也是影响助人行为的因素。

二、侵犯行为

侵犯行为又称攻击行为，是一种有意伤害他人，引起他人生理上和心理上痛苦的行为。

（一）侵犯行为的原因

研究表明，导致人们做出侵犯行为的原因多种多样。其中主要原因有：本能的表现、因为被别人侵犯而反击、为了达到某种目的而侵犯、由于受到挫折而侵犯、基于模仿而侵犯等。

1. 本能性侵犯行为

（1）弗洛伊德的本能论

弗洛伊德认为人的本能有两种，一种是生的本能，即"力比多"，它代表爱和建设的力量，指向生命的生长和增进；二是死的本能，弗洛伊德称为"达那多斯"，它代表恨和破坏的力量，表现为求死的欲望。死的本能有内向和外向之分：冲动指向内部时，人们会惩罚折磨自己，变成受虐狂；冲动指向外部时，人们会表现出破坏、损害和侵犯他人的行为。既然侵犯是人的本能，就需要释放。这只是一种理论上的推测，并没有得到科学上的验证[1]。

（2）洛伦兹本能论

动物学家洛伦兹认为，动物的侵犯行为有两种，一种是掠食行为，不带情绪的、近乎自动性的反应；另一种是争斗行为。群居的动物因食物的分配、性配偶与空间领域的冲突问题常常表现出侵犯行为。洛伦兹把动物的侵犯行为与人的侵犯行为加以比较，认为侵犯是人的本能，并加以释放，战争就是释放方式。现代人一般采取体育竞赛的方式来发泄人的侵犯本能。但这种理论没有看到人与动物的区别。

除此之外，心理学家认为侵犯行为与雄性荷尔蒙呈正相关，并受遗传基因的影响。例如，具有47, XXY染色体的人较容易犯罪。但要注意，后天的生活环境和生活经验对侵犯行为的影响，远远超过生理因素的影响。

2. 对侵犯行为的反击

"人不犯我，我不犯人；人若犯我，我必犯人"，这是不少人遵循的行为准则。由于受到别人的攻击而"以牙还牙"是侵犯行为最普遍的原因。当人们感到自己被侵犯，或者被不平等地对待时，人们就可能即时地回应，或者在自己认为合适的时候反击。

---

[1] 王恩界，乐国安.社会心理学关于侵犯行为的理论探析[J].社会科学战线，2006（3）：270-272.

3. 工具性侵犯行为

有时，一些人的侵犯行为纯粹是一种基于理性的算计，为了达到某种目的而去攻击他人。在竞争或冲突情境中，有些人认为"进攻是防守的最好形式"，于是采取攻击的手段来谋取自己的利益。

4. 挫折引起的情绪性侵犯行为

当人们的目标行为受到阻碍或被打断时，就会产生挫折感。研究表明，挫折经历往往会增加侵犯行为的可能性。按照弗洛伊德等人的理论，如果个人积聚了过多能量，这些能量就必须找到宣泄口。当自然的宣泄口即有目的的行为被阻断时，能量将发生转移，找到其他替代性的宣泄口，对与目标有关或无关的物体或人的侵犯行为，是宣泄的途径之一。一些学者指出，并非所有的挫折都会导致侵犯行为，当挫折是合理的、可以理解时（如因为自己努力不够而没有通过考试），它通常不会引起攻击行为。研究还发现，除了挫折感之外，其他负面情绪也可能导致攻击行为。

5. 模仿引起的侵犯行为

研究表明，模仿可能导致侵犯行为，这点在青少年身上尤其突出。例如，一些青少年观看了有暴力镜头的电影或电视之后，就可能模仿其中的行为。

（二）对侵犯行为的应对 [1]

当面对侵犯行为时，我们需要采取自持行为。自持行为是指在不侵犯别人权利的情况下维护自己的权利。它不同于顺从行为，也不同于攻击行为。以下是采取自持行为的几种技巧：

①对维护你的权利的简单表达。

②当别人批评你的想法，却没有充分的理由时，可以采用模糊化方法，即不对批评提出挑战。

③发现对方忘了以前的约定，可以用自持的陈述或提问提醒对方。

④使用坚决而稳定的语音和以事实为基础的语气。

⑤不要谴责或指责对方，也不要威胁对方。

本章小结

本章主要介绍了人际关系的研究现状、维度与类型，人际关系的测量方法，从人际吸引入手介绍了人际关系的发展及爱情等亲密关系，以及人际冲突与合作，进而阐述了利他行为的特征、动机、影响因素与侵犯行为的原因、应对方式，以此来阐述社会心理学在人际关系中的体现。

---

[1] 余明友. 社会侵犯行为的心理成因及控制对策 [J]. 社科纵横, 2011, 26（7）：75-76, 84.

关键概念

人际关系；费斯克模式；克拉克和米尔斯模式；社会测量法；爱情；人际冲突；利他行为；侵犯行为

思考与练习

1. 人们为什么会互相吸引？
2. 结合有关研究谈谈离婚对孩子成长的影响。
3. 影响人际吸引的因素有哪些？
4. 什么是爱情？爱情有哪些类型？
5. 什么是自我表露？怎样利用它发展人际关系？
6. 结合自己的实际谈谈怎样与他人维持亲密关系？
7. 怎样利用社会支持来应对关系破裂所造成的问题？
8. 试述中国人的人际关系取向及特征。

第三章　社会动机

引言

社会动机（social motivation）就是以人的社会文化需要为基础，在社会生活环境中通过学习和经验而获得的。它是直接推动个体活动达到一定目的的内部动力、内部刺激，是个人行为的直接原因。社会动机推动人们努力学习和工作，积极与他人交往，获得社会和他人的赞许性评价等，社会动机既可用来描述个体的社会行为，也可用来解释个体的社会行为。

第一节　动机概述

一、动机的概念

动机是指行为的动力——人的行为开始、维持、导向和终止的动力，概括了所有引起、支配和维持生理和心理活动的内部过程。可分为生理性动机和社会性动机、内在动机和外在动机。

（一）与动机有关的几个概念

个体的行为动机往往是由个体的内在因素和外在刺激决定的：

①内在的因素包括均衡作用、需求、内驱力。均衡作用指的是人体保持体温、血糖水平、体液含量、酸碱比例等处于相对平衡状态的平衡机制。当某些方面失衡时，人体就会产生恢复平衡的需要。这种需求即生理上的困乏就会产生内驱力，成为行为的动机。

②外在刺激（吃饱了后闻到美味还想吃）。

③本能，即由遗传因素决定的行为倾向。本能只是人类简单行为的部分动因，不能用来解释人类的复杂行为。

（二）社会动机的概念

社会动机是受社会个体生活经验和社会生活条件调节的，是带有社会内容的内驱力，因而，社会动机是以人的社会文化需要为基础的。它不同于以生理内驱力为基础的如饥渴动机和性动机，是个体在后天的环境中通过学习和经验得来，如成就动机，因而社会动机又称为衍生性动机、习得性动机。

二、动机的性质和功能

（一）动机的性质

①动机是完整的个人的动机，而不是人的某个部分的动机。例如，吃东西不是肚子要吃，是整个人要吃，除了肠胃功能方面有变化，身体的其他部分也有变化。

②动机总是指向人类的一些基本目标和需求。动机是人类行为的根本原因，是目的而不是手段。例如，需要钱——买车——维护自尊。

③人类学的研究表明，人类的基本动机是相同的，但是用来满足这些动机或需求的方式可以因人而异，因文化而异。

④个体的动机和行为之间的关系往往不是一一对应的，而是错综复杂的。同样的动机可以表现为不同的行为，同样的行为背后有不同的动机。

⑤人类存在无意识动机或潜意识动机。人们可以通过反省来了解自己的部分动机，但不可能对自身的动机有全面的清晰的认知。

⑥动机是一个动态的过程，它是连续不断的、无休止的。

⑦动机有强弱、清晰程度。并非所有行为和反应都有动机，例如，说话方式、自然的成熟过程。

（二）动机的功能

1. 激活功能

动机能激发有机体产生某种活动。带着某种动机的有机体对某些刺激，特别对那些与动机有关的刺激反应特别敏感，从而激发有机体从事某种反应或活动。例如，饥饿者对食物、干渴者对水特别敏感，因此也容易激起寻觅活动。

2. 引导功能

动机与需要的一个根本不同就是：需要是有机体因缺乏而产生的主观状态，这种主观状态是一种无目标状态。而动机不同，动机是针对一定目标的，是受目标引导的。也就是说，需要一旦受到目标引导就成了动机。由于动机种类不同，人们行为活动的方向和所追求的目标也不同。例如，在学习动机支配下，学生的活动指向与学习有关的目标，如书本、课堂等；而在娱乐动机支配下，其活动指向的目标则是娱乐设施。

3. 维持和调整功能

当个体产生某种活动以后，动机维持这种活动以实现一定目标，并调节着活动的强度和持续时间。如果实现了目标，动机就会促使有机体终止这种活动；如果尚未实现目标，动机将驱使有机体维持和加强这种活动，以实现目标。

三、动机的类型

（一）生理性动机和社会性动机

1. 生理性动机

生理性动机也称驱力，是个体的生理需要所驱动而产生的动机，它以有机体自身的生物学需要为基础，对维持个体的生存和发展起着极其重要的作用，例如，饥、渴、缺氧、疼痛、母性、性欲、睡眠、排泄等动机，都是生理性动机。

2. 社会性动机

社会性动机推动人们从事社会活动，参与社会团体，并在其中获得认可、地位与成功感。社会性动机是人的某些高级需要所产生的，所以，如果社会性动机长期得不到满足，可能导致适应不良，出现某种心理障碍。

（二）内在动机和外在动机

1. 内在动机

在求学时，人们的动机往往是不一样的。一些人之所以努力学习，是为了增强自己的本领，将来找一个好工作；也有些人之所以努力学习，是为了满足自己的求知欲。这两种人在学习时的表现有所不同。前者很关心什么样的专业比较热门、比较吃香，后者则很关心什么样的知识比较有趣、比较具有智力上的挑战性。从心理学的观点来看，前者的学习动机来自学习活动以外的刺激的推动力，是一种外在动机，后者则来自学习活动本身，是一种内在动机（intrinsic motivation）。

内在动机是指人们对某些活动感兴趣，从活动中得到了满足，活动本身成为人们从事该活动的推动力。例如，一些人可能为求知而求知，为艺术而艺术，为工作而工作，对他们来说，学习、艺术创作和工作已经成为内在满足的一种来源。研究表明，老鼠也会有自发性的行为，例如，在转动的轮子上奔跑，享受运动的乐趣，或者探索有趣的迷宫。

布鲁纳认为，内在动机主要由3种内驱力引起：一是好奇心，即对于求知和探索的兴趣；二是好胜心，即胜任工作、表现能力的欲望；三是互惠的内驱力，即与他人和睦相处、相互协作的需求。

对于内在动机的研究具有很现实的意义，其结果可以帮助人们找到影响人的行为积极性的内在因素。例如，如果我们知道什么样的学习任务和学习材料能够激发学生的学习动机，什么特性的工作能够给员工带来内在的满足，那么，我们就会发现调动学生学习积极性和员工工作积极性的有效途径。

哈克曼（Hackman）与奥尔德汉姆（Oldham）认为，有5种工作特性能够引发人们的内在动机：

①技能多样性，即从事需要多种技能，有一定挑战性的工作。

②任务多样性，即工作内容比较丰富，不单调乏味。

③任务重要性，即工作有意义、有影响力。

④自主性，即工作者在工作中能够自己做主，对工作结果负责。

⑤回馈性，即人们能够及时知晓工作的结果。

这些特性能够让人们感受到工作的意义，带来内在的满足感，从而提高工作积极性。还有一些研究表明，强烈的内在动力机能够使人们更加关注工作本身，有利于发挥创造。

2. 外在动机

外在动机是相对于内在动机而言的。当个体参加某种活动的动力不是基于对此活动本身的兴趣，而是因为外在的奖赏或压力时，他就是被外在动机所驱使。例如，一些人之所以努力工作，是为了赚钱，或是为了得到好评，或是为了避免挨批评，这时他们的工作动机就属于外在动机。

3. 外在动机和内在动机的关系

在人类行为中，内在动机和外在动机都会起作用，但是，二者之间并不是一个简单相加的关系。让我们看一个例子。

一个小学生本来很喜欢学习数学，也就是说，他有学数学的内在动机。假设这种内在动机能够给他 6 个单位的动力，现在，他的父母为了鼓励他更加努力学习，采取物质激励的办法，当他正确解答一道课外数学题目时，奖励他一元钱。奖金对这个学生是有吸引力的，因为有了钱他就可以买自己喜欢的玩具和漫画书。所以，为了得到奖金，他会努力解题。在这里，获取奖金是一种外在动机。假设这种外在动机能够给这个学生 4 个单位的动力，那么，现在他是否有了 10 个单位的动力呢？研究表明，事情没有这么简单。激发行为的外在动机可能会降低行为的内在动机。对这个小学生来说，物质刺激可能会改变他的心态，改变他对于自己行为的知觉：在以前，解数学题是因为自己喜欢，现在，解数学题是为了得到奖赏，当外在动机取代内在动机时，他可能对自己原来喜欢的活动失去兴趣。这种现象被称为"过度辩护效应"，即当人们认为自己的行为是由于很强的外在原因引起时，他们会低估内在原因对行为的影响程度。

过度辩护效应已经得到许多实验研究的证实。这里我们介绍一下格瑞（Greene）等人的研究，他们以四五年级的小学生为实验对象，内容是玩数学游戏。老师向学生介绍 4 种新的数学游戏。实验的第一阶段是基准期，即一个为期 13 天的基础练习时期，在没有奖赏的情况下，学生们来玩游戏。实验的第二阶段是为期 13 天的奖赏期，每名学生可以通过玩游戏获得奖赏（比萨饼的奖券），玩游戏的时间越长，奖励越多。第三阶段为后续期，也是 13 天，这时取消了奖励。每个阶段都由研究人员记录每名学生玩每种游戏的时间长短。实验发现，学生每天玩游戏的时间在三个阶段明显不同。在基准期，游戏时长在 15~26 分钟；在奖赏期，游戏时长在 23~30 分钟；在后续期的后半段，游戏时长则由最高时的 22 分钟下降到 5 分钟。

基准期没有奖励，学生还是花了不少时间来玩游戏，这表明他们对这些具有智力挑战性的数学游戏有一定的内在兴趣。进入奖赏期后，学生玩游戏的时间明显增加，这说明奖赏很有作用，提供了有效的外在动机诱因。在后续期，与基准期一样没有奖励，如果学生们对游戏的内在兴趣保持不变的话，他们玩游戏的时间应该与基准期差不多，但是实验表明后续期的游戏时间明显减少。如何解释这种现象呢？一种可能性是时间因素的影响，即学生们玩了一段时间以后，失去了新鲜感，觉得无聊。格瑞等人的另一个研究排除了这种可能性。他们认为这种现象是过度辩护效应的表现。奖赏期的体验，使学生们觉得自己之所以玩这些游戏，是为了得到奖励，这样一来就忽略了开始时的内在兴趣，因此到了后续期，学生们可能会想：我玩游戏已经不能得到奖励了，为什么还要玩呢？

这个实验表明，当外在动机凸显以后，内在动机可能因此而降低。这个发现很有现实意义。奖励是一个很有效的动机诱因，在实际生活中，它已经成为一种重要的普遍的社会机制。企业经常使用奖励来调动员工的工作积极性，家长也使用奖励来提高子女的学习积极性，但是奖励并不是万能的，而且奖励也有一定的负面作用，即可能降低人们对于活动本身的兴趣。

在一个奖赏普遍存在，而且具有许多正面功能的社会环境中，我们不可能消除奖赏，那么，有什么办法可以保护人们的内在动机，使之免受社会奖励机制的损害呢？在研究的基础上，一些学者提出了几点看法：

一是奖励并非在所有的情况下都降低内在动机，只有内在动机本来就比较高的情况下，才有这种效果。如果内在动机本来就低，也就是说，人们对于从事某项活动没有多少兴趣，那么，奖励就成为促使人们进行此活动的主要动力。例如，对于不爱学习的学生，奖励是一个促使他学习的好办法。在生活中，对于那些从事危险工作或工作环境恶劣的工人，都可能给予特殊的津贴（有的称为厌恶津贴），以弥补他们内在动机的不足。

二是不同的奖励类型有不同的效果。奖励可以区分为任务性奖励（task-contingent rewards）和表现性奖励（performance-contingent rewards），前者是指只要你做了事，不管干好干坏，都给奖励；后者是指根据完成任务的质量来决定如何奖励。由于表现性奖励与个人的内在特点（如能力和努力）有关，它可能增加人们对自己内在特性的关注，所以，这种奖励降低内在动机的可能性比较小，它甚至可能增加内在动机。

三是适当的干预和培训可以减轻甚至避免奖励的负面作用。亨尼施（Hennessey）等人的研究发现，如果让小学生参加旨在让他们专注于内在动机、思想上远离外在诱因的训练，可以保持他们对活动的内在兴趣。

（三）主导动机与从属动机

1. 主导动机

在行为的发生过程中，主导动机是个体最重要的、最强烈的、对行为影响最大的动机。主导动机起的作用最大，支配着行为发生的方向和强度。

2. 从属动机

从属动机也叫作非主导动机，是强度相对较弱、处于相对次要地位的动机。

人的行为实际上是由不同重要性的动机构成的动机系统决定。在这个动机系统中，主导动机可以抑制那些与其目标不一致的动机，对个体的行为起决定性作用；从属动机则起辅助作用。人们通常所说的"公而忘私"就是主导动机作用的体现。在这里，"公"是主导动机，"私"则是从属动机。主导动机和从属动机在不同人身上或不同情况下会相互转化。

第二节　几种主要的动机理论

一、麦独孤的本能论

英国心理学家麦独孤在《社会心理学导论》中构建了一套以遗传本能和相应的情绪以及后天形成的感情为基础的人类社会行为的学说。他认为，本能作为心理学的主要研究对象之一，不仅是天生的能力，而且是天生的行为推动力，是策动和维持人类行为的决定因素，而本能的核心是情绪体验，因此，各种本能都有相伴随的情绪，如表3-1所示。

表 3-1　本能相伴随的情绪

本能	相伴随的情绪
避害本能	惧怕情感
好斗本能	愤怒情感
拒绝本能	厌恶情感
哺育本能	母爱情感
求偶本能	妒忌情感
求新本能	好奇情感
服从本能	自卑情感
支配本能	自负情感
合群本能	怕孤独情感
求食本能	食欲情感
收集本能	占有欲情感
构造本能	创造欲情感

麦独孤理论中有明显的缺陷，有很多难以自圆其说的问题，受到许多学者的批评。特别是行为主义心理学家批评本能论缺少自然科学的根据，没有实验的支持，是冥想的结果。有些行为主义心理学家还通过实验来否定本能论。中国心理学家郭任远在1930年做了一个很有趣的实验。他把小猫分成四组：第一组小猫出生后与母猫隔离，不能看到母猫的捕鼠行为；第二组小猫与母猫一起生活，可以看到母猫的捕鼠行为；第三组小猫出生后

与母猫隔离,而与老鼠一起生活;第四组小猫看到老鼠时就受到电击,形成了逃避老鼠的条件反射。这些小猫长大后,见到老鼠的反应就不一样:第一组无动于衷;第二组表现出捕鼠行为;第三组即使见到别的猫抓老鼠,也不会去模仿;第四组则是害怕老鼠,见到老鼠就逃跑。这个实验表明,即使是低级动物的本能,也会因为后天的生活条件而改变,人类的"本能"则更加如此。

二、劳伦兹的习性论

奥地利动物学家劳伦兹通过对小雁、小鸭、小鹅等动物行为的研究,发现它们出生数小时就能跟随自己的母亲,劳伦兹指出,每种动物都有该物种特有的行为及其习性,而且这种行为的形成还有一个关键期。关键期是指动物行为的发育具有阶段性,某些行为的发育需要在特定时期完成。如果在此特定时期内,外在条件具备,该行为就会出现或者比较容易出现,如果错过了这个时期,该行为就不会出现或者很难出现。在这个关键期,如果将小动物与其他动物放在一起,不久,小动物就会将其他动物当作自己的母亲而紧紧跟随,甚至还能跟随任何移动的物体。例如,关键期的小鸭同电动鸭放在一起,不久,这只小鸭便将电动鸭当作自己的母亲,甚至不惜越过障碍,紧紧地跟随着。然而,如果在这一时期,把小动物与其母亲分开,它跟随母亲的行为就再也不会形成。劳伦兹将这种情况叫作"印刻",印刻的时期就叫关键期,即临界期。

三、弗洛伊德的性欲力说

弗洛伊德认为本能是动机的最终来源,他在早期认为人类有两大基本本能:性本能和自体生存本能。性本能是由遗传决定,不经学习即具有的性能力,如性交能力、生育能力等。它是在生物进化过程中逐渐形成和巩固的非条件反射。在自然界中,性本能具有生存、繁衍和创造物种的作用。但在人类社会,基本不存在纯粹的性本能。人类的性行为既是生物进化的结果,具有生物性,又是社会发展的产物,具有高度发展的社会性,心理活动在其中起重大的促进作用。自体生存本能包括饮食本能、避险求安本能等,但从某种角度看,它仍是为了繁殖后代而存在的。

后来,弗洛伊德修改了原来的观点认为人类的两大基本本能为爱及生存本能(包括性本能和自体生存本能)和攻击与破坏本能。弗洛伊德认为,各种原始本能的大本营居于"本我",本我又是各种本能活动能量的源泉。他将性欲本能的能量叫作"力比多",力比多根据个体的情况进行贯注、活动或转移。弗洛伊德认为爱及生存本能和攻击与破坏本能虽然是对立的,却可以相互转化,还可以结合在一起。当性欲本能与攻击本能相结合后,如指向外界的性对象时则形成性虐待,转而指向自身时则形成性受虐心理。

四、马斯洛的需要层次论

马斯洛关于动机的研究最有影响力。他认为人类的动机可以分为五个层次，它们构成一个有相对优势关系的等级体系，一种需要满足后，另一种更高的需要就会立刻产生，成为引导人的行为的动力。因此，人很难得到完全的满足，总是处于不断地追求中。

（一）人类的主要动机

1. 生理需要

生理需要是指人们日常生活中穿衣吃饭、解决温饱等需要，是维持人们体内的生理平衡的需要，如对水、无机盐的需要，对于温暖的需要，对于两性生活的需要等。生理需要是驱使人们进行各种行为的强大动力，当生理需要得到一定满足之后，人们才会产生下一个层次的需要。

2. 安全需要

包括生理上的安全和心理上的安全。生理上的安全包括免受外物的伤害，免受病毒的侵袭，免于恐惧和焦虑等。心理上的安全是指工作有保障，收入稳定、情感安适。现代社会人的心理安全是问题。心理安全需要的程度与人的个性有关。一个患有神经症的人对秩序和稳定的需要更迫切，会力求避免变化和新奇的事物。而一个成熟、健康、思想开放的人同样需要基本的秩序与稳定，但更喜欢接受挑战。

3. 归属与爱的需要

归属和爱的需要是指与他人建立、维持、发展良好的关系的需要。这种爱既包括很强的联系，例如，友谊和健康，也包括友善的、礼貌的、和睦的关系。马斯洛指出，爱的需要就像维生素，缺少它，会影响人的健康成长和人的潜能发挥。"爱的需要涉及给予爱和接受爱……我们必须懂得爱，我们必须能教会爱、创造爱、预测爱。否则，整个世界就会陷于敌意和猜忌中。"

4. 尊重的需要

尊重的需要可分为内部尊重和外部尊重。内部尊重就是人的自尊，是指一个人希望自己在各种不同情境中有实力、能胜任、充满信心、能独立自主。外部尊重是指人都希望自己有稳定的社会地位，希望个人的能力和成就得到社会的承认，希望有地位、有威信，受到别人的尊重、信赖和高度评价。

5. 自我实现的需要

自我实现的需要是指人们具有成长、发展、实现自身全部潜力的需要。个体的各种才能和潜能在适宜的社会环境中得以充分发挥，实现个人理想和抱负的过程。亦指个体身心潜能得到充分发挥的境界。马斯洛认为这是个体对追求未来最高成就的人格倾向性，是人的最高层次的需要。

（二）需要层次论

一方面，较低层次的需求（主要是生物性的需求）优先于高层次的社会需求和自我实现需求。另一方面，如果低层次的需求能够长期得到满足，它们对行为就不再有激励作用，于是，人们的一举一动都与高层次的需求有关。各种动机构成了一个金字塔，如图3-1所示。

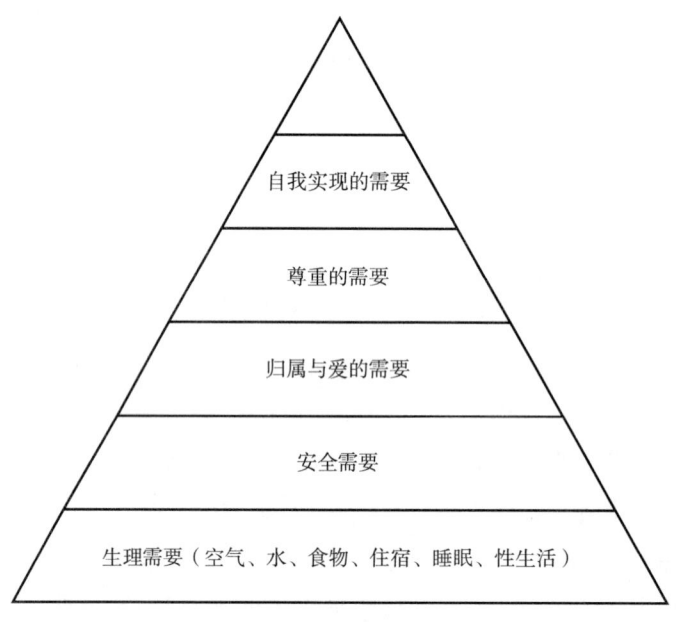

```
          自我实现的需要
           尊重的需要
          归属与爱的需要
            安全需要
  生理需要（空气、水、食物、住宿、睡眠、性生活）
```

图3-1 马斯洛需要层次论

（三）对马斯洛需求层次理论的批评

马斯洛的理论受到一些专家和学者的批评。

首先，所谓高层次需求与低层次需求不能同时引发行为的观点遭到了广泛的反对。例如，研究表明，在工作中，人们会试图同时满足金钱需要和自我实现的需要。如果强迫人们选择，他们或许能够选择一种，但是在实际情境中，人们的行为并不受需求优势的影响。针对这个问题，美国学者奥德费（Clayton Alderfer）对需求层次理论进行了改进。他认为，需求的重要性与它们未被满足的程度有关：当低层次需求得到较好的满足时，高层次需求就变得更加重要；而高层次需求得到的满足减少，低层次需求就变得更加重要。例如，当人们在工作中尊重需求不能得到满足时，就可能更强调对金钱或良好的工作条件的需要。

其次，对马斯洛理论的第二个批评是，他提出的各种需求并非都是普遍的。有人指出，对于权力、尊重和自我实现的高层次需求不是与生俱来的，而是社会交往的产物，因此并不是在所有文化中都可以找到这些需求。这一批评揭示了马斯洛理论的局限性：马斯洛理论是以美国社会为基础，所以他的动机分类只适用于那些与美国相似的文化。不过，在西方工业社会和后工业社会中，马斯洛理论仍然得到不少证据的支持，可以作为理解一般行为的良好指南。

五、麦奎尔的动机类型说

该类型说从两个维度对动机进行分类：一个是内在中心—外在中心维度；另一个是认知取向—情感取向维度。内在性动机的目标是指向个人的，外在性动机的目标是指向外部的，主要是社会。认知取向—情感取向维度区分了动机是指导性的还是动力性的，认知性动机为个体提供向导（理智，如政治式婚姻的动机就是基于理性），而情感性动机为个体提供能量驱动。

（一）认知性内在动机

①一致性需要。在态度、信仰、意见和自我形象上保持一致，以求得内心的平衡。

②分类需要。通过对世界分类来赋予世界意义（简单化的需要）。

③自主需要。希望能够控制和自己有关的事物（控制自己、他人以及与自己有关的事物）。

④目的论的需要。一切事物的发展和演变都是为了达到一定的目的。人们的头脑中有一些目标状态类型，人们努力想将对外部世界的知觉与这些类型相匹配，从而能够更好地理解外部世界。

（二）情感性内在动机

①减少紧张的需要。紧张的减少可以带来满足，紧张的增加可以导致不舒服。

②自我防御的需要。每个人都有自己的自我形象，如果人们的认同和自我形象受到危胁，就会产生自我防御的需要。

③自我维护的需要。维护自我价值感，提升自尊和他人对自己的尊重的需要。

④认同的需要，即归属需要。

（三）认知性社会动机

①归因的需要。人们总是需要知道是什么原因以及什么人导致了面前这些事物的发生。

②客观化的需要。人们在认识自己和外部环境时，往往会根据外在的事物，比如自己的外显行为、他人的外显行为或者各种情境因素来推断内在的特点，如人格、态度、情感、满意度。

③刺激的需要。刺激的需要是指人们需要去寻求刺激，探求新知识。

④功利性的需要。人们在解决实际问题时，往往将外在情境看作一个获取新信息与新技能，从而应对生活挑战的机会。

（四）情感性社会动机

①自我表达的需要。这是一种外向型动机，其目的是向他人表明自己的身份和特点。人们希望通过自己的行为来让他人了解自己，并由此得到满足。

②强化的需要。人们需要获得酬赏，如果某一行为在过去获得过奖赏或回报，这些奖

赏或回报会强化人们的行为。

③亲和需要。人们希望与他人建立和发展有益的、令人满足的人际关系，与他人分享，成为某个群体的一员。

④模仿的需要。人们往往自觉或不自觉地参照他人的行为来行动。有学者认为，人们喜欢看那些看起来与自己相似的人，这种现象就是模仿需要的一种表现。

第三节　几种主要的社会动机

在生活中，对人们的行为影响较大的社会动机主要有成就动机、亲和动机、利他动机、侵犯动机和权力动机。这里只讨论成就动机、亲和动机与权力动机。

一、成就动机

成就动机（achievement motivation）是人们希望从事对自己有重要意义、有一定困难的、具有挑战性的活动，在活动中能取得完满的优异的结果和成绩，并能超越他人的动机。通俗地说，成就动机指成就的欲望。阿特金森认为，每个人身上都有两种不同的动机趋向，即追求成功和避免失败。[1]个体发展与追求成功的欲望离不开所处的社会环境，家庭、学校和其他社会环境因素都会对个体的成就动机产生影响。[2]

麦克兰德认为，影响成就动机的因素有以下几种：

（一）宏观层面

西方宗教改革后倡导的价值观使得父母注重训练孩子的独立能力和克服困难的能力。而中国的农业文化是静态的权威式的，社会对儿童的教养方式强调驯服、依赖、合作，导致儿童的成就动机不高。

（二）微观层面

有人对麦克兰德的所谓父母对儿童的独立训练是子女具有高度成就动机的必要条件的说法提出了不同意见。他们认为麦克兰德的理论模式并非唯一的普遍模式。学者杨国枢、余安邦根据中国文化的特点，对成就动机进行了实证研究的检验。他们把成就动机分为社会取向成就动机和个我取向成就动机。认为这两种成就动机各有其特点：社会取向成就动机是指一种个人想要超越某种外在决定的目标或优秀标准的动态心理倾向，而该目标或优秀标准的选择主要取决于社会（例如，父母、师长、家庭、团体或其他重要他人）。个我取向成就动机则指一种个人想要超越某种内在决定的目标或优秀标准的动态心理倾向，而

---

[1] 宋勃东，李永娟，董好叶，等.无惧失败预测幸福：成就动机对心理幸福感的预测作用[J].心理科学，2015（1）.
[2] 王颜芳，程文娟.成就动机研究现状与展望[J].管理工程师，2016（12）.

该目标或优秀标准的选择主要取决于个人自己。

1. 社会取向成就动机的特点

①强调个人的成就目标和评价标准主要由他人或所属的团体来决定。例如,不辜负组织的期望,光宗耀祖,为父母争气。

②选择做什么样的行为来达到成就目标也是由重要他人或团体来决定。

③成就行为的效果如何,往往由他人或团体来评价,评价标准也是由他人或团体制订的。

④从总体来说,个人对价值观念的内化程度比较弱,相应地,成就的社会工具性比较强,即追求成就是一种手段,是为了让他人或团体高兴。

2. 个我取向成就动机的特点

①成就目标和评价标准主要由个人自己来决定。例如,实现自己的梦想,发挥自己的潜能。

②选择什么样的行为来达到成就目标,也是由个人自己做主。不需要他人的监督,变通性较高。

③成就行为的效果如何,往往由个人自己来评价,评价标准也是由个人自己来制订的。

④从总体来说,个人对成就的价值观念内化程度比较高,相应地,成就的功能自主性比较强,即追求成就本身是一种目的。

这两种取向的成就动机各有优劣,在社会生活中,如果一个人的成就动机过于偏向某个极端,可能会有不良的后果。

研究表明,成就动机是后天习得的,成人也可以习得。成就动机的习得通常通过以下几个途径来实现:他人的榜样,包括生活中的榜样和教育资料中的榜样,自己的成功经验,通常自己成功会给自己带来快乐,从而强化自己的成就动机;社会对成就的认可和奖励,对失败的批评和指责。

具有强烈的成就需要的人渴望将事情做得更完美,提高工作效率,获得更大的成功,他们寻求那种能发挥其独立处理问题能力的工作环境,他们追求的是在争取成功的过程中克服困难、解决难题、努力奋斗的乐趣,以及成功之后的个人的成就感,他们并不看重成功所带来的物质奖励。高成就需要者事业心强,有进取心,敢于冒险,比较实际,大多是进取的现实主义者。

一般来说,成就动机水平较高者具有以下特征:

①他们喜欢设立具有适度挑战性的目标。他们不喜欢凭运气获得的成功,不喜欢接受那些在他们看来特别容易或特别困难的工作任务,需要具有挑战性与创造性。他们不满足于漫无目的地随波逐流和随遇而安,总是想有所作为。他们总是精心选择自己的目标,因此,他们很少自动地接受别人为其选定目标。

②高成就需求者在选择目标时会回避过分的难度。他们喜欢中等难度的目标,既不是

唾手可得没有一点成就感，也不是难得只能凭运气。他们会揣度可以做到的程度；然后选定一个难度力所能及的目标，也就是选择能够取胜的最艰巨挑战。对他们而言，成败可能性均等，才是一种能从自身的奋斗中体验成功的喜悦与满足的最佳机会。

③高成就需求者喜欢能立即给予反馈的任务。目标对于他们非常重要，所以他们希望得到有关工作绩效的及时明确的反馈信息，从而了解自己是否有所进步。

④高成就需求者具有正确的归因方式。他们会把成功归因于能力与努力，把失败归因于缺乏努力。

二、亲和动机

（一）定义

亲和动机（affinity motivation）又称结群动机，是指个人要与他人在一起，或者要加入某一集团的需要。人是社会性的动物，每一个人都会寻求得到自己关心和重视的个人和群体的支持、喜爱和接纳。亲和动机是一种个体与他人建立、保持和发展积极社会关系的内在驱力[1]。

人们总是喜欢结交朋友，寻找加入某一团体并参与其活动。当人们参加一些交往活动时，就会感到安全，有依靠感和归属感，反之会感到孤独、寂寞、无助、痛苦、焦虑。这是因为亲和动机在起作用。其核心需求是个人要与他人保持一种温情、和谐、友好的联系，希望被他人接受和喜欢，希望脱离会产生人与人之间冲突、分离的情境。

（二）形成基础

有的学者认为亲和动机是一种本能，是自然选择的结果：在远古时代，独立的人类势单力薄，不足以对抗巨大而凶狠的动物，结群可以互相警戒，互相支持，增强生存能力。

有的学者认为结群是后天习得的，是在社会化过程中通过模仿、强化而形成的。例如，在许多文化中，亲和和结群的行为会得到奖励，而不合群的人往往受到排斥。在现代心理学中，这一观点占据主流。

萨赫特提出了焦虑—亲和的假设，认为焦虑导致的恐惧是促使人们结群的原因，经历不安的人的亲和倾向更强。当处于不安状态时，人们希望与处境或地位或能力基本相当的人接近，以取得协作和友好的联系。除了焦虑和恐惧之外，促使人们结群的动机还有享受交流的乐趣，找到自我评价的比较基准等。结群也可能产生负面效果，如社会懈怠、屈从、团体集—思维。

（三）亲和的作用

①满足个体的某些社会性需要。个体通过与他人建立联系，满足某些社会性需要，比如交往与尊重的需要、爱的需要等。

②获得信息。个体在孤单的情境中信息来源很少，会产生不适应和不安全感，而亲和

---

[1] 李常旭.社会排斥对印象管理的影响：权力感与亲和动机的中介作用[D].长春：吉林大学，2019.

会使个体获得对其生存与发展有意义的信息。

③减轻心理压力。高兴时与他人在一起可以共享快乐，痛苦时与他人在一起可以排解忧愁，避免窘境，在明显需要亲和行为的情境中，如果无人做伴，往往使他人对个体有某种负面评价，这种情况下通过亲和，个体能避免窘境。

高亲和动机的人更倾向于与他人交往，至少是为他人着想，这种交往会给他带来愉快。高亲和需要者渴望友谊，喜欢合作而不是竞争的工作环境，希望彼此之间的沟通与理解，他们对环境中的人际关系更为敏感。有时，亲和需要也表现为对失去某些亲密关系的恐惧和对人际冲突的回避。亲和需要是保持社会交往和人际关系和谐的重要条件。

（四）影响亲和的因素

1. 情境因素

群体在面临外界压力的情境中，其成员会产生亲和的需要，压力越大，群体成员的亲和动机越强。此外，悲惨的情景也能加强人们的亲和动机，对社会隔离者如单独关押的犯人、遇难船只的幸存者、探险家等进行的研究表明，他们由于较长时间的独处而缺乏亲和，往往产生某些心理问题和精神症状。

2. 情绪因素

从亲和产生的心理背景看，亲和与人的情绪状态有密切的关系。恐惧是现实危险引起的情绪体验，恐惧体验越强烈，亲和倾向越明显。焦虑是非现实危险引起的情绪体验，高焦虑者的亲和倾向较低，因为在焦虑的状况下与他人在一起，不仅不能减少焦虑，反而可能增加焦虑。

3. 出生顺序

出生顺序是影响亲和的另一个重要因素，沙赫特等人的研究发现，长子、长女恐惧时的合群倾向，要比他们的弟妹更明显。在同一家庭中，这种合群倾向按出生顺序递减。这可能是因为在多子女家庭中，双亲对第一个孩子的关心照料更多，使孩子对父母的依赖性较大。

三、权力动机

权力动机（power motive）也称权力需要，是指人们具有的一种影响他人以及周围环境的愿望或驱力，是个体要在某些方面取得一定的支配地位的需要，是促使个体获取影响力的内在动力。在人际关系中，权力动机总是驱使人们力图说服他人、支配他人。许诺、威胁、引用权威人物的话，要求他人干这干那，容易与人对抗等行为都是权力动机的表现。其核心需求是个人要对他人的情感、思维、行动产生影响，并希望获得名誉、地位和声望。[1]

---

[1] 王建峰，戴冰．"追名弃利"：权力动机与社会存在对亲社会行为的影响［J］．心理学报，2019（12）．

（一）学术界有关权力概念的观点

①权力是一种互动的关系，是某个人或某些人具有对其他人产生他或他们所希望的影响的能力。

②权力一般与资源的控制和利用有关。

③权力往往体现为一种价值控制，即一方通过控制他人认为有价值的事物而控制他人的思想和行为。

④权力的表现形式往往是命令和服从的关系，不管这种命令或服从是自愿的，还是被迫的。

（二）关于权力的类型

①强迫性的权力。可拒绝或剥夺他人期望的某些需求，或迫使他人做与其本意相矛盾的事情。

②合法性的权力。由组织正式授予的职务和地位带来的权力。它依靠其他人内在的观念起作用，需要其他人承认这种权力的合法性而接受它。

③奖励性的权力。掌握有价值的资源，能够给予他人期望的某些需求，使之感到愉快。

④专家性权力。由于具有某种专门的知识和技能可以帮助他人而形成的权力。

⑤关系性权力。关系性权力是指个人关系或个人的领导魅力。

⑥信息性权力。信息性权力是指个人能够接触到一些内部信息。

⑦参照权力。基于领导者的个人品质，人们钦佩并尊重领导者，愿意追随他，并且采纳他的观点。

（三）引起权力动机的因素

①社会控制的需求。个体对他人和周围环境的控制水平越高，个体的优势越大，而社会生活中的优势地位会使个体具有安全感，能让个体获得更多的生存和发展的资源。

②无能的恐惧。其实人们对于社会的控制欲望可能不是很强，产生权力动机的原因是人们对于自身无能的一种恐惧。无能会让人处于不利地位，会引起自卑感，自卑感又会促使个体设法获得补偿，而对补偿的诉求往往走向偏执，导致个体对极端权力和地位的追求。

本章小结

动机是指行为的动力——人的行为开始、维持、导向和终止的动力，概括了所有引起、支配和维持生理和心理活动的内部过程。可分为生理性动机和社会性动机、内在动机和外在动机。

麦独孤的本能论、劳伦兹的习性论、弗洛伊德的性欲力说、马斯洛的需要层次论、麦奎尔的动机类型说等理论都对动机研究以及心理学体系产生重要影响。

社会动机是指以人的社会文化需要为基础，在社会生活环境中通过学习和经验而产生的动机。本章主要对社会动机中的成就动机、亲和动机以及权力动机的定义、特点、影响因素、作用等展开具体的描述和分析。

关键概念

动机；生理性动机；社会性动机；内在动机；外在动机；主导动机；从属动机；成就动机；亲和动机；权力动机

思考与练习

1. 社会动机的概述。
2. 动机理论主要有哪几种？
3. 社会动机主要分为哪几种？
4. 马斯洛的需要层次理论包括哪些内容？
5. 权力的类型有哪些？

第四章　社会感情

引言

社会感情是指伴随整个社会心理过程产生的心理体验和心理感受，是一种特殊的社会心理过程。对于人的认知领域来说，感情是认知的向导，人之喜怒哀乐无不露之于表，形之于色，在感情背后是感情世界。从人的自然属性与社会属性相统一的本质看，人的感情就是社会感情。

感情是人类心理活动的重要组成部分，但社会心理学对这一领域的研究比较缺乏，近30年来已经有所重视，大大推动了对这一领域的研究。

第一节　社会感情概述

一、社会感情的概念

社会感情是伴随整个社会心理过程产生的主观心理体验和心理感受，是由情绪和情感构成的。情绪和情感是两个不同的概念。情绪是指高兴、快乐、痛苦、悲哀等，一般发生时间短暂、浮于表面而且容易变化。情感是指责任感、幸福感、荣誉感、骄傲感、廉耻感等，深刻反映了个人意识或群体意识，比较稳定和深刻。它们的区别有三个：

（一）情绪和情感的心理反应侧面不同

情绪同人的需要动机相关，在需要得到满足或不满足时，人们会产生愉快或难过的感受。情感同认知因素有关，跟随在认知后面，对认知进行肯定或否定的心理体验和评价。

（二）情绪和情感的心理反应层次不同

情绪同人的本能相联系，它不稳定，也不易控制，较低级。情感是社会化的结果，较高级、较长期、较稳定。

（三）情绪和情感的普遍性不同

情绪是人的低级需要的反应，反映了人的动物性的一面，具有普遍性。而情感主要靠后天的培养，含有较多的理性成分，并表达一定价值观、信仰或民族文化的特征，具有文化上的相对性。

但情绪和情感并不是不相干的，在生活中是相互联系和难以分割的。情绪是对情感的袒露，情感表现为明显的情绪。母爱既有情感成分又有情绪成分，某种情感忍耐到一定程度会出现情绪反应。

二、社会感情的特点

社会感情与情感相比较而言，具有群体性、共同性、社会影响力等特征。

（一）社会感情具有群体性特点

社会感情不同于个体性感情，最重要的一点就是它的群体性。社会感情不是个人的感情好恶，不是个人独自的心理体验。它存在于特定的社会群体内部，有时甚至是全社会性质的或全民族所共有的。群体有大小之分，有类别差异，小到家庭情绪、团队激情，大到民族感情。虽然社会感情也是由每个群体成员的个人感情构成的，但绝不是将所有的群体成员的个人感情简单相加。社会感情不等同于感情，是群体成员之间相互作用的结果，也是大家共同"塑造"的包含了相互影响力的结果。

（二）社会感情具有共同性特点

社会情感的形成往往由特定的社会事件所引发，并产生相同或相似的应激反应。社会感情的心理刺激源、应激反应形式都是比较一致的，是群体所共有的。社会情感因为群体成员的归属感以及价值观的相互认同而具有某种一致性。因此，与感情不同，社会感情不是纯粹个人的心理活动。

（三）社会感情大多具有较大的社会影响力

社会情感的形成往往具有深层和持久的影响力。这一点也是与个人感情不同的地方。个人感情的表达，不论是喜是悲，是爱是恨，都是个人自身的心理体验。其影响力也只局限于个人本身及其周围相关的人，有些虽然有较大的影响，但总体来说，就其社会功能而言，都不如社会感情的影响力大且普遍。因此，无论是积极的还是消极的社会感情，就其社会功能而言，都是不可忽略的。

三、社会感情的作用

社会感情在社会生活中，主要有三个作用。

（一）社会感情对社会行为起发动作用，使行动活性化

行为的发动总是处于一定的感情状态（感情状态总是表现为一定的情绪状态）。情绪状态好，常常充满热情，人的干劲最容易受鼓舞，效率也高；反之，情绪状态不好，则懒于动弹，做起事来也有气无力。良好的情绪状态能够提高行为效果水准，欠佳的情绪状态

则会降低行为效果水准。因此，是否能唤起人们的良好情绪对于工作的成败具有举足轻重的作用。

（二）社会感情对社会行为起定向作用，稳定行为方向

高尚的社会情感和平静的社会情绪，会使人们专心致志于某种目标，为实现既定目标而努力；处于不安、危险和恐惧状态下的行为，其方向往往不集中。这从另一方面表明社会感情稳定行为方向的作用。在处理危机事件时，首先要稳定社会感情，才能迅速控制局势，防止损失的扩大。

（三）社会感情对人际关系起纽带作用

人际关系的建立主要靠沟通。沟通又分为两种：一种是信息沟通，如开会、讨论、书信、电话等；另一种是感情沟通，如问候、祝愿等。信息沟通是载体，传递着人们的感情，感情沟通隐藏于信息沟通中，来往于人与人之间。信息沟通必须包含感情才能更深入、更牢固可靠。无论哪种沟通，社会感情总是包含于其中，对人际关系起到纽带作用。[1]

四、社会感情的形态

黄希庭、秦启文提出，社会感情的存在形态可以从纵横两个角度来看。

（一）横向角度

从横向角度看，社会感情有两种状态：一种是短时期起作用的情绪状态，包括激动、热情、应激等；另一种是持续起作用的情感状态，包括道德感、理智感和美感。这两种形态是相互贯通、相互作用的。情感作为隐藏在内的意识活动，无时无刻不通过情绪表达出来，而情绪作为消解或表达内心不快或愉快之感的外露心态，无时无刻不表达着情感，两种形态在实际过程中是交叉相融的。

心理学界通常把人类的情感分为三类：道德感、理智感和美感。

1. 道德感

道德感是人们根据一定的道德标准评价自己或他人时所产生的一种情感体验。若认为自己和别人的思想言论、行为举止符合社会道德标准，就会产生积极、满意、肯定的体验，否则会产生消极、否定的体验。道德感（moral feeling）属于社会历史范畴，遵循的是善与恶的评价标准。不同的时代、不同的社会环境、不同的民族，对道德评价的标准也是不同的。道德感的表现形式有：幸福感、荣誉感、自尊心、责任感、义务感、友谊感、爱慕感、仇恨感、人道主义情感、社会道义感、爱国主义与国际主义情感等。

2. 理智感

理智感是人对认识活动评价时产生的情感体验，它同人的认识活动的成就获得、需要和兴趣的满足、对真理和未知的探索，以及思维任务的解决相联系。理智感（rational feeling）在认识活动中的表现形式有：对新事物的好奇心与新异感，对解决问题的成就感

---

[1] 孟昭兰. 情绪心理学 [M]. 北京：北京大学出版社，2005.

与欣慰感，对未知事物的质疑感与惊讶感，对探求真理的信念感和执着感，对科学的热爱，对偏见、迷信、谬误的憎恨感等。

3. 美感

美感是人对客观事物或对象的美的特征的情感体验，它是由具有一定审美观念的人对外界事物的美进行评价时产生的一种肯定、满意、愉悦、爱慕的情感。审美就是对美丑进行鉴赏，只有通过认识、评价、鉴赏活动才能产生美感。由于每个人的审美需要、审美标准和审美能力以及文化背景不同，对美感的体验也是不同的。美感虽然由事物的感性特点或外在的形式所引发，但往往受到个体思想内容限制，因此，美感常常同道德感密切相关。

（二）纵向角度

从纵向角度看，社会感情是由不同层次构成的感情系统，即内心感情→感情移入→人际感情→群体感情→民族感情→宗教感情。

1. 内心感情

一个人的内心感情是十分微妙的，个体接收到的所有刺激，都能引起内心的种种反应。从最简单的物质生活到崇高的精神世界，都有相应的感情体验。身体健康、工作顺利等，人们就会觉得生活充满阳光；反之，婚姻破裂、工作受挫等就会精神颓废，觉得人生无趣。以强者的心态去奋斗或用弱者的自卑来维持现状，会有截然不同的感情状态，这都是人们内心感情的不同表现。

2. 感情移入

这是把自己的感情移至自然物、文学艺术作品或人等对象中去加以感受和体验，或者对他人的感情予以理解、分享、分担。实际上，感情移入是主体按照内在感情尺度感知客体的一个过程，表明感情不仅存在于主体内部，而且能够与客体相通，转移到客体中去。感情也能指向一个非现实的对象，比如遐想、憧憬、幻想等。

3. 人际感情

这是个体对他人产生的感情体验，它的特点是面对许多人，喜欢谁、不喜欢谁，带有选择性和指向性。人际感情首先表现为共感，就是对方的感情在自己身上引起同样的反应。例如，看到对方伤心、流泪，自己不禁难过，跟着痛苦；对方兴高采烈，自己也不由得眉开眼笑。共感的结果是共情，所谓共情，不仅是把对方的感情作为自己的感情去体验和感受，而且自己也具有对方的那种感情。

4. 群体感情

这是在人际感情的基础上形成的规模稍大的感情现象，是群体成员对特定事件的共同体验和感受。它的基本特点是，群体成员在耳目能及的范围内相互影响。人们通过相互作用，直接传消息、送情报，使某种共同的动因在多人之间迅速地得到大范围传布。在大场合下，人们还会借助广播喇叭、录音机等载体散布情绪，使在场成员听得更清、看得更真，增强感情影响力。群体感情的相互影响和它所造成的影响力叫感情感染。感情感染是群体行为形成和扩大的重要心理因素。

5. 民族感情

这是社会感情的一种形式，它是以民族传统为核心而建立起来的民族之情。民族感情是构成民族特质的要素之一，深厚的民族感情，对于团结全民族成员为了一个共同的目标而努力奋斗起重大作用。我国成功地申办2008年奥运会，就是充分利用了中华民族的民族感情，在全国发起支持申办奥运的热潮，向全世界展示了中华民族对奥运的热忱，也反映了日趋强盛的中华民族对奥运的期盼。

6. 宗教感情

宗教由观念、感情和活动构成。宗教感情是宗教统合体的三根支柱之一。宗教感情是对非现实的力量、对人格化了的神之爱。宗教感情的核心是爱和憎，其产生是由恨到爱。

第二节　社会感情理论

一、心理学观点

诚然，感情与社会感情是紧密相关的，但感情不等同于社会感情，其最大的差异在于社会感情的非个体性特点。如果把人类感情的社会属性作为社会感情，这是指个体的社会性感情，从这个意义上说，人的感情都是社会感情。但是作为社会心理学的研究范畴，社会感情主要是指群体的共同性感情。它是社会群体内部普遍存在的，能够相互传染，并具有一定社会功能的心理体验和社会知觉。

二、哲学观点

古今中外的哲学家曾经对情感现象进行过多次讨论，而西方现代哲学中的现象学和存在主义也保持了这个传统，其中最有代表性的是德国哲学家马克斯·舍勒（Max Scheler）。舍勒认为，人在根本上是一种精神性的存在，是通过爱的方式突破其生物学限制而达于其存在的本然的。舍勒对人类情感进行现象学分析，其中"爱"和"恨"是一对关键性的范畴，而怨恨则是他重点探讨的情感。[1]

舍勒认为，"怨恨是一种有明确前因后果的心灵自我毒害。这种自我毒害有一种持久的心态，它是因强抑某种情感波动和情绪激动，使其不得发泄而产生的情态，这种'强抑'的隐忍力通过系统训练而形成"。[2]

舍勒在分析中提到了怨恨产生的社会机制，即追求平等和比较。平等理念被普遍接受

---

[1] 李骅. 马克斯·舍勒怨恨理论述评[J]. 北京化工大学学报（社会科学版），2009（3）.
[2] 马克斯·舍勒. 资本主义的未来[M]. 北京：三联书店，1997.

是怨恨心理产生的前提。对于个体来说，如果没有意识到与他者的平等状态，他就不会将他人作为与自己相比较的对象。人人平等的社会原则在理念上取消了等级制度观念的正当性，激发了每一个体或群体、阶层产生属于自己的但却是在社会攀比中选定的社会权利欲求。现代社会更加容易产生怨恨，因为无论是政治意识形态还是法律都强调人人平等，实际上却又存在着形形色色的不平等。

但是，即便存在着平等的期待和不平等的现实之间的鸿沟，还不足以构成怨恨，因为怨恨的产生必须有一个中介或条件，即无能感。个体受到伤害，由于无能和软弱，或者由于恐惧和害怕，不能直接表现出冲动反应，并且必须压抑伴随的愤怒情绪，则这种隐忍就容易酿成怨恨，而且越是长期置身于受伤害的处境，越是觉得这种处境非自己所能控制，则怨恨就越深。

①比较产生怨恨。怨恨是价值比较的行为和结果。比较的差异程度决定怨恨的强度。由于软弱，比较者不会付诸实际的报复行动，而不断地比较使比较者不断地怨恨，比较主体最终成为怨恨者。怨恨者就此获得了固定的怨恨场域，并将目光放大到怨恨对象所属的整个阶层。

②虚弱产生怨恨。虚弱是怨恨的根源。在这里，比较和虚弱最容易结合。个体越是虚弱就越易于比较，越比较就越怨恨。现代平等观念模糊了人的差别、忽视了个体差异，这就使主体最易于、最敏锐地进行多方面比较，当平等的理念和不平的现实进行比较时，怨恨随之产生。

③社会结构产生怨恨。人是天然的社会动物，必然扎根在一定的社会政治结构之中。一个相对公平、公正的社会人的怨恨较少，反之则怨恨丛生。法国大革命对平等的诉求就是典型的例子。

④个人生活处境产生怨恨。恶劣的生存环境，令人绝望的苦难，先天具有触发怨恨的功能。易引发怨恨的处境主要包括物质上的如身体状况欠佳、经济困顿等和精神上的如知识欠缺、心理脆弱等。这些典型的"境遇"往往带有"怨恨危险"。

怨恨可能产生"怨恨批评"。根据舍勒的观点，一种持久的社会压力越是被感受为一种"宿命"，就越是不能产生切实改变这种状况的力量，进而越是可能导致缺乏任何积极目标的不分青红皂白的批判。没有积极目标的、不分青红皂白的"怨恨批评"，并非真想消除不良现象，只是以此为借口，而且，对于所抨击的状况的任何改善，不仅不能令人满意，反而只能导致不满，因为它们破坏了谩骂和否定所带来的不断高涨的快感。怨恨批评不会对内在价值和品质做出任何肯定、赞赏和颂扬，仅是一味地否定、贬低、谴责。

三、社会学观点

（一）社会感情的突生属性

斯蒂文·戈登（S. Gordon）认为，社会感情在社会学研究与心理学研究中的区别，关键在于感情的突生属性。所谓突生属性，是指只有在人与人发生关系或者当个人的心理或行为同他所处的社会文化结合时才能显示出来的特点，而这些特点是无法还原到个人的或生理的基础上去的。戈登认为，感情的突生属性可以表现在四个方面：

1. 来源

社会学家在研究感情时要考察感情的来源。一般而言，社会感情来源于社会关系，而个体情绪来源于个体生理。库利就曾提出，爱情是一种来自人际交往中的相互吸引关系，而不同于来自生理快感的性快乐。同样，怨恨是社会感情，而狂怒是个体情绪。这种研究理论把有关固定的、天生的情绪结构的假定降到最低限度。社会学家研究的是，例如，作为社会情感的羞愧感是怎样通过社会过程与生理反应、身体姿势和其他因素的相互影响而产生的。

2. 时间

这一突生属性涉及的是感情维持的时间幅度。在持久的社会关系中，以前的互动以及对该关系未来进程的预期影响着感情。像爱和恨这样的社会性情感能超越单一的情境，而且反映社会关系在时间上发展的属性，与此相反，狂怒、惊奇或惊骇等则被限制在强烈唤醒的情境以及其短暂的刺激上。

3. 结构

社会感情的诱因是以社会力量而非心理力量维持的。例如，妒忌的结构或模式是在社会方面被建构起来和有意义的，它可以在不同个体身上伴有不同的心理动力和动机，一个人的妒忌可能因为害怕失去伴侣，而另一个人的妒忌则可能由朋友的压力引起的。但是，作为社会感情的妒忌的结构并非来自这些不同的心理因素，而是来自社会力量和社会因素。

4. 变化

社会感情并非固定在先天的人性中，而是在人们对社会互动、文化规范和信念作出反应时具有变化性。也就是说，人们是按照社会的事件、关系和价值去识别社会感情并采取相应行动的，人们可以怀疑感情和改变感情，以及如何解释感情的表达。例如，我们能够唤起爱、内疚和同情这样的社会感情，或者努力去削弱其强度。

（二）社会感情的整饰化

在社会生活中，人们依据社会关系的规范要求或者出于策略性的考虑，有意识地控制（唤起、压抑和改变）自己的某些情感的现象，称为社会感情的整饰化。例如，当一位妻子发现自己对丈夫的爱情在衰减时，她可能增加爱情表现以掩盖感情失落，或者可能通过考虑丈夫的品德来再生其爱情感受，这就是社会感情的整饰化。下面我们来看一下感情整饰的表现形式及功能。

感情整饰的重要内容是表情整饰。表情整饰是指人们有意图地展示不同于内部感情的姿势的过程，其目的是塑造自己的某种公众形象，或者遵循相关情境的文化规范要求。表情整饰是通过社会化的过程学习而来的。成年人一般都能根据情境要求采取适当的情感表现方式，例如即使在内心悲伤时，仍然能够保持笑容。

感情整饰是指我们改变对某种关系的解释，也可以改变我们的身体感觉及对别人的反应。帕森斯（T. Parsons）的模式变项中的"情感性和情感中立性"，涉及的就是个体和群体在确定社会行动时面对的选择：在一个社会情境中，应该投入什么情感和投入多少情感才是适当的。而社会文化设定了一种"感情规则"，它们为某种情境和关系大体上规定了适当的感情。

戈登认为，社会感情的整饰化具有一定的群体功能，它可以加强群体的运行功能。这表现在三个方面：首先，感情整饰可以允许行动具有连续性。例如，表现的控制在妇科检查中抑制了潜在的尴尬；平静的嗓音和程序化的姿势抑制了焦虑，赋予了互动以一种常规的、技术性的意义。其次，感情整饰可以建立群体团结。妒忌的破坏性后果普遍地由禁止妒忌的信念系统加以控制，并由减少妒忌条件的规范加以控制。这些规范要求可使令人妒忌的商品被藏起来不让人看到，要求人们对别人的好运气表示服气等。最后，感情整饰可以指出地位差异。社会地位高者具有引起下属肯定性姿势并抑制其敌对表现的能力。微笑在地位等级制度中一般是上级的表示，标志令人愉快的、平等的关心并暂时地掩盖地位差别。[1]

四、情感社会学观点

近年来，情感已成为社会学中一个相对新颖的主题。学者们对情感的研究兴趣日益浓厚，相关的论文和书籍也越来越多，情感社会学理论初见端倪。[2]

事实上，许多古典社会学家与当代的社会学家在其理论建构中都曾提及情感。从孔德、涂尔干、韦伯、库利到西美尔、舍勒、帕雷托、罗斯，从埃利亚斯、曼海姆、弗洛伊德到马尔库塞、弗洛姆、吉登斯，他们在研究自己的理论主题时都会把情感作为重要参照对象。当然，这些社会学家对情感的分析是在其特定的研究背景下进行的，并未对情感做过系统的研究。

20世纪后半叶以来，社会学理论发生了一个重大转变——从重视"硬变量"的研究转向重视"软变量"的研究。结果是，情感作为一个独立的主题，进入了社会学家的研究视野。社会学家逐渐认识到，情感对人们社会生活的影响是无法忽视的，情感因素成为社会学家研究社会和社会关系的聚焦点。30年来，社会学家们着重从三个方面对情感做了系统的社会学研究：

①情感的社会根源。社会学家不把情感视作一种纯粹的生理现象，他们认为绝大多数的人类情感都源于真实的、期望的、想象的或回忆的社会关系的结果。

②情感的社会化。情感的社会知识在社会化过程中依赖于情感词汇与情感观念，并受到外部宏观因素的影响。

---

[1] 莫里斯·罗森堡，拉尔夫·特纳.社会学观点的社会心理学手册[M].孙非，译.天津：南开大学出版社，1992：607.
[2] 乔纳森·特纳，简·斯戴兹.情感社会学[M].孙俊才，文军，译.上海：上海人民出版社，2007.

③情感的社会后果。对情感的管理与控制也不仅仅是个人互动意义上的，它还可能影响到社会控制与社会团结。社会学家们把情感概念与过程应用在诸如越轨与社会控制、婚姻与家庭、性别角色、群体团结、精神健康和分层等领域。❶

郭景萍的研究提出了以下主要观点：

①社会学视情感为一种"主观社会现实"，因此与哲学和心理学研究情感有不同的视野和研究方法。

②情感秩序是社会秩序的基础，情感是社会行动的直接动力，因此情感能回答社会为什么是可能的这一社会学的中心问题。

③情感是一种对待人或事物的价值倾向，它们处于人类存在的核心。情感虽然是人的自我感受，但情感是在社会互动关系中被体验到的，情感的培养是一个社会化与制度化的过程。

④情感具有正功能和负功能，因此必须对情感进行合理的社会调控，以维持社会的和谐。构建社会的情商力与个人的情商力是情感社会学的重要研究课题。

从以上描述可见，心理学、哲学、社会学界对于社会感情的研究尚处于零乱、分散的阶段，还没有较为系统的见识，这也是我们研究起来比较困难的地方。目前比较可喜的是，结合中国文化的特点，在一些特定的具体的社会感情方面，已经有学者进行了探索性研究。因此，笔者也试图从一些较为具体的社会感情出发，结合中国当代社会现实，针对当代中国人的社会感情特点及心理现象进行分析。

第三节 社会情绪

一、社会情绪的概念

什么是社会情绪？有学者把社会情绪作为与基本情绪相对应的概念来界定，主要源自心理学家阿道夫斯（Adolphs）。他认为，情绪可以分为6个复杂程度依次增加而又连续统一的层次：行为状态、动机状态、心境、情绪系统、基本情绪和社会情绪。社会情绪是人类区别于其他物种的一个显著特征。"社会情绪依赖于情境，并要求个体对自身在社会情境中的处境和状态有更加广泛的表征。社会情绪有调节社会行为的功能。它不仅对单个个体，还常常对个体所处的社会群体产生广泛的影响""社会情绪大致可以分为三类，即自我意识情绪、自我预期情绪、自我依恋情绪"❷。笔者在这里所说的社会情绪不是这个意义上的。

---

❶ 王鹏，侯钧生.情感社会学：研究的现状与趋势[J].社会，2005，25（4）：70-82.
❷ 徐晓坤，王玲玲，钱星，等.社会情绪的神经基础[J].心理科学进展，2005（4）.

笔者认为，社会情绪是指人们对社会生活的各种情境的知觉，通过群体成员之间相互影响、相互作用而形成的较为复杂且又相对稳定的态度体验，这种知觉和体验对个体或全体产生指导性和动力性的影响。就其构成而言，社会情绪首先是群体成员对客观事物的共同的态度体验和相应的行为反应。从情绪表现来看，至少是群体成员比较一致的情绪爆发。尤为重要的是，社会情绪具有很强烈的群体情绪认同。"指的是在某一群体中，一个人或一些人由于不同的原因，在一定程度上与其他人有着心理上的联系，产生同情，并在情绪上引起共鸣的一种状态。"[1] 任何一种社会情绪，都可以通过人们相应的行为和表现来构成。

情绪与社会情绪既相互联系又有所区别。情绪是个体的心理活动和态度体验，即使相关的高级情绪带有很多社会性特点，那也是以个体为知觉主体的。而社会情绪是建立在情绪的基础之上的，离不开个体的知觉与体验，但这种知觉与体验必定是受到特定群体中成员的相互影响和相互作用而"再加工"的产物。

因此，基于情绪的两极性特点，社会情绪也具有两极性。在动力性方面，可以分为积极社会情绪和消极社会情绪。积极社会情绪也可称为正向社会情绪，是指人们（群体成员）的积极、乐观、健康、向上的心态，是某一特定社会事件的发生符合某一特定群体成员的共同愿望和需求时，所产生的积极、肯定的社会性情绪反应。消极的社会情绪也称为不良社会情绪，主要是指群体成员的心理体验和行为反应呈现出消极、负面的状态。比如，由于股市走势较长时间低迷，又看不出有任何反弹的迹象，许多股民被套牢，在这种情况下，股民群体中就会弥漫着诸如社会焦虑等低迷的社会情绪。社会情绪在强度上也有强、弱两极，如群体集会或发生群体性事件时，初期会产生窃窃私语，继而产生群体骚动，从而一发不可收拾。社会情绪也具有激动性，如从高兴、欢呼到狂欢等。

社会情绪的形成、发展受到多种因素的影响，诸如社会文化环境、政治经济体制发展水平、科技发展等。而社会情绪的积极与否、稳定与否都将对整个社会的健康发展、对社会的和谐发展产生既直接又长远的影响。社会是一个有机体，其健康发展需要各个组成部分能够和睦共处，如此才能称为和谐社会。因此，关注社会情绪，适当疏导负性的或过激的社会情绪，管理和控制不良社会情绪，是建设和谐社会的关键之一。

二、社会情绪的主要表现

（一）社会激情与社会恐惧

社会情绪通常表现为民族情绪、群体情绪、集群情绪等。换句话说，社会情绪的孕育和发生，往往在各种群体内部，如民族群体、农民工群体、下岗职工群体、大规模裁员群体等。

其中，社会激情是社会群体爆发出的一种强烈的社会情绪，是因特定社会事件的刺

---

[1] 张润泽，杨华. 转型期乡村治理的社会情绪基础：概念、类型及困境[J]. 湖南师范大学社会科学学报，2006（4）.

激，导致社会中大多数人或某个社会群体的共同情绪的爆发。由于社会激情的爆发具有一定的社会性或群体性，因此社会激情容易受到群体特性的影响，即在群体内部互相感染、模仿等而得以强化，它所持续的时间比个人的激情要长久一些，强烈程度也更大一些。

社会激情可以分为积极的社会激情和消极的社会激情。前者对社会的稳定和发展具有推动和促进作用；后者则往往对社会的稳定具有巨大的消极影响，甚至破坏作用。

在正常的社会环境里，也会因为某种谣传而形成社会恐惧。这是由于人们长期在一个相对平稳与平和的环境中生活，一旦遇到突如其来的危难，其情感就会处于一种大起大落的状况，出现许多在平时未曾出现的情感问题。

（二）集体行为

集体行为是指结构松散、存在时间较短的大型群体成员，由于对某个事件具有共同的社会义愤或意见而临时结合起来参与的社会行为。

集体行为源于某种突发性的社会事件，集合大量人群，再通过感染和暗示的心理过程，产生主导性情绪，引起相关的非理性行为[1]。

集体行为一般包括三种基本情绪，即恐惧、敌视、快乐。

1. 集体恐惧

集体面对突发痛苦和巨大不幸的预料和经验而产生的范围广泛的情绪。

集体恐惧产生的原因有三种：真实的或虚假的危险、环境或社会的灾难、环境或社会的趋向。具体而言，集体恐惧可以细分为以下三种主要情绪：

①恐慌。产生于对危险的原始定义的某种反应，以及对人群情境中他人正以一种恐惧不安的方式行动所做的反应。

②恐怖。被恐怖组织当人质时常易引起的情绪。陷入圈套和满怀恐怖的情绪，将存在较长一段时间。

③惊恐。对某种更广泛的危险的一种持久的和经常的忧虑。例如，因自然灾难而陷入困境、矿井塌方、机械故障、未曾料到的暴风雪、暴风雨而陷入困境的小群体。

2. 集体敌视

集体敌视是指群体对某一对象在思想上或原则上的对抗、反对或抵抗。可以分为三个层次：

第一个最低层次是符号性的，即人们用说话和行动以传达自己的不快。例如，文字宣言、抗议游行和集会、嘲讽、辱骂等。

第二个层次所针对的是现实的和个人的财富。例如，抵制商品、罢工、占领或接管场所、毁坏物品或场所等。

第三个最高层次是针对其他人的身体。例如，俘虏、攻击以及杀害等。

在集体敌视的事件中，有单数的个体、复数的公民、机关。集体敌视包括五种类型：

①公民对个体。例如，暴力攻击。

---

[1] 郑旭涛. 集体行动：概念比较中的理解[J]. 探索，2020（4）：64-75.

②公民对公民。例如，政治摩擦和狂热爱好者的暴力。

③公民对机关。例如，抗议和骚乱。

④机关对个体。

⑤机关对公民。例如，官方的暴乱。

3.集体欢乐

集体欢乐是指人群由于福利、成功或好运气，或者得到某人所希望之物的前景所唤起的情绪。与之相关的形容词是欢乐、喜庆、愉快、欢欣、快乐、狂喜。集体欢乐包括以下几种类型：

①着迷的神圣性的集体欢乐。它包括着迷的动乱、着迷的集会、着迷的会众。着迷是一种"超出理性和自我控制的范围"的状态。与"压倒一切的情绪、狂热的喜悦"和"强烈的情绪激动"有关，而且涉及与宇宙性事物的沟通。例如，涂尔干研究的澳大利亚原始部落的着迷集会。

②虔诚的宗教性的集体欢乐。它包括愉快的心境虔诚的人群。具有存在性和宇宙性，出现了某种观众参与，但很少有放纵的行为。

③非宇宙性和非宗教性的情绪现象。它包括狂欢的人群和激动的人群，在这里恰当的形容词是欢乐、欢欣、激动、狂欢和高兴。例如，巴西每年春天连续6天的狂欢节，疯狂跳舞、通宵达旦。

三、社会情绪的管理

积极、正向的社会情绪对整个社会的发展和稳定具有一定的促进作用，也是构建和谐社会的重要元素。政府如果能够经常激发民众的正向社会情绪，或者利用一些社会事件，进行正面的引导，就能使社会正气得以弘扬，人民保持健康的精神意识和情绪，能够在一个和谐的社会氛围里生活和工作。比如，激发民众的爱国热情，激发社会的良知，倡导文明礼貌的社会风尚，鼓励努力工作、勤劳致富的社会理念等。

消极的社会情绪对社会的发展具有负向的影响力，因此要加以控制使其不得蔓延，或加以疏导而不至于酝酿集聚成为社会动荡的源泉。

如何控制和疏导消极的社会情绪呢？

第一，对于社会突发事件建立预警机制。要加强对于这种社会情绪的观察和调查，保持敏感性，使社会情绪得以体察和识别。

第二，政府建立和完善与民众的沟通机制。政府代表广大人民的利益，应该最大限度地听取人民群众的呼声和要求。要做到这一点，最重要的就是具备沟通机制和沟通渠道。这是一个社会和组织能够健康的"安全阀"。如果这个通道被堵塞了，民众的声音得不到及时反馈，就不能解决民众的疾苦，也就非常容易引发社会矛盾，破坏社会和谐。

第三，从民众的角度来说，公民都负有社会情绪的自我管理的责任。因此，应该提倡

"社会情绪学习"（Social Emotion Learning，SEL）的观点。社会情绪学习或社会情绪教育是由"社会情绪教育中心"（Centre of Social Emotion Education，CSEE）于1996年提出来的。这是一所非营利性国际组织，其主要任务是透过教育研究和训练来培养孩子们对社交和情绪的学习。他们的使命是让所有孩子得到技能、知识、健康、爱心、负责任及有收获的生活。在过去20年里，美国中小学已经投入许多教案来提升社会责任感，以预防社会情绪及健康问题，这些教案包括品格教育、偏差行为防治、健康药物及性教育、暴力防治、家庭生活教育、道德和多元文化价值教育。

第四节　社会文化和情感

一、社会文化和情绪

在第一节中，我们学习了社会感情的概念，了解了社会感情包括情绪和情感两个方面，其中情感是较深层、同认知因素相关的具有文化特征的心理反应形式，而情绪相对来说是同人的需要相关的较低级地反映了人的动物性一面的心理反应形式。但近年来，许多对情绪的跨文化研究提出，情绪不只是天生或生物的因素，也通过社会及文化的过程型塑，且受社会文化的影响。一些心理学家认为情绪是受文化系统影响的一种社会建构。不同文化对行为的定义不同，对行为的归因不同，对于这些行为反应是否适当也有不同看法（例如，夫妻之爱，美国的夫妻与中国的夫妻，表达爱意的方式是不一样的）。这些差异都会连带影响个人在情绪方面的反应和感受，以及情绪的表达。即使跨文化的同一种情绪，不同文化判断情绪的表达方式是否合适的标准也会有所不同，因此，相同的情绪，在不同的文化中就有不同的表达方式与意义。

二、中国文化和情绪

中国家庭在教育子女时强调孝顺和服从，从幼年起子女的主动性及探索需求就被抑制，成年子女则被容许继续依赖父母，不必急于离家以获得其独立性。这或多或少会影响个人情绪独立性的发展。传统的孝道伦理也证明，中国文化强调"情感联结"。因此，在家庭中"独立自主"和"情感联结"两股力量之间，在个人和家庭的离和合的过程中，东方文化尤其中国文化侧重强调家庭的"情感联结"和"统合"。

这种过于紧密的关系常将个人的情绪卷入其中，使其如同在旋涡中打转，难以发展出成熟且独立自主的情绪。即使已经长大的成人甚至离开家，与家人在心理上并未分离形成各自独立的个体。最明显的状况是当家庭成员表现出悲伤、气愤、罪恶感等较负向的情绪时，许多人会发现仿佛自己也应该承担一部分责任，最好能安慰或取悦对方，使其心情变好。至少要配合对方情绪调整自己的情绪，不能一副置身事外的样子。有的家庭乐于分享喜悦，但有的家庭即使自己有值得高兴的事情，也要克制喜悦之情。

三、中国人的特殊情感

（一）羞耻感

羞愧感是指个人无法达成他人的期许时，感到极端难为情的情绪。例如，"你不觉得很丢脸吗？"

本尼迪克特认为，西方社会是一种罪感文化，这种文化中的人格特征表现为一旦做出过失、罪恶等行为，主要感受到内在良心上的谴责。而东方文化是一种羞耻感文化，羞耻感是对他人批评的一种反应，受到公开嘲笑和摒弃，或者自以为受到嘲笑时感到耻辱，耻辱感是一种很强的外在约束力。这种文化的人格特征具有很强的外控性。

影响羞耻感文化的主要思想是儒家学说与人道主义。儒家学说通过强调社会规范，强调理想类型行为模式，从而加强羞耻感取向。人道主义则极为重视人际关系的和谐，特别是大家庭内的和谐关系[1]。

其中，"面子"和"脸"是耻辱感中的重要概念。"面子"表示一种威信，通过生活中的成功和炫耀而取得的名声。"脸"则表示自我的道德性格获得社会的认可，失掉它将使自己在社区中不能有效地行使职能。过分重视"面子"和"脸"的文化观念，致使中国人容易产生过度的羞愧感。

（二）社会焦虑

中国人爱面子，怕丢脸，怕遭人议论却又乐于议论别人。这一套"议论系统"引发出了严重的社会焦虑，主要包括：

①情爱焦虑。对爱情的表达、男女约会及单恋等行为怕遭众议而产生的焦虑感。中国人缺乏系统的表达规划，看不出男女情爱"正大光明"的一面，因此，内心对情爱的禁制就演变为层层焦虑。

②性焦虑。中国社会对性的看法基本是延续传统社会的看法。对未婚男女的亲昵，对单身成年男女的性关系，都采取负向的评价。

③地位焦虑。中国人对上级和长辈有畏惧感，以及长辈普遍有"训诫"的负向行为，个人容易产生对长辈和上级的焦虑。中国人对长辈和上级有依赖感，为了维持长辈对自己的良好印象而畏惧在长辈面前说话。

④缺点暴露的焦虑。害怕缺点暴露，一旦暴露，个人往往会手足无措，感到下不了台。

⑤表现的焦虑。除了在人们面前说话、表演的焦虑外，中国人在别人面前说错话、做

---

[1] 游韵. 中国文化观照下的社会情感学习[J]. 西北师范大学学报（社会科学版），2022, 59 (2): 38-47.

错事、放屁、摔跤，以及公开被指责的焦虑感也较重，造成的后果有时也比较严重。

（三）怨恨心理

愤怒是常见情绪，如何应对愤怒主要有两种观点：一种是应该表达愤怒，西方人常用；另一种是抑制愤怒，中国人常用，主要是为了保持人际和谐。中国人常常在愤怒时选择生闷气、掉头就走，在生气时习惯压抑，其次是忽略愤怒，最后是怒形于色。

正因为压制愤怒，导致产生怨恨的情绪，这是在人际交往中，互动的一方对另一方有了不满而又难以直接告诉对方，或者告诉对方也于事无补时所产生的一种情绪。

怨的特点是内心不满而又无力抗争，表达和传播不直接，时间上具有积累性，发作时具有突然性、全面性和破坏性。这和农业文化、大家庭生活的约束有关。对于中国人来说，如何息怒和解怨是一个严肃的问题，这不但涉及个人的心理调适，更涉及群体的文化反思。

本章小结

社会感情是伴随整个社会心理过程产生的主观心理体验和心理感受，是由情绪和情感构成的。情绪和情感是两个不同的概念。社会感情具有群体性、共同性和较大社会影响力等特点，对社会行为起发动和定向作用，对人际关系起纽带作用，其存在形态有横向和纵向两种角度。对于社会感情理论，不同学界也有各自的观点。社会情绪不同于社会感情，主要表现形式有社会激情、社会恐惧及集体行为等。社会文化对社会情绪和感情有影响，中国人的情绪与情感表达有其持续性。

关键概念

社会感情；集体行为；集体恐惧；集体敌视；集体欢乐；社会感情理论；情绪管理理论

思考与练习

1. 社会感情的概念是什么？
2. 社会感情主要有哪些特点？
3. 社会感情有哪些形态？
4. 社会感情的突生属性有哪几方面？
5. 社会情绪主要有哪些表现形式以及如何管理？
6. 中国人的特殊情感表现在哪些方面？

第五章　社会态度

引言

态度是人们对事物的看法和认知，是一种精神状态。在社会心理学研究中，心理学家及学者也提出了各自的观点。

第一节　态度概述

态度概念是社会心理学的核心问题，心理学家墨菲说："在社会心理学的全部领域中，也许没有一个概念所处的位置比态度更接近中心。"本章主要从态度的概念、形成、改变以及态度与偏见等方面对态度加以分析。

一、态度的定义

态度是社会心理学中定义最多的一个概念，不同的学者有不同的定义，但有代表性的定义有三种：

1.奥尔波特（Allport）于1935年提出的定义

态度是这样一种心理神经的准备状态，它由经验予以体制化，并对个人心理的所有反应过程起指示性的或动力性的作用。这一定义被心理学界誉为经典的定义。

①态度是潜伏在内部的准备状态。

②这种准备状态既是心理的，又是神经的。

③态度是由经验组织起来的，是体制化了的准备状态。比如，赛跑者出发之前静候枪声时的神经准备，就是态度。强调经验在态度中的作用。

2.Krech于1948年提出的定义

态度是个体对自己所生活世界中某些现象的动机过程、情感过程、知觉过程的持久组织。Krech的定义忽略了过去的经验，强调现在的主观经验，把人当成会思考并主动将事物加以建构的个体，反映了认知派的理论主张。

3. Freedman 提出的定义

态度是个体对某一特定事物、观念或他人稳固的由认知、情感和行为倾向三个成分组成的心理倾向。Freedman 的定义强调了态度的组成及特性，是目前被大家公认的较好的解释。

综合以上定义，态度是指人们对一定对象相对稳定、内部制约化的心理反应倾向。

①态度是一种心理反应倾向，如对朋友的倾向、对父母的倾向、对孩子的倾向。

②态度是内部制约化（认知和情感或动机和情绪制约）的心理过程，具有动机和价值倾向。

③态度是相对稳定的心理反应倾向，是一种持续的心理状态，具有一贯性和稳定性。对朋友、对父母、对兄弟姐妹的态度与对陌生人的态度都不同。对工作的态度和对闲暇的态度也不同。

二、态度的特点

态度具有以下特点：

（一）统合性

态度这种心理过程在其他内在过程的基础上形成，是对其他心理过程的统合。不论认知还是感情，抑或动机，在态度这个心理过程中是作为整体起作用的，是整体性心理活动。因此，人们的心理活动表现为一定的态度时，已经不是哪种心理过程的表现，而是全部心理过程的具体表现。

（二）媒介性

态度作为一种综合的心理过程是行为的准备阶段，使行为与心理过程相吻合。被评价为有意义的工作，就有兴趣、有热情去做；认为没有意义的事情，就不会去做。行为与心理状态相吻合、协调，个人才会坚持做这件事。在实际生活中，人们违心地做某件事是不可避免得，但是在这种情况下，一方面行为者的内心是不愉快的，甚至是苦恼的；另一方面，这种与心理不吻合的行为，迟早会改变。总之，态度是一个人的心理世界与外部表现之间的中介过程，态度是行为的准备阶段或潜在行为。

（三）压迫性

态度总是指向并倾注于某个对象，因此，态度会给对方造成心理压力。态度和蔼、真诚、坦荡，会使人有安全感并亲而近之；相反，态度圆滑、缺乏诚意，会使对方有危机感并疏而远之。态度压力是态度变化的心理因素之一。

（四）一元化

态度表现为从正到负的连续状态，态度的变化沿着从正到负的链条进行，态度这种一元连续状态与人格统一性分不开。正因为态度是一元连续的，它才可被观察、被测定。实际研究中的态度尺度或态度评价（如用＋3，＋2，＋1，0，－1，－2，－3表示）就是根据态度的这个特点制定的。比如，非常同意、比较同意、无所谓、不同意和绝对不同意的设定。

三、态度的构成要素

一是认知成分。人们对外界对象的心理印象，包括有关的事实、知识和信念、评价。认知成分是态度其余部分的基础。

二是情感成分。人们对态度对象所持有的一种情绪体验，包括尊敬和鄙视，喜欢和厌恶等。

三是行为倾向成分。行为倾向成分是指人们对态度对象所预备采取的反应，具有准备性质，会影响人们将来对态度对象的反应，但它不等于外显行为。

一般来说，态度这三种构成成分是一致的，如果出现矛盾，主体会采用一定的方法进行调整，重新恢复三者间的协调一致。在这三者之间，情感和行为倾向的相关程度高于认知与情感和认知与行为倾向的相关程度。认知成分的独立程度要高一些，而情感成分的评价是主要的。

为了进一步了解态度的三要素，举例说明：

某大学学生自治社团发起一项校园禁止吸烟活动，在活动举办之前先展开一项态度调查，借以了解同学们对校园禁止吸烟一事是否支持。假设调查结果发现有75%的人支持，有25%的人反对，然后由两方学生各自推选代表举行座谈，让他们分别说出支持与反对禁止吸烟的理由。

支持者的说法可能是：

①吸烟是危害健康的，而且浪费金钱，是酿成火灾的重要原因。

②自己不喜欢吸烟，也讨厌遭受别人二手烟的侵害。

③所以支持禁止吸烟运动。

反对禁止吸烟活动的说法可能是：

①吸烟是个人自由，而且吸烟是利多弊少，吸烟除利于交友外，还有提神醒脑之效。

②自己爱好吸烟，也喜欢与同好者分享吞云吐雾的快乐。

③所以反对禁止吸烟运动。

抛开习惯本身的好坏不论，只从两方学生对同一问题的态度看，无论是支持者还是反对者，在他们各自所持的态度中，均含有三种成分：

①他们之所以支持或反对，是以他们对问题有所知为基础的。这就是态度的认知成分。

②他们之所以支持或反对，是由他们对事物的好恶决定的。这是态度的情感成分。

③他们对校园禁烟活动的支持或反对付诸行动，不仅在调查上选择支持或反对，而且

在座谈会上也采取同样的行动。这在心理学上视为态度的行为成分。

四、态度的维度

（一）指向

指向（direction）即态度的方向，是指人们对于态度对象是肯定指向还是否定指向。在一个典型的态度量表上，指向的操作术语包括是与否、赞同与反对、接受与拒绝、喜爱与厌恶、选择与不选择等。大多数态度测量涉及的都是态度的指向。

（二）强度

强度（strength）是指态度的极端性，即积极或消极的程度，表明一种特定态度倾向于某一指向的程度。强度通常用等级量表的位置或者二分量表中选择指向相同的项目数量来操作。

（三）深度

深度（intensity）是指态度主体在一种态度对象上的卷入水平。它的操作指标，通常是一种态度得不到支持时所产生的挫折感强度。十分遗憾的是，这样一个实质性的态度维度，往往被态度研究者们忽视。实际上，态度的情感成分在深度这一维度上体现得最为充分。

有些社会心理学家认为，深度与强度是一回事。实际上这是一种误解。深度涉及的是一种态度对个人的重要性的问题。我们可以在一种态度上指向明确且强度很高，如临时选择一个活跃的伙伴指挥郊游，但显然与这一问题有关的态度对个人的重要性有限，因而深度水平较低。但我们在推选与自己利益密切相关的单位领导或决定自己是否晋级的问题上，显然会有深刻得多的自我卷入。因此，深度与强度可以是一致的，也可以是不一致的。一般情况下，深度水平高的态度也会有较高的强度，但强度高的态度未必深度水平也高。

（四）向中度

向中度也称向中性（centrality），是指一种态度在个人态度系统和相关的价值系统中接近核心价值的程度。其指标是一种态度同一个人根本信念关联的水平或与价值系统中心的关系。一种态度与一个人的根本信念关联越密切，越是接近价值系统的中心，向中度也越高；越是远离根本信念或价值系统的中心，向中度也越低。一个人对某种饭菜的态度可能只涉及价值系统的表面部分，而一个人对待祖国和自己品行与价值的态度，则可能直接与其人生信念密切关联。两类态度的向中性明显不同。

高向中度的态度有一个明显的特点，即态度的认知、情感与行动等诸方面因素既密切关联，相互支持，又会同时发挥作用，促使人做出与态度一致的行为。因而，高向中度的态度与行为会有较高的一致性。本章第三节还将专门讨论这一问题。

（五）外显度

外显度也称明显度（salience），是指态度主体在一种态度上所表现的外露程度。外显度可以表现在行为的方向上，也可以表现在行为方式上。有些心理学家认为，外显度是由向中度决定的，向中度高的态度也会有高外显度。实际上，高向中度的态度可能使人指向一个远景目标，而不决定近前的具体行为。衡量态度与行为的一致性时，需要引入行为的目的性特征，而不能简单以外显与否作为指标。

近年来，在有关态度的外显程度高低以及是否外显的研究方面发展出了双重态度模型理论。该理论认为，对于同一态度客体，人们可能同时拥有两种不同的态度，即外显态度和内隐态度。例如，有些白种人可能隐藏着对黑人的无意识的消极态度，同时保持着外显的积极态度。这一理论对传统的态度概念及测量技术都提出了新的挑战。

五、态度与有关概念的联系与区别

（一）态度与情感

态度评价或态度反应最容易同情感倾向相混淆。二者的区别主要体现在以下几个方面：

第一，态度的肯定与否定有其认知基础，是评价性的，有理由的，与价值系统有明确的联系；情感的接纳与排斥只受需要状态制约，是非理性的，与价值观没有明确的联系。

第二，态度由于有其认知基础和与价值观的明确联系，因而是相对稳定的；情感则随需要状况的改变而不断变化。

第三，态度的对象是具体的，是具体行为的直接而稳定的内在定向系统；情感则具有概化的性质，它的对象是一类事物，它只是概括性的、不稳定的行动背景。

第四，态度有其指向一定对象的行动效应；情感只是主体对于需要状态的体验，只具有概化驱力背景的作用，没有直接的与具体行为相联系的动机意义。

（二）态度与意见

意见是另一个十分容易同态度相混淆的概念，日常生活中人们常常混同使用。实际上，两者有重要区别。

意见是人们对事物客观状况的认识或概念，是人们从独特视角看事物时获得的印象，它通常只由认知成分组成，而不涉及情感的问题。有关的观念也倾向于接近事物客观状态，而不是自我卷入性的偏见。因此，意见比较容易改变，当有关事物给人以新的印象时，人们会修正原有的有关观念。

前面已经讲到，态度兼有认知、情感与行动多种成分，因而复杂得多。并且，由于它与情感、价值观等密切关联，因而较难改变。比如，我们有关于一个朋友贫穷的概念，这是意见，不构成偏见。朋友表现出好的经济状况时，我们关于他贫穷的意见就会变成富足的印象。但当我们说一个同事不讲信用而讨厌他时，这就是态度。即便这位同事实际上已对我们表现得讲信用，我们也较难改变认为他不讲信用的偏见和不喜欢他的态度。

态度与意见可以一致，也可以不一致。两者一致的情况下，态度的定向作用会影响人看问题的方法和获得的意见。而意见对态度的影响则较小且作用缓慢。

（三）态度与价值观

价值观是人们按照自己所理解的重要性，对事物进行评价与抉择的标准。它是比态度更广泛、更抽象的内在倾向。价值观与态度的根本不同是它不像态度那样有直接的对象，也没有直接的行为动力意义。它对行为的作用，是通过影响态度来实现的。例如公正、真诚、勇敢、诚实、自由、平等、忠实等，都属于抽象的价值观，而不是具体的态度。

从发展上说，价值观的形成高度依赖情感。情感的愉快，是人们接受某种价值观的前提。儿童从很早就开始依据客体能够满足自己需要的程度形成一定的价值倾向，最终的价值观，就是在原有价值倾向的基础上，在积极情感的支持下形成的。而针对具体对象，具有认知依据的态度，则是在价值倾向与后来的价值观基础上发展起来的。

一个人的各种价值观不是无组织的，而是按照各种价值选择的重要性构成了一个完整的价值体系。相应地，人们的各种态度也构成了一个具有整体性的态度体系。越是接近价值系统中心的核心价值，越是接近态度体系中心的核心态度，对行为的影响作用就越大。

六、态度的功能

（一）态度的心理服务功能

从需要动机角度来说，我们选择的是符合特殊心理需要的态度，态度是为态度主体的心理功能服务。

美国学者丹尼尔·卡兹认为态度有四种功能：

①调适作用。一方面，个体为了在社会组织中生存、发展、获得接受和承认，必须表达社会公认的态度，从周围人那里获得有利于个体生存发展的反应。另一方面，态度保证个体与他人之间互动的顺利进行。

②自我防御作用。我们怎样看待自己，这是一个具有严重后果的问题。一个否定自我形象的人，可能导致对几乎所有人的敌意；一个感到自卑的人，对待别人会持高高在上的态度。组织如何维护成员的个人形象以及对成员个体的尊重显得特别重要。

③价值表现作用。人们都有自我表现的需要，态度有助于人们表达自己的价值观念。例如，公正开明的人可能认为公平是组织对成员的保障，他不会计较自己从中会得到什么好处而是力求办任何事都公道。

④知识作用。每个人都想理解和支配自己的生活空间，态度的认知成分给实践以意义和指导。

（二）态度对社会生活的统合、离合和调和作用

一般说来人们对社会事件的态度有三种：

①积极、接近、赞成。

②消极、远离、反对。

③中立（维持现状）。

第一种态度起统合作用，第二种起离合作用，第三种起调和作用。对社会事件起作用的是多数人的态度。

（三）工作态度影响工作效率

内在的（来自工作活动本身，比如对工作性质的感觉，对其职业的感觉）和外在的奖励（不仅是工薪）及对这种奖励是否公平的知觉，决定了工作成绩与满意的关系。对工作满意度高，工作效率高。公平的奖励也能提高工作效率。

七、个体态度和群体态度

（一）个体态度

个体态度包含两方面内容：第一，就态度主体而言，是指社会个体，是有社会关系的个体，就此而言，个体态度即是社会个体态度；第二，就态度主体与态度对方的关系而言，作为态度主体的社会个体，是和其他社会个体发生联系的，即社会个体与社会个体的相互关系，是"对子"关系，不是小组内的关系，或其他群体内的关系，在这种个体对个体的"对子"关系中所形成的态度，属于个体层面上的态度。

（二）群体态度

群体态度是指群体中多数成员或全体成员对某一事件的共有态度。群体成员是一个个个体，无论对待什么事情都会各有看法、各持己见，这些属于个人见地、个人看法的态度，不是群体态度，而是个体态度。除了个人的见解、看法外，成员相互之间还有共同的看法、见解，这些共有的东西属于群体态度。群体生活内容和方式，尤其成就目标的相关性或共有性，决定了成员之间态度上的某些共同性。如果群体成员之间没有态度上共同的一面，大家都各持己见，各行其是，那么，群体的目标达成和成员的共同利益就会受到损失。依照群体内共同利益驱动原则，成员间某些共有的态度会在客观上自动形成，或者会在某种中介的调节作用下达成态度一致。对于有组织群体，比如企业、事业单位、政府机关、决策群体等，成员间的共同态度，对于群体生命力及其深入发展，是十分重要的。在出现成员态度相互对立或群体态度分裂的场合，群体指导者的影响作用或者中介作用又很重要。对于大众传播领域中受众群体而言，在某些事件上的共同态度，是传播者对传播效果的追求；如果受众态度很不一致或者与传播者行为意图相对立，这表明传播效果甚少或无效，传播者必须改变传播行为方式。

（三）个体态度与群体态度的关系

个体态度与群体态度有联系又有区别。个体态度是群体态度的基础，群体态度是在个体态度的基础上，由个体间的互动而产生的共同态度，没有个体基础，群体态度便是"空中楼阁"，空洞无物。群体态度是由个体态度中共有的部分构成的。

群体态度又有别于个体态度，群体态度一经形成，与个体态度中共有的部分相比，具有新的、个体态度不曾有的特点。这些新的特点主要包括：群体态度通过一致赞成或一致反对、积极支持或消极对抗等态度表现形态，能够促进成员彼此认同和达成共识，产生"心心相印"之感或"志同道合"之感，从而从群体态度中获得力量；群体态度由于其共同性而具有心理压迫力，这种心理压迫力对个体态度有改造作用，尤其是个体所喜欢的群体，一旦形成一种群体态度，生活在其中的个体更愿意接受这个群体态度的影响，甚至改变个体态度，以保持个体态度与群体态度的一致性。

第二节　态度的形成

一、学习经验与态度的形成

学习理论者们一般都相信，人们也像获得事实、概念、思想、思维方式及习惯一样去获得态度。个人的经历，尤其是重要经历，以及与这些经历相联系的情绪体验，促使态度的产生与发展。

根据学习理论原理，环境刺激的重复，可使人对一定事物产生较为稳定的态度体验，如果新的刺激与既有态度对象相联系，那么新刺激也可引起同样的态度体验。例如，对于学习数学态度消极的儿童，可以利用他们对游戏活动的积极态度，将数学学习同游戏活动联系在一起，让他们在游戏中学习数学，并将数学学习同愉快的游戏经验联系起来，在多次联系后，这些儿童也会发展出对数学学习的积极态度。

强化是影响态度学习的重要因素。如果人们对于某种对象的态度得到了积极强化，则强化所产生的愉快情绪会同态度对象形成更紧密的积极联系，从而使一种态度得到加强。反之，如果强化是消极的，一种态度总是受到惩罚或挫折，则消极强化引起的不愉快情绪体验，也将同态度对象联系在一起，从而使人形成对某一事物的消极态度。例如，父母或其他成人通过给予孩子微笑、赞许或拥抱等奖赏来肯定孩子的"正确"观点，这种强化在孩子对正确态度的认同形成过程中起重要作用。

班杜拉的社会学习理论对态度形成的学习观点产生重要影响。一方面，班杜拉通过大量实验研究确认，不仅外在的奖惩直接施加在态度主体身上会具有强化效应，施加在其他类同对象身上，同样具有替代性的强化作用，此外，个体的自我强化过程，同样影响态度的形成与发展过程。

班杜拉关于观察学习的发现在解释态度形成方面同样有重要价值。观察学习的研究结果，提醒态度形成并不简单依赖于外在强化。模仿性的观察学习，也是人们态度获得的一个途径。人们的许多态度是通过观察别人，心理上认同一定的对象发展起来的。儿童最初模仿同性别的父母，后来是教师，再后来是同伴及自己所崇拜的朋友、名人、明星等，这些人都会对儿童的态度产生影响。这意味着，在个体生活的不同阶段，对其具有巨大影响的"重要他人"（significant others）对个体的态度形成有重要作用。因此，一个人所处的家庭、学校、社区、群体及整个大社会的文化以及大众媒体，都会通过影响个人的经验而影响其态度形成。在媒体高度发达的今天，电视、网络、报纸、杂志等，都对人们一定态度的形成有重要影响。人们态度的形成不是先天的，而是后天环境中形成的。

二、环境因素的影响

（一）社会环境的影响

社会环境对个体态度的影响主要是通过社会规范、准则的要求和约束，各种思想观念的宣传和教育，风俗习惯的潜移默化和文化的熏陶等方式进行的。这种影响是有选择的、持久的、多元化的[1]。

（二）家庭的影响

个体幼时在家庭生活中所受到的教育和抚养对其态度的形成以及以后态度的变化和发展具有决定性作用。这种影响通过家庭成员的人际关系以及家庭成员共同生活的方式表现出来。在民主、平等的气氛中生活的孩子较易养成良好的与人相处的态度。

（三）同伴的影响

社会心理学者谢立夫于1935年做过一个暗室中自动光点位置判断的实验，他发现，被试单独对光点位置所做的判断和两三个人甚至更多人一起做的判断明显不同。在前一种情况下，被试把本来不动的光点判断为运动光点，在后一种情况下，由于每个人都受到他人判断的影响，被试者之间的判断标准逐渐接近，相互间的差别逐渐缩小，是一个从无序到有序，即有序化的过程。

（四）团体的影响

团体的一定规范和准则对成员的行为产生影响。团体对成员影响力的大小需要考虑以下两个条件：

①团体对成员吸引力的大小。吸引力大，影响就大，吸引力小，影响就小。

②个体在团体中所处的位置。地位越高或越重要[2]，其感受到团体规范的压力和约束力就越大，反之，就越小。

---

[1] 李路路，王鹏. 转型中国的社会态度变迁（2005—2015）[J]. 中国社会科学，2018（3）：83-101，207.

[2] 严翅君，李小红. 中产阶层社会态度流变、异化与历史作用——以西方学者视野的考量[J]. 江苏行政学院学报，2012（3）：67-72.

三、个体的学习

个体态度的形成是通过联想学习、强化学习和模仿（观察学习）得来的。这三种学习分别以经典条件作用、操作性条件作用和社会学习三种理论为基础。

（一）经典条件作用理论与联想学习

经典条件作用理论是由巴甫洛夫的条件反射实验创立和完善的。无条件刺激（如食物）的呈现反复多次伴随一种新的刺激（如铃声）后，只要这种新的刺激单独出现，就可引起动物的无条件反应。这种新的刺激称作条件刺激。态度的习得过程也是人们原先对不良品性所具有的情绪体验，在联想的作用下扩展到了另一事物或对象上。

（二）操作性条件作用理论与强化学习

操作性条件作用原理是由斯金纳创建的。行为结果对行为习得具有强化作用，行为的习得是在强化作用的基础上进行的。正强化——程度上更加强烈（如表扬），负强化（如惩罚或撤去一个刺激）——基本观点没有大的变化，但程度上不如正强化强烈。

（三）模仿与观察学习

个体在对学习对象有较好的观察，又受到强化因素的激励后，就能较好地进行模仿而习得一种新的。

四、情感因素在态度形成中的作用

曝光效应是最有力的证明。曝光效应是指人们对其他人或事物的态度随着接触次数的增加而变得更积极的一种现象。

第三节 态度改变理论

与态度改变有关的理论主要是海德的平衡理论和费斯廷格的认知失调理论。

一、平衡理论

海德从认知关系的协调性出发，认为在一个简单的认知系统里，存在着使这一系统达到一致性的情绪压力，这种趋向平衡的压力促使不平衡状况向平衡状况过渡。海德用 P-O-X 模型说明这一理论，其中 P 代表一个人（如张三），O 代表另一个人（如张三的女友），X 代表一件事物（一部电影）。从人际关系的适应性来看，P、O、X 三者之间的关系有 8 种组合。在这 8 种组合中，若张三喜欢这部电影，他的女友也喜欢这部电影，而且张三喜欢自己的女友，这样的话，这个系统是平衡的，谁也没必要改变自己的态度。但是

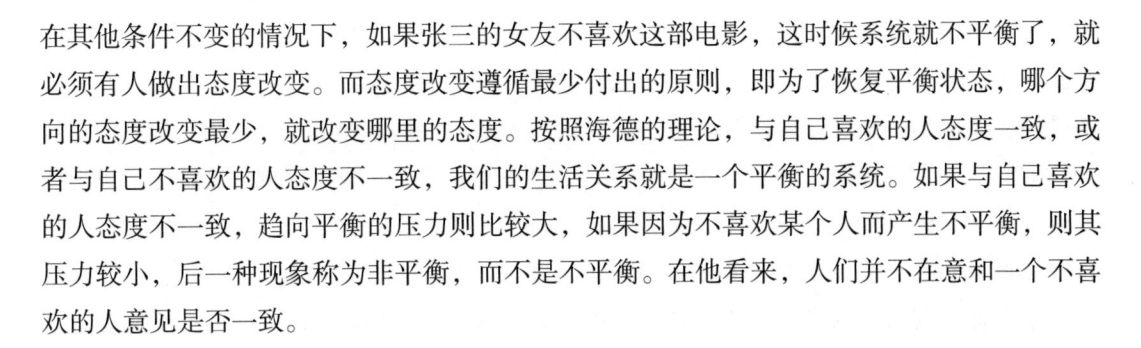

在其他条件不变的情况下，如果张三的女友不喜欢这部电影，这时候系统就不平衡了，就必须有人做出态度改变。而态度改变遵循最少付出的原则，即为了恢复平衡状态，哪个方向的态度改变最少，就改变哪里的态度。按照海德的理论，与自己喜欢的人态度一致，或者与自己不喜欢的人态度不一致，我们的生活关系就是一个平衡的系统。如果与自己喜欢的人态度不一致，趋向平衡的压力则比较大，如果因为不喜欢某个人而产生不平衡，则其压力较小，后一种现象称为非平衡，而不是不平衡。在他看来，人们并不在意和一个不喜欢的人意见是否一致。

二、认知失调理论

认知失调理论是由费斯廷格提出的。所谓认知失调，是指个体由于做了一项与态度不一致的行为而引发的不舒服感觉。例如，你很想戒烟，但你的好朋友给你香烟的时候你又抽了一支，这时你戒烟的态度与你抽烟的行为之间产生了矛盾，引起了认知失调。当态度与行为不一致时，个体心理往往会产生紧张。为了克服由认知失调引起的紧张，人们会采取多种多样的方法，以减少自己的认知失调。

（一）减少认知失调的方法

①改变态度：改变自己对戒烟的态度，使其与以前的行为一致。
②增加认知：如果两个认知不一致，可以通过增加更多一致性的认知来减少失调。
③改变认知的重要性：让一致性的认知变得重要，不一致性的认知变得不重要。
④减少选择感：让自己相信之所以做出与态度相矛盾的行为，是因为自己没有选择。
⑤改变行为：使自己的行为不再与态度发生冲突。（我将再次戒烟，即使别人给也不抽。）

（二）与认知失调有关的现象

费斯廷格的认知失调理论在解释许多领域的态度问题上取得了极大成功，其中包括两个主要领域：一是从事与态度相矛盾的行为；二是决策后失调。

1. 从事与态度相矛盾的行为

这是人们产生认知失调的主要原因，由此引起的失调表现在几个方面。

（1）不恰当理由与认知失调

假如让你完成一项非常无聊的工作，在完成之后给你极高的报酬，你对此项工作的态度会改变吗？为了弄清这一问题，费斯廷格做了一个著名的实验：让被试做两件极为无聊的工作，第一项工作是绕线，第二项工作是在木板上摆弄48根小木棍，每项限时30分钟。之后告诉被试说这项研究的真正目的是想验证完成该工作的绩效如何受他人预先对比工作评价的影响。实验者还对被试说由于人手不够，希望被试能够提供帮助，具体任务就是告诉下一个进来的人这项工作很有意思（撒谎）。被试被分为三种情况，一是没有任何报酬；二是给1美元的报酬；三是给20美元的报酬。实验结束后，主试询问了被试对这些任务的喜欢程度,结果是:接受20美元报酬的人说,工作是无趣的,接受1美元报酬的人改变了态度,认为工作是有趣的;没有报酬的人也认为工作是无趣的。在这一实验中,撒谎的被试可以通过两种方法减少认知失调:一是增加第三个认知,使态度与行为之间的不一致性减少;二是改变自己对工作的态度。接受1美元报酬的被试之所以态度的改变大,是因为他们感受到的认知失调高,而接受20美元报酬的被试用高报酬来解释自己的撒谎行为,高报酬成了解释违背态度的行为的正当理由,相当于增加了一个新的认知来解释态度与行为之间的不一致性,因此无须改变态度。1美元太少,不能成为违背态度的行为的正当理由,是不恰当理由。结论:小的奖励可以引发人们对不喜欢工作的兴趣。与之类似,较轻的惩罚也会成为人们不做某项自己喜欢的事情的不当理由。在研究儿童游戏行为的实验中发现了这一点。在研究中,实验者给儿童一堆玩具,其中有一个玩具不许他们玩,如果孩子玩了就会受到或轻或重的惩罚。结果发现:玩了这些玩具并受到较重惩罚的被试并不改变对这些玩具的喜欢程度,而玩了这些玩具受到较轻惩罚的被试则改变了态度,在有机会的情况下,他们也不再去违背大人的意愿而去玩这些玩具了。

(2)自由选择和认知失调

有选择时,人们体会到的认知失调高;无选择时,人们体验到的认知失调低,态度也不会有较大的改变。

实验:让大学生写一篇文章,支持禁止有反社会倾向的人在校园发表言论。实验采用2×2(报酬×选择)的因子设计,报酬有0.5美元和2.5美元,选择分为有选择和无选择。在有选择的情况下,向被试强调他们有拒绝写文章的自由;在无选择的情况下,没有提到被试有拒绝的权利,只是让他们写这样的文章。结果正如认知失调理论所预期的,在有选择时,报酬为0.5美元的被试发生了最大的态度改变,而报酬为2.5美元的一组则没有发生态度改变,这表明只有在有选择的时候,人们才能体验到认知失调。

(3)努力与认知失调

你为某件事付出的努力越多,你将会越喜欢它。心理学家用实验证明,努力做一件不喜欢的事情,必然带来较高的认知失调,而为了减少认知失调,人们只能改变自己对这些事情的态度,从不喜欢变成喜欢。

2. 决策后失调

人们在做出任何一个决策之后均会产生认知失调,这种失调称为决策后失调,人们可以通过改变对最终选择的评估来减少。

实验:先让女性被试看8种东西,如闹钟、收音机、电热水瓶等,然后请她们写出对每件东西的喜欢程度。接着从其中拿两样东西让被试看,并对她们说可以拿走其中任何一件想要的,最后再请她们对每件产品重新评定一次。结果发现:在第二次评定时,被试明显倾向于提高对自己所选择的物品的评估,而降低对放弃物品的评估。

自我知觉理论对认知失调理论的批评:认为当人们的态度与行为不一致时,人们首先会从外部去找行为的原因，如果没有这样的因素，才把它归于态度上。而这一过程并不一定有认知失调的产生，而是由理性决定的。应该说，这两个理论都有道理，只不过适用于不同的情境。认知失调理论适用于解释与自我密切相关的态度，而自我知觉理论最有可能发生在态度与行为不一致性较低的时候。

第四节 说服

一、霍夫兰德的说服模型（图 5-1）

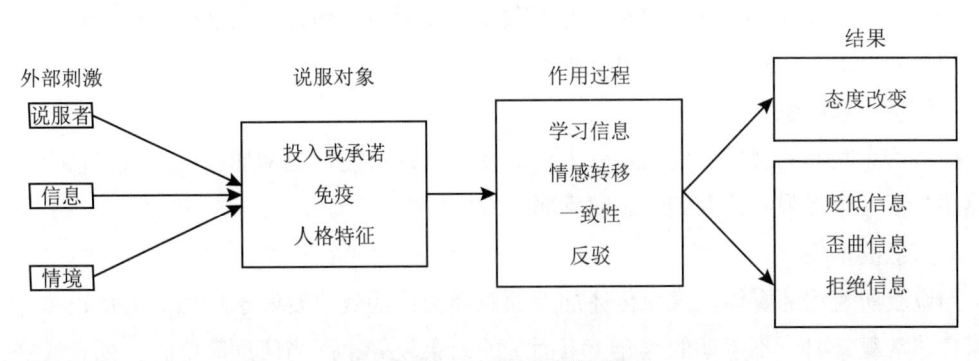

图 5-1 霍夫兰德的说服模型图

二、影响说服效果的因素

从说服模型（图 5-1）可以看出，影响说服效果的因素很多，主要包括：

（一）说服者因素

1. 说服者的可信度

可信度主要取决于说服者的专家资格和可靠性。

（1）专家资格

在某些方面有特长的人在说服他人时比较有效。高可信度的说服者更易造成态度改变。低可信度的说服者的影响力随时间推移而提高，甚至达到与高可信度说服者的影响力相当的程度，这一现象称为"睡眠效应"。如果可信度线索一开始就与说服信息相联系，该效应最易发生。

（2）可靠性

说服者是否值得他人信赖。若人们认为说服者能从其倡导的观点中获益，人们便会怀疑说服者的可靠性，此时即使他的观点很客观，人们也不大会相信。

2. 说服者的受欢迎程度

人们经常会改变自己的态度，使其与自己喜欢的人一致，而说服者是否受欢迎由三个因素决定：说服者的外表（漂亮的人更有说服力，研究者让漂亮的人与长相一般的人去说服大学生参加一个请愿活动，结果前者说服了 43% 的人，后者说服了 32% 的人）、是否可爱（可爱的、乐观的人往往是吸引人的，而吸引人的特征可以提高说服力）以及与被说服者的相似性（人们常常改变自己的态度，以与自己相似的人一致）。

（二）说服信息的因素

1. 说服信息所倡导的态度与说服者原有的态度之间的差距

一般来说，差距越大，促使态度改变的潜在压力越大，实际的态度改变也越大。但这种改变有一个限度。Feedman 认为，在某一限度内，态度改变随着差异的增加而增加，超过这个限度后，如果差异继续增加，态度改变开始减少。但是说服者的可信度越高，他能引起的最大态度改变的差异水平也就越大。

2. 信息唤起的恐惧感

随着信息唤起的恐惧感的增加，人们改变态度的可能性也增加；但是当信息唤起的恐惧感超过某一个界限后，人们的态度反而不发生改变。

3. 信息的呈现方式

如说服所使用的媒体。大众传播加上面对面交谈的效果要好于单独的大众媒体。当说服信息非常复杂时，不生动的媒介（书面）的效果较好，而当信息简单时，视觉最好，听觉次之，书面语最差。

（三）被说服者的因素

1. 被说服者的人格特征

它包括个体的可说服性、智力和自尊。

2. 说服者的心情

心情好的人更易于接受他人的说服性观点。实验表明：在有东西吃或有美妙音乐听的时候，被试较易被说服。心情对说服效果的影响往往体现在幽默的作用上，幽默的说服者常常使他人心情愉快，为了保持愉快的心情，人们不愿意去追究事情的真正原因，容易接受说服者的观点。

3. 被说服者的卷入程度

卷入越深，态度改变越难。例如戒烟，吸烟者可以通过角色扮演来改变自己的顽固态度。在一项有关戒烟的研究中，研究者让被试扮演成一位肺癌患者。被试对自己的角色特别投入，他们看着 X 射线片，假装自己正在与医生谈话，并想象自己正在手术室外面等待做手术，最后经历了由手术带来的痛苦。最后的结果是令人振奋的：有这种经历的被试比没有此经历的被试戒烟更成功。

4.被说服者自身的免疫情况

如同人体对疾病的免疫力一样，过多的预先说服容易使被说服者产生免疫力，使态度改变变得困难。家长的批评与责备太多，也容易使孩子产生免疫力。

5.个体差异

包括认知需求、自我检控和年龄。

认知需求是指个体参与认知活动的意愿。高认知需求的人喜欢从事复杂的认知任务，他们会分析情境，对认知活动做出细微的区分。高认知需求的人对说服往往采取深层的处理方式，他们会仔细分析说服情境中的信息，并尽量确定论点的好坏。而低认知需求的人往往采取浅层的加工方式，他们只考虑并依赖于偶然的线索和简单的规则，如说服者的吸引力和信息的长度。

高自我检控的人对外界的线索敏感，低自我检控的人对自己内在的要求更为关注。高自我检控的人较易接受软销售，强调产品在广告中的视觉效果，如包装是否精美，而不太注意产品本身的成分；而低自我检控的人较易接受硬销售，强调产品的质量、价值和用途，而不太强调外在的包装。

从年龄上说，有研究者曾提出一个敏感期假设，认为处于青少年时期到成人早期这一阶段的人，对他人的说服较敏感，较易接受他人的说服。

第五节　偏　见

一、偏见的含义

偏见是人们以不正确或不充分的信息为根据，形成的对其他人或群体的片面甚至错误的看法与影响。偏见与态度不同，态度包括认知、情感、行为三种成分，而偏见则是与情感要素相联系的倾向性[1]，它对人的评价建立在其所属的团体上，而不是认识上，偏见既不合情理，也不合逻辑。偏见的行为成分体现在歧视上。

二、偏见产生的原因

关于偏见，不同的理论有不同的观点：

1.团体冲突理论

为了争得稀有资源，如工作、石油等，团体之间会产生偏见。偏见是团体冲突的表现。相对剥夺感较易产生偏见与对立，所谓相对剥夺感，是指人们认为自己有权获得某

---

[1] 戈登·奥尔波特.偏见的本质［M］.凌晨，译.北京：九州出版社，2020（10）.

些利益却没有得到，这时他们若把自己与获得这种利益的团体相比较，便会产生相对剥夺感。

2. 社会学习理论

该理论认为偏见是社会学习的结果，父母的榜样作用和新闻媒体宣传效果最为重要，儿童的种族偏见与政治倾向大都来自父母。

3. 认知理论

该理论认为人们对陌生人的恐惧（贬低对他们的认识）、对内团体与外团体的不同对待方式（喜欢内团体的人，排斥外团体的人）以及基于歧视的许多假相关（多数人与少数人不良行为的比例相同，但少数人的不良行为被过分估计）等都助长了我们对他人的偏见。人类共同利益的形成应该包括包容心理，认同异文化并以欣赏的眼光来接受[1]。开放的意识也包括克服偏见，如认为外国是蛮夷之邦。

4. 心理动力理论

理论主张用个人内部的因素解释偏见。该理论认为偏见是由个人内部发生、发展的动机性紧张状态引起的。心理动力理论有两种不同的形式：一种是把偏见看成替代性攻击；另一种是把偏见视为一种人格反常，是一种人格病变。例如，20世纪30年代德国人的反犹太情绪是由权威性人格发展起来的，包括对传统价值观与行为模式的绝对固执；认同并夸大权威[2]；将对某些人的敌意扩大到一般人身上；具有神秘与迷信的心理倾向。

三、偏见的影响与克服

（一）偏见的影响

①对知觉的影响。主要表现在性别差异上，如认为男性的数学能力比女性高。人们面对男性和女性两张照片，认为男性比女性高。（男的比女的强）

②对他人行为的影响。偏见不仅影响偏见持有者自身的行为，也影响对方的行为，偏见持有者对对方的预期，会使对方按照偏见持有者的预期去表现行为，即我们前面所提到的自我实现的预言。

（二）消除偏见的方法

①社会化。通过影响青少年的社会化过程，来减少和消除社会化过程中的偏见。

②受教育水平。接受的教育越多，人们的偏见越少。偏见来源于无知和狭隘。

③直接接触。举办国际性的学术会议、奥运会等都可以帮助克服人们之间的偏见。

④自我检控。当人们认识到自己有偏见时，可以通过静下心来思考，抑制自己的偏见反应。

---

[1] 戈登·奥尔波特.偏见的本质[M].凌晨，译.北京：九州出版社，2020（10）.
[2] 柯泽，宋小康.从真实互动到虚拟互动：网络社会中地域偏见的重塑[J].新闻与写作，2022（3）：56-64.

第六节　态度的测量

态度是无法用肉眼观察到的心理活动，对态度的研究只能通过科学的测量和分析来进行。

一、态度测量的性质

态度层面具有若干特征，会影响态度的测量技巧。态度的主要特征为方向性、强弱性、多面性、一致性。

（一）方向性

态度是人们对待社会事物的心理倾向，因而每一个层面都具有正反两个方向。这种分类是质的分类，不只是类别尺度，还必须配以量的尺度，需要强弱变化的尺度。

（二）强弱性

每一个态度层面都有正反两个方向，每一个方向的态度有强弱度的变化（深度的变化）。例如，对家庭财产计划的认识层面，可以从非常好到非常差（有强弱值的变化）；情感层面的强弱，可以从无条件的喜欢到无条件的厌恶；行动倾向的强弱，可以从极强烈支持到极力反对这种政策。

（三）多面性

态度的各个层面（认知、情感、行为倾向）的组成种类和差异有多面性。例如，对科学的态度，从认知层面来讲，有对理论科学的认识，又有对应用科学的认识，这两个方面可能不尽相同。这就是多面性和差异性。但对宗教的认识则比较单一而不复杂，例如，将宗教与宗教组织视为同一事物。就情感层面来说，人们对一位女性的情感，可以是尊敬、吸引、友善等多种。就行动倾向的多面性而言，一个人若要支持农业的发展，可能会有不同的行动方式，如以身作则为农业服务，呼吁舆论多多扶助农民等。多面性代表了态度的幅度。

（四）一致性

就对同一事物的态度而言，态度的三种层面之间，往往具有一致性。例如，一个人关心农业问题，会经常注意到其发展情形，则他的情感和行动层面，不但比较朝向赞同的方向，而且支持的程度也比较强烈。

二、态度测量方法

（一）量表法

量表法又称自我评断法，是运用根据一定的测量、统计原理编制的态度量表来测评个体所持态度的一种方法，是一种较客观的方法。由于态度是一种潜在性变量，因而只能从个人的反应来间接推测。态度量表是由一套有关联的叙述句子或项目构成的，然后由个人据此作出反应，研究者由这些反应去推测个人的态度。态度量表一般有两种测度，一种是测量认知和情感，另一种是测量行动倾向。测量方法分为三种：总加量表法、累积量表法、等距量表法。其中用得较多和较简单的是总加量表法，因而只简单介绍这一方法。

总加量表法是美国心理学家李克特于1932年创制的。

总加量表法的主要特征有两个：一是假定每一态度项目都具有同等量值，项目间没有差别量值存在，而被试的差别量值表现在对同一个项目反应程度的不同。制作要点在于项目本身的选择妥当与否。二是被试态度的强弱程度可以尽量表达出来，例如，采用五等级的反应类别：极同意、同意、无意见、不同意、极不同意，比两类、三类反应（同意、无意见、不同意）更能表达差异性。

量表的具体制作步骤如下：

①研究主题确定之后，研究者针对主题收集有关项目，以赞同或反对的方式叙述。根据惯例，一般量表项目至少包括15条，所以最初要收集50条以上。

②从测验对象中抽出一群试查者，请他们就上述每条项目指出同意程度。通常用五个等级来表示。

③每一项目，极同意的给5分，同意的给4分，无意见的给3分，不同意的给2分，极不同意的给1分。每人在所有项目上的得分加起来，即为其态度分值。

④每一项目的"好""坏"根据每条具有的辨别力判定，可通过项目分析法去掉辨别力弱的项目，将留下来的项目做成量表。

每个项目的高分组和低分组的差异大，其辨别力就高，就是好项目。反之，高分组和低分组的差异小，其辨别力就弱。一般是将辨别力弱的项目去掉。在这里，高低分组各取被试的25%，然后用高分组在每个项目得分的平均数减去低分组在每个项目得分的平均数，即为项目的辨别力。

（二）问卷法

问卷法是进行调查访问的重要方法，也可被用于态度的测评。通过编写一些问句，让被试作答。问卷可分为开放式和封闭式。开放式是自由作答，可以使调查者更深入地发现问题，但容易让被试感到麻烦而草率地对待。封闭式问卷就是由研究者提出问题，同时提供几种选择，由被试根据自己的看法和想法从几种选择中选择一个作为自己的回答。封闭式问卷的优势是答案是由研究者按照统一的形式制订，所以对不同被试的回答可以进行比较，易于统计、分析、处理，但有时会使被试感到无从回答或被迫做出回答，在相同的回答中可能存在不同之处。

例如，要测验应试者是否不盲从，不迷信，具有科学态度，测评可能是："某报纸曾报道有的人耳朵能识字，对此事有几种判断，你认为下列哪一项合乎你的想法？"提供的选项包括：耳朵认识字有可能，但不可思议；既然是报上说的，总有此事；眼见为实，我亲眼看到了才能相信；弄虚作假，报道失实；凡小报都不可信；应当通过调查研究才能做结论。

（三）投射法

投射法是一种心理测验方法，是间接了解人们内潜的心理活动的一种方法。通常向被试提供一种意义不明确的刺激情境，让被试在没有约束的情况下，对多种含义模糊的刺激不受限制地、自由地做出反应，测试者通过分析这一情境刺激在被试头脑中所引起的联想或想象来推测其所持有的态度。

例如向被试呈现一些云雾的或模糊的人形的墨迹图片，被试从对一滴墨水或一幅画的描述中流露出自己的动机、需要、态度、欲望、价值观。心理学的依据是：被试对各种意义含糊的刺激的反应，能表现出具有相当代表性的人格特征，使潜意识方面的人格特征显现出来。

1. 投射测验的特点
①测验本身暧昧不明，测验也不显示任何目的。
②回答（反应）不受限制，答案无所谓对错，被试可以从无穷多的可能答案中，自由地做出自己的反应。
③投射测验针对独特的个体，注重整体人格分析。

2. 投射测验类型

（1）主题统觉测验（TAT）

向被试提供一系列意义模糊的图片，同时要求被试根据自己对图画内容的理解编一个故事，描述图中的人和事。在这一过程中，被试会不知不觉地将自己的态度投射到故事内容中。该测验是由美国心理学家莫瑞编制，用于研究幻想和人格。他认为，当一个人解释含混不清的社会情境时，易于表露内在倾向和欲望。TAT 有 30 张图片和 1 张白卡。图片的内容和情境都是暧昧不明的。

（2）图画测验（画人测验、画树测验）

画人测验要求被试画一个男孩或一个女孩，画好后，再要求画一与原画不同性别的人，测试者记录被试作画时的各部分先后顺序和过程细节。画好后，让被试就所画人物讲一个故事。测试者如果要了解被试对某种人的态度，则可要求被试用笔在纸上画一个这样的人，测试者根据被试的图画分析被试的态度。这种测验也有一套计分、算分的方法。画树测验是让被试随意画一棵树，测试者将画好的树和计分标准进行比较，用以推测被试的人格特征。

（3）语句完成法

研究者根据研究主题编写有关态度对象的未完成的描述语言，让被试把这些语句补充完整，由此来获取有关被试态度的资料，例如运用语句完成法来了解学生对教师的态度，可让学生完成类似的"教师是……""教师如同……""教师对于学生犹如……"等语句，语句可适当多些。

（四）行为观察法

该方法通过观察个体的外在行为表现来推测其内在的态度。例如，以选择座位的距离作为观察指标，来研究白人学生对黑人学生的种族歧视态度。若选择距离较远，则歧视态度较强。观察要注意客观、自然，还要及时记录，要分析行为出现的重复性，剔除主观观念的不良影响。观察包括自然观察、取样观察（抽取样本是有控制的）、真象观察（事情发生整个过程的观察）。

（五）生理反应法

生理反应法是根据被试生理反应的变化来确定其态度的一种方法，例如呼吸急促、脉搏加快、瞳孔放大。该方法常常结合其他方法一起使用，如问卷法和访谈法。

本章小结

态度是指人们对一定对象相对稳定、内部制约化的心理反应倾向。态度改变理论主要包括平衡理论和认知失调理论。影响说服效果的因素包含说服者因素、说服信息因素和被说服者因素。偏见是人们以不正确或不充分的信息为根据，形成的对其他人或群体的片面甚至错误的看法与影响。不同学派对偏见产生的原因有不同的见解，要注意偏见的影响及其消除方法。态度测量包括四个特征，四种测量方法。

关键概念

态度概述；态度的形成；态度改变理论；认知失调理论；偏见理论；投射测验法

思考与练习

1. 什么是态度？包括哪些心理成分？
2. 态度是怎样形成的？影响态度形成的因素有哪些？
3. 试述有关态度的理论。
4. 影响态度与行为之间关系的因素有哪些？
5. 简述费斯廷格的认知失调理论。
6. 影响认知失调的因素有哪些？
7. 说服者的影响力取决于哪几种因素？

第六章 群体心理

引言

古斯塔夫·勒庞曾说:"一个群体的理智能力总是远远低于个体的理智能力,集体的道德行为既可以大大高于也可能大大低于个体的道德行为。"

——《乌合之众:大众心理研究》

在人类社会中,任何一个个体都生活在群体之中,并通过群体与社会发生关系。随着人类社会的不断向前发展,群体在社会关系体系和结构中所占据的特殊地位越来越突出,群体心理也日益被人们所重视。[1]群体心理通常包括三个方面:一是社会群体的群体心理,指社会中某一群体或组织的心理;二是集群心理,即将临时聚集的人群看作一个群体,考察这个集群的心态过程;三是民族心理,它限定为一个人类共同体在同质文化下的相似心理活动倾向。

第一节 社会群体概述

一、群体的定义和特征

群体也叫团体,是指那些成员间相互依赖、彼此之间存在互动的集合体,群体成员间通常有直接接触或互动的可能性。

群体的特征包括:

①群体首先是一群人,家庭、小组、公司、国家、民族都可以是群体。
②群体存在一个结构,比如角色分工。
③群体有一定的目标。
④群体成员明确意识到自己是属于这个群体的,以及群体的界限。
⑤群体有共同的价值和规范。

---

[1] 席美云.社会心理学原理与应用发展探析[M].北京:新华出版社,2014:279.

二、群体心理效应

在现实生活中，我们常常看到一个人单独表现的行为，与在群体中表现的行为是不一样的。这是群体心理引发的结果。人们在群体中相互作用，相互影响，就产生了群体心理，如群体需要、群体规范、价值、情感等。它们都对个人的行为起到制约作用，每个群体都有这种心理特征。典型的群体心理，表现在群体成员的"我们"的情感上，也就是用"我们"区别于其他群体的心理构成。"我们"的情感，反映了群体成员对共同心理的意识。每个成员加入群体，都首先感到自己与共同心理有从属关系，只有接受了这种共同心理，才能取得群体成员的资格。

群体心理虽然是由每个成员的心理构成的，但不等同于个人心理，也不是个人心理特征的简单相加，而是每个成员心理特征的综合和概括，是成员间不断相互作用的结果。整体不等于个体之和，却由个体表现出来。群体心理来源于个人心理，它是其成员所共有的东西。

群体心理的存在对于个体有重要的意义。个体的社会化、个体自我的形成，都是在这种群体心理的影响下进行的。个体心理也是在群体心理的制约下获得的。因为社会是一个宏观环境，对个体而言，是一种抽象的关系。而群体是一种微观环境，对个体而言，是一种具体的关系。社会要把每个生物人塑造成社会人，就要通过群体这种微观环境发生作用。因此，群体心理自然会对个性的发展产生影响，并部分地成为个体心理特征。在现实生活中，群体是多样的，个体要生活在许多群体之中，这样就造就了个体心理的丰富性，并使个体得到全面发展。

群体心理对个体的作用，概括起来，主要表现在三个方面：

（一）群体归属感

群体归属感即个体自觉地归属于所在群体的一种情感。有了这种情感，个体就会以这个群体为准则，进行活动、认知和评价，自觉地维护这个群体的利益，并与群体内的其他成员在情感上产生共鸣，表现出相同的情感、一致的行为以及所属群体的特点和准则。例如，一个大学生在社会上表明自己身份时，总是说我是某个学校的，到了学校，则强调是某个系的和某个班级的。这种表现学校、系、班级身份的意识，就是归属感的一种具体表现。由于群体内聚力的高低不同，群体的归属感的表现程度也不同。群体内聚力越高，取得的成绩越大，其成员的归属感就越强烈，并以自己是这个群体的成员而自豪。所以，先进群体成员的归属感比落后群体成员的归属感强烈。另外，一个人在一生中可以同时或先后参加几个不同的群体，他对这些群体都会产生归属感，而最强烈的归属感则来自对他生活、工作和其他方面影响最大的那个群体。一般来说，人们对家庭的归属感要比对工作群体的归属感强烈得多。

（二）群体认同感

群体认同感，即群体中的成员在认知和评价上保持一致的情感。由于群体中的各个成员有共同的兴趣和目的，有共同的利益，同属于一个群体，于是在对群体外部的一些重大事件和原则上，都自觉保持一致的看法和情感，自觉地使彼此的意见统一起来，即使这种看法和评价是错误的，不符合客观事实，群体成员也会保持一致。例如，某个成员与群体外的他人发生意见冲突，群体内的其他成员就会与本群体的这个成员的意见保持一致，认为他说得对而批驳对方。

一般来说，群体中会发生两种情况的认同：一种认同是由于群体内人际关系密切，群体对个人的吸引力大，个体能在群体中实现价值，使各种需要得到满足，于是成员主动地与群体发生认同，这种认同是自觉的。另一种认同是被动性的，是在群体压力下，为避免被群体抛弃或受到冷遇而产生的从众行为。后一种认同是模仿他人，受到他人的暗示影响而产生的，尤其是在外界情况不明，是非标准模糊不清，又缺乏必要的信息时，个人对群体的认同会更容易产生。

（三）群体的促进和干扰作用

在现实生活中，我们常常看到，个人单独不敢表现的行为，在群体中则敢于表现，一个人在独处时很少做的事情，在群体中却做了。也就是说，个人在群体中变得胆大起来。这是由于归属感和认同感使个体把群体看作强大的后盾，在群体中无形地得到了一种支持力量，从而鼓舞了个人的信心和勇气，唤醒了个人的内在潜力，做出了独处时不敢做的事情，并且当群体成员表现出与群体规范一致的行为，做出符合群体期待的事情时，就会受到群体的赞扬，从而使个体感到自己的行为受到群体的支持。这种赞扬和支持，主要体现在个人的心理感受上，一个动作、一个眼神、一种表情，甚至仅是同伴在场，都可以产生促进作用，从而强化其行为。

然而，群体的这种鼓励作用，并不等同地发生在每个成员身上，有的成员受到的支持力量较大，有的则较小，还有的则感受不到支持，甚至会产生干扰作用。因此，一个群体能否对其成员产生促进作用，要受成员个人条件的制约。

三、群体的形成

（一）影响群体形成的因素

1. 互动与共同目的

一般情况下，成员之间的互动是群体形成的前提。如果想形成一个群体，那么准群体中的成员之间必须保持一种较高水平的互动。充分地交往、频繁地互动才能使成员之间有感情和思想的交流，为形成一个群体奠定良好的基础。

共同的目的既是群体的特征之一，也是形成群体的重要因素。无论是在何种情况下形成的群体，都应该有一个共同的目的。研究表明，当人们在一种情境下必须共同面对某一任务时，就倾向于形成一个群体。比如，旅游途中一次意外的事故，可能让先前并不相识的几个人共同面临一个困境，这个时候，虽然这几个人平时并没有相互的关联，但是会为了共同的目的——脱离困境频繁互动,从集群状态演变形成一个群体。

心理学家米德尔布鲁克提出,在人们意识到不能单独完成一项工作时,或者通过多个人的共同努力能够更顺利地完成时,人们就倾向于组成群体来达成共同的目标。

2. 隶属需要

人在社会中的存在不能仅以个体的形式出现,大多数情况下,需要归属于一定的群体之中,这是人类的一种基本需要,就像人一出生就归属于某个家庭,之后在成长过程中离不开一定的群体,依靠群体找到和定位自己的归属。这些需要包括:

①安全需要。通过加入一个群体,个体能够降低独处时的不安全感。个体加入一个群体后会感到自己更有力量,自我怀疑会减少,在威胁面前更有韧性。

②地位需要。加入一个被别人认为很重要的群体,个体能够得到被别人承认的满足感,使自身感受到一种被认可、被首肯的积极体验。

③自我寻求与自尊需要。按照自我价值定向理论,个人需要建立明确的自我概念并在自我价值确立后获得自尊感,而群体是个人获得自我概念的必要背景。研究表明,社会认同是积极自我的重要来源,个体所属的群体身份,也是人们自我界定的核心要素。

④情感需要。情感需要也可以称为社交需要。不管处于何种群体中,在相互作用下,成员之间可以沟通思想,交流感情,获得情感上的满足。

⑤权力需要。权力需要只有在群体活动中才能实现,个人无法自我满足。因此,在群体中可以满足个人的权力需要,尤其是一些成就动机较高的人,更需要从群体中满足权力需要。

3. 工具作用与情境压力

有时,人们加入某一群体是为了达到某种功利目的,因为群体成员的身份可以使这个目标更容易实现,而通常此目标与群体的共同目标不相吻合。在心理学家罗斯特的研究中,工会成员们报告,工会成员身份的意义在于能得到高薪和更大的工作保障。威勒曼等人的研究也显示,女大学生参加联谊会的原因之一是能通过这种身份提高自己在学校的声誉。

大量社会心理学的研究结果都显示,高压力的情境会直接促进人们形成群体或加入群体。心理学家夸伦泰利等人研究发现,灾祸的受害者会自动与邻里和朋友组成群体去寻找庇护或救援受害者。佩皮通等人研究则表明,高恐惧诱发情境会明显增加个人参与群体的倾向。

(二)群体形成过程

交往、共同活动和一致的目标是群体形成的基本条件。无论是正式群体还是非正式群体,首属群体还是次属群体,只有具备这样的条件才得以形成群体。谢立夫在20世纪60年代进行了一项经典研究,揭示了群体形成的全过程。

实验以夏令营活动的形式开展。参加实验的被试是一群12岁的男孩,他们分别来自不同的学校和街区。研究的第一个阶段,将被试分为两个独立的小组,各自以小组为单位完成一系列活动，如共同做饭、修游泳池、玩垒球等，在共同的任务驱动下，两个小组很快形成了两个群体。每个小组都发展起了自己不成文的规则、非正式的领导者，以及其他一些组织化群体应该具有的特点，甚至两个小组还分别为自己的组织起了名字，一个叫"响尾蛇"，一个叫"雄鹰"。

研究的第二个阶段，在两个群体之间开展一些对抗性比赛，比如橄榄球、垒球及其他项目比赛。在这个阶段，两个群体的成员明显表现出各自群体的情感，"我们"和"他们"的意识发生了明显分化。第二阶段结束后请被试在两个群体中择友，结果两个群体成员选择本群体成员作为朋友的比例分别为92.5%和93.6%。

研究的第三个阶段，探索如何减轻或消除群体间的冲突，具体分为两个步骤。首先，安排两个小组被试一起进行一系列可以独立开展的共同活动，如撒豆游戏（即先把豆子撒下，然后捡起来，猜捡到的豆子数目）、一起用餐、一起看电影短片等。然而，这样的操作并未有效减轻双方的敌意。有一次，两个群体还在吃饭时发生了直接冲突。之后，让两个群体共同完成一个特定的任务，这个任务本身靠一方的单独力量是无法按期完成的，要求两个群体成员必须相互合作才能完成，如一起修野营基地的蓄水池，否则大家都会缺水，一起协力将卡车拖出泥潭等一系列共同活动。结果，两个群体的敌对情绪明显减缓，两个群体的成员选择对方作为朋友的比例达到了30%左右。

实验结果充分证明，交往、共同活动和目标一致是群体形成的基本条件。近年来，一些社会心理学家也在这个领域进行了进一步研究，得出相同的结果。

（三）群体形成过程的认知因素

塔吉菲尔等人做了"最低限度群体"范式的实验。该实验让中学生估计电影屏幕上一系列图案中小点的数量，研究者告诉学生，根据他们的成绩，他们是"点数高估者"或"点数低估者"，事实上研究者把学生随机地分配到这两个组，接下来，每个学生都有机会给这两组的成员分配金钱奖励，结果发现，学生们一致地给予与自己估计趋势一致的人更大的奖励。该实验表明，仅是认知分类就足以导致内外群体的分化、内群体偏好和外群体敌意。最低限度群体的实验具有重要的群体研究意义，因为其划分是任意和随机的，成员间没有任何直接接触，而且群体的形成和群际行为表现剥离了一切实际的社会负荷，即群体界定的各种标准（共同命运、社会结构、面对面互动等）都被有效"屏蔽"了。因此，最低限度群体实验获得的群体效应，能够更充分地体现认知分类在群体形成过程中的作用。

特纳认为，由于人们视野中的社会纷繁复杂，很难把每个人都当作相互分离的单独实体来对待，人们会用类别化的方法来简化世界。把每个人（包括自己）放在各种不同的类别中，这些类别正是把人划分为群体的基础。所以，群体实际上是主观的，是人们根据社会线索"发展"出来的。特纳指出，人们知觉社会有三个水平：高级水平把所有人都看作人类群体中的一员；中级水平依据相互之间的相似性与差异性把人区分为内群体和外群体；低级水平把人识别为单独的个体。社会心理学关于群体的讨论，通常是在中级水平的群体概念上进行的。

特纳后来进一步指出，人们依据在特定情境中凸显的要素来构建群体，并且依据匹配率把人分配到所构建的群体中。当一个人具有某群体的核心特征时，他就会被归入该类别或群体中。

如果说谢立夫的夏令营实验证实了群体形成过程中一些外部条件的作用，特纳等人的观点则为其提供了个体认知的微观解释，两者从不同视角看到了群体形成过程的不同侧面。

四、群体的分类

学者的研究角度不同，对群体的分类也不同，目前较有影响的分类有如下几种。

（一）统计群体与实际群体

根据群体是否存在，将群体分为统计群体和实际群体。统计群体是指实际上不存在的群体，为了统计的方便把具有某种特征的人在想象中组合起来，如大于65岁的称为老年组。而实际群体是实际存在的，有明显的界限和实际交往的。以下所述都是实际群体。

（二）正式群体与非正式群体

根据群体的构成原则和方式，将群体分为正式群体和非正式群体。

正式群体是指有规定的正式结构，其成员有固定的编制，并占据所规定的地位，扮演安排好了的角色，如政府、机关、学校、班级。

非正式群体是指自发形成的，成员间的关系没有明确的规定，并且带有明显的情感色彩，即以个人的喜爱、好感为基础而建立起来的群体，可以是合法的，也可以是非法的。

（三）大群体和小群体

根据群体的规模，将群体分为大群体和小群体。

所谓大群体，是指人数众多、成员间只是以间接方式联系在一起，没有直接的社会交往和互动的群体。一种是在社会历史过程中形成的，如阶级和民族；另一种是为某个临时目的而暂时联合起来的群体，如观众、听众。

所谓小群体，是指人数较少，成员间有直接接触和互动的群体。成员间关系比较密切、交往比较频繁，心理感受也比较明显。社会心理学研究的通常是集中在3~20个人的小群体。比如观众、听众、民族、阶级等大群体则不在研究范围，而家庭、陪审团等则是在研究范围内。

五、群体规范

群体规范又叫团体规范，就是群体成员共同认可并遵循的行为规范，是群体成员的共同准则。

（一）群体规范的形成

①探索阶段。群体成员按照自己的标准，去看待和了解群体中其他成员的行为标准，或已经存在的群体规范体系，成员之间产生双向的接近和同化，努力寻找其中共同的因素，并以此作为建立新的群体规范的起点。

②形成阶段。不同的行为、价值和观念体系互相融合，通过心理和行为的互动过程，逐步形成某种公认的、可接受的、规范群体成员行为的标准。

③定型阶段。通过群体和个人之间、个人和个人之间行为观念的交换、归属和服从过程，最终形成对群体所有成员具有共同约束力的行为规范体系。[1]

（二）群体规范的分类

群体规范分为正式规范和非正式规范。正式规范是指用正式文件明文规定的，并由上级或团体的其他成员监督执行的规范。正式规范只存在于正式团体中。非正式规范是成员约定俗成的、无明文规定的行为标准。它不仅存在于非正式团体中，也存在于正式的团体中。非正式规范对群体成员的制约能力往往胜过正式规范。例如，在对霍桑电厂接线车间的研究中发现，群体的非正式规范的约束力是很强的，一个好伙计，既不能干活太快，使管理部门增加定额，也不能偷懒耍滑，完不成自己的任务。一起干活的工人违反了厂规，不应告密；不能势利眼，对同伴表现出高高在上的样子。

（三）群体规范的作用

①保持群体的一致性。

②为成员提供认知标准与行为标准。

③规范的惰性作用。制约成员的努力水平，它要求成员不能表现得太好或太差，而要保持在适中水平上，否则，其他成员会阻止他的努力。

六、群体凝聚力

（一）定义

群体凝聚力是指群体团结一致的力量，主要包括以下两个方面：

①群体对成员的吸引力，或者使成员留在群体内的力量的总和。

②群体成员彼此之间的吸引力，是成员们在心理上结合起来的心理力。这种心理合力是在围绕群体目标展开的活动和人际关系中表现的，它的表现形式为态度和行为。

（二）群体凝聚力的影响因素

①从群体方面看，群体能否为成员营造公平良好的气氛、知名度，能否满足成员的多种需要，提供比较充裕的物质、精神生活保障。在满足需要的手段和方式上，能否提供一个平等、公平的环境氛围和构造一整套良好的激励机制。

②从成员方面看，群体成员的目标与群体的目标是否相一致，在一致的情况下，群体

---

[1] 原光.管理心理学[M].北京：中国政法大学出版社，2018：319.

凝聚力就高。例如让反战的人参战，军队的凝聚力就低。

③从群体活动和领导者方面看，若群体的活动对成员有吸引力，群体凝聚力就高。另外，民主型的领导能提高群体凝聚力。

（三）群体凝聚力的作用

①凝聚力对成员的稳定性有影响。凝聚力越大，对成员的吸引力越大，其成员越不愿意离开该群体，群体就越稳定。

②凝聚力大的群体对其成员的影响力也大，更易导致从众行为。

③凝聚力影响成员的自尊，高凝聚力的群体成员有更强的自尊心。因为群体能为成员带来安全感，这种安全感有助于提高自尊心。

④凝聚力影响群体的产出。群体凝聚力越高，其成员就越遵循群体的规范和目标。若群体规范倾向于努力工作，争取高产，那么群体的生产率就会提高，相反，若群体规范倾向于限制更多的生产，甚至与其他群体产生摩擦，那么就会大大降低生产率。

（四）凝聚力的测量

到目前为止，人们对这个问题还没有达成共识，以下三种方法是常用方法。

①让群体成员在一个七点量表上评价他们对群体的喜欢程度（非常喜欢、喜欢、较喜欢、无所谓、不太喜欢、不喜欢、很讨厌）来衡量群体的凝聚力。

②要求群体成员评价每一个其他成员，并将所有评价的平均数作为凝聚力的指标。这两种方法有一定相关，但有时却未必。比如在一个团体中，团体目标对成员来说极为重要，但同时团体里有成员极为讨厌的人。

③莫雷诺的社会测量法也可以测量群体的凝聚力强度。首先让某一群体的成员指出愿意一起完成某项任务的其他人的姓名，其中有些人是该团体的成员，而有些人不是。凝聚力的指标是选择的他人中团体成员所占的比例，如果一个团体中大部分成员选择了外人，该团体的凝聚力就低。

在处理结果的时候，莫雷诺使用了一种被称为社会指向图的方法，该方法以图示的形式展现了群体成员之间的相互选择，如图 6-1 所示。

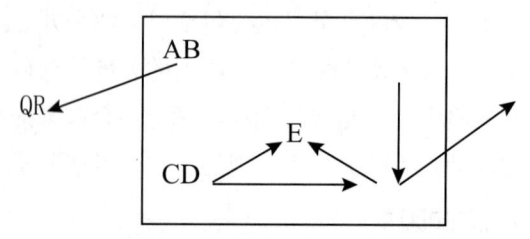

图 6-1　群体成员之间的相互选择

图 6-1 显示了 A、B、C、D、E 5 人群体的社会选择，他们每个人只能选择 2 个他人，箭头的指向为选择的方向，双箭头指互相选择。Q 和 R 是 5 人群体外的 2 个人。群体凝聚力用 5 个人内部的选择在总选择中所占的比例来衡量。

七、群体内的人际关系

（一）人际关系的含义及特点

群体成员在共同活动中，通过各种不同方式的交往所发生的心理关系或情感关系称为人际关系，它具有以下几个基本特点：

①它是在人与人的交往活动或互动过程中发生的，也就是说，这种关系虽不同于社会关系，但并没有脱离人们现实的社会关系。

②它是在人们面对面的直接交往中形成的，人们可以实际地感受其存在。

③它带有浓厚的感情色彩，具体体现为群体成员间的心理吸引或心理排斥。

（二）群体内部人际关系的形成规律

①邻近律。物理空间上的邻近，能够导致人们之间的吸引与喜欢。

②对等律。人们之间的喜欢往往是相互的。

③一致律。物以类聚，人以群分，其中态度、价值观的相似尤为重要。

④互补律。有着不同人格特征的个人相处，也可建立起和谐协调的人际关系。

⑤个人特征。例如个人的外貌、人格等。

第二节　群体领导者

一、什么是领导

（一）定义

有人认为领导是一种影响力，有人认为领导是执行某种职能的人，针对这些争论，心理学家霍兰德（B.Hollander）整合了这两种观点，认为领导是对群体行为与信念施加较大影响的人，他们引发活动、下达命令、分配奖惩、解决成员之间的争论以及促使群体向着目标迈进。[1]群体需要领导者，这是一种本能。领导者的意志是群体形成意见并取得一致的核心。领导者的产生有两种方式：第一种是领导者为群体最初的创立者，由于领导者个人有独特的魅力、过人的专业技能、感召力和凝聚力，群体成立后就一直担任组织领导的角色；第二种则是在群体成立后，在长期的活动过程中脱颖而出或成员推荐而形成的群体的组织管理者，这部分核心人物往往在群体中有较强的组织能力，与成员之间的关系融洽，并受群体成员尊重，能够满足成员的需求。

---

[1] 周秋红.网络论坛领导者的心理品质分析［C］//中国心理学会发展心理学专业委员会、中国心理学会教育心理学专业委员会二〇〇六年度学术年会论文摘要集.2006：53.

（二）类型

从社会影响的角度来看，领导分为两种类型：

①任务型领导。关心的是群体目标的达成，他们常常向下级提供指导。

②社会情绪型领导。关心群体内部情绪和人际关系，对社会成员来说，他们通常是友好的，同情他人的，他们在处理矛盾时的协调能力很强，同时表现出更高的民主倾向。

这两种领导各有优势，能结合两者的优点最佳。若一个领导知道什么时候把自己的精力放在完成任务上，什么时候把精力放在人际关系方面，他将是一个成功的领导。

二、有关领导效能的理论

（一）特质理论

历史学家卡莱尔曾经说过："世界的历史就是伟人的历史。"受这种观点的影响，早期的心理学家在看待领导问题的时候从特质论入手，把研究的重点放在了人格特质上。他们认为要成为卓越的领导者，必须具备以下特质：杰出；身强力壮；聪明但不能过分聪明；外向有支配欲；有良好的调适能力；自信。

斯托格迪尔进一步扩大了特质的范围，认为领导者应该具有下列特质：对所完成的工作有责任感；在追求目标的过程中热情并能持之以恒；解决问题时勇于冒险并有创新精神；勇于实践；自信；能很好地处理人际紧张并忍受挫折等。

伯恩斯提出的"变革型领导"和"交易型领导"是这一理论的新发展，后来豪斯提出了魅力型领导的理论，巴斯等人通过研究区分了有魅力领导者的四个特征：

①魅力：是指那些被下属信任、看作楷模加以认同并模仿的特征。

②激发动机：能够利用各种手段激发下级的热情和对预期目标的理解。

③智力激发：能够鼓励下属重新检查自己的信念和价值观，并构想发展自身创造性的方法。

④个人化的考虑：领导者要能引起他人的注意，用不同的方式公平地对待下级，经常给下属提供一些学习提高的机会。

对领导者特质的分析一直是组织心理学关注的问题，但单纯地谈论这些特质毫无意义，从不同的层次上理解能力差异更为重要。与人的能力有关的特征可分为核心特质、自我特质和表面特质。其中核心特质包括个体的动机和一些人格特质，它是最难发展起来的东西；自我特质包括个体的态度和价值观，它的发展也比较难；而表面特质是最易发展的能力，它包括个体所具有的知识和技能。

（二）权变理论

该理论是由费德勒提出的，认为领导的效果取决于领导者个人因素与情境因素之间的相互作用，领导者的人格特质与环境的匹配程度决定了领导的有效性。他把领导风格区分为任务取向（注重完成任务）和关系取向（注重成员之间的人际关系），这两种领导风格没有一种在任何条件下总是有效的，关系取向的领导在中等控制的情境下是有效的，而任务取向的领导在情境控制程度低或高的时候绩效最好。

（三）影响领导效能的其他因素

除了领导特质和情境因素外，性别与文化对领导效能也产生重要影响。

①性别与领导方式。女性比男性领导者更倾向于采用民主决策，而男性领导者喜欢独裁和指导性的方法，是一种纯任务取向的管理方法。有研究者认为女性在人际关系中人际技能的发展比男性完善，这种优势使她们容易采用体谅他人的领导方式。

②文化与领导方式。在集体主义的文化中，关心群体的需要与人际关系最为重要，如伊朗和印度，有教养被看成是主要的领导特征。而个人主义文化的美国，更强调独立、以任务为中心以及个人成就，使美国人更喜欢任务型的领导方式。跨文化研究开始重视这方面的问题。

第三节　群体内部沟通

沟通是指信息传递和交流的过程，是群体功能实现的保障，也是群体活动中的重要课题。

一、群体沟通网络

群体的沟通不是单一渠道和单一形式的沟通，而是把各种沟通方式组合起来，形成了沟通网络。沟通网络代表一个群体的结构系统。

（一）正式沟通网络

在正式群体中，人与人之间的信息交流结构称为正式沟通网络。美国心理学家莱维特把组织中常见的沟通网络归纳为五种：

①链式。表示信息传递是逐级进行的，信息可由上而下传递，也可由下而上传递。

②轮式。表示群体领导者居中，分别与若干下级成员发生联系的沟通。

③圆式。表示群体各成员之间依次联系沟通。

④全通道式。表示群体内每个人都可以与其他成员直接地、自由地沟通，并无群体领导者，所有成员都处于平等地位。

⑤Y式。表示逐级传递，有多个群体领导者。

（二）非正式沟通网络

群体中信息的传播，不仅通过正式沟通渠道进行，还通过非正式渠道传播。美国心理学家戴维斯把非正式沟通途径归纳为以下四种类型：

①单线式。通过一连串的人，把信息传递到最终接受者。
②流言式。一个人主动地把信息传递给许多人。
③偶然式。通过偶然的机会传播小道消息。
④集束式。集束式又称葡萄藤式，把小道消息有选择地告诉自己的朋友或有关人。

二、群体沟通的特性

（一）成员发言的不平等性

有的人说话多，有的人说话少，在群体讨论的时候，不管成员之间是否熟悉，总会有一两个人主导讨论的场面。在群体中，总有一个人发言最多。第二个人发言次数就少得多，依次按照对数规律递减。例如在8人的群体中，前两位成员说的话加起来占所有发言的60%，第三个人占14%，其他五个人占26%。当然，随着群体规模的变化，每个成员的说话情况总有变化，但总体仍然遵循这个规律。

（二）领导的主导作用

在群体的讨论中，群体成员的发言情况与其是否是领导直接相关。领导在群体中说的话最多。即使在一个临时组成的群体中，如果一个人被指派为领导者，他也会变成群体中最活跃的人之一。在还没指派领导的群体中，沟通也能影响谁成为领导者。一般来说，口语行为很重要，是一个人能否成为领导的必要条件，当然也有一些特殊情况，例如在球队中，球技比口语行为更重要。

三、群体沟通的主要功能

在群体和组织中，沟通的功能主要有以下五种：
①沟通是获取信息的手段。
②沟通是思想交流与情感分享的工具。
③沟通是满足需求、维持心理平衡的重要因素。
④沟通是减少冲突、改善人际关系的重要途径。
⑤沟通能协调群体内的行动，促进效率的提高与组织目标的实现。

四、沟通对群体士气与效率的影响

沟通是否顺畅对群体活动效率有很大的影响，群体成员之间越能自由地沟通信息，他们的满意度就越高。在群体中，领导往往处在信息的中心，有更多机会与他人交往，所以领导的满意度要高于一般成员。这种满意度会让领导有一种错觉，以为他人都尊重自己，事实上满意度来自他的职位。

第四节 群体决策

一、群体决策规则

群体决策的规则主要分为以下三类：

1. 一致性规则

在决策最终完成之前，所有群体成员必须同意此选择。

2. 优势取胜规则

某个方案被 50% 以上的群体成员认可时选择该方案。

3. 多数取胜规则

在没有一种意见占优势时，选择支持人数较多的方案。

群体在使用这些决策规则时，可能是正式而明确的，也可能是非正式而模糊的。

二、群体极化

（一）定义

即通过群体讨论，使群体成员的决策倾向更趋极端的现象。当个体最初的意见倾向于保守时，通过群体讨论的结果将更加保守；而当个体最初的意见倾向于冒险时，群体讨论将使成员更加冒险。与解决一般问题相比，人们在解决重要问题时更容易产生群体极化现象。

（二）产生原因

按照社会比较理论的解释，在群体讨论过程中，成员比较关心自己在某些问题上的观点与群体其他成员相比到底如何。人们在决策开始时，往往认为自己的观点在社会要求方面比别人的更好。[1]但在决策过程中，通过与他人观点的社会比较，却发现自己的观点并不像当初想象的那样与社会要求相一致。人们希望他人能对自己做积极的评价（社会规范性的影响），所以会采取更为极端的方式以与他人或社会要求相一致，最终造成了群体的决策趋于极端。

说服性辩论理论却认为群体中的极化现象，并非是人们希望自己或他人对自己有一个积极的评价，而是认为人们期望获得有关问题的正确答案。在这里，论点对决策选择更为

---

[1] 刘训练.西方群体政治心理研究的发展历程 [J].南京社会科学，2013（8）：83-89.

重要（信息性影响）。因为个体从他人那里获得论点和信息，如果多数人支持这些论点，个体也会倾向于支持它，从而有更多支持而不是反对的论点出现，使得这种观点变得极端。

三、群体思维

（一）定义

群体思维也叫小集团意识，它是指在一个高凝聚力的群体内部，成员在决策和思考问题时，由于过分追求群体的一致而导致群体对问题的解决方案不能做出客观及实际评价的一种思维模式。这种思维模式经常导致灾难性事件的发生，例如，美国的珍珠港事件、越南战争等。

（二）产生条件

群体思维经常发生在强有力的领导带领的群体和凝聚力极高的群体中。群体成员之所以不会提出异议，一方面是害怕被群体拒绝，另一方面是不想打击群体的士气。群体思维产生的先决条件主要包括：

①决策群体是高凝聚力的群体。
②群体的领导是指导式的。
③群体与外界的影响隔离。
④没有一个有效的程序保证群体对所有选择从正反两方面加以考虑。
⑤外界压力太大，要找出一个比领导者所偏好的选择更好的解决方式的机会很小。

（三）症状和后果

1. 症状

群体成员有不会受伤害的幻想，相信自己的群体所做的决定一定不会错；相信群体的道德，群体的决定是为了大家好，不会有偏私；对决策选择的合理化，多数人选择的一定是准确的；对对手有刻板印象，己方可以采取任何措施针对对手，因为他们是不值得尊敬的；对反对意见的自我审查，一旦有反对意见出现，马上自我反驳；有一致性的幻想，群体的一致比什么都重要；对提不同意见的人的直接压力，有不同意见就靠边站，不能妨碍群体。

2. 后果

后果往往是有害的：对行为的其他可能原因调查不完全，使群体成员不再关注问题的真正原因；对群体的目标调查不完全，一部分人的利益代替了群体目标；对所偏好的方案的危险性缺乏调查，认为它已完美，无须深入分析；对已经否决的可能选择未加重新评估，其中所包含的合理因素也被抛弃；未详细探讨有关信息，一部分成员所提供的信息不受重视；处理信息时有选择性偏差，中意的接受，不中意的删除。

（四）克服群体思维的方法

第一，领导应该鼓励每一个成员踊跃发言，并且对已经提出的主张加以质疑，领导要接受成员对自己的批评。第二，领导者在讨论中应保持公平，在群体成员表达观点后，领导才能提出自己的期望。第三，最好把成员分成若干个小组独立讨论，然后一起讨论找出差异。第四，邀请专家参与群体讨论，鼓励专家对成员的意见提出批评。最后，在每次讨论的时候，指定一个人扮演批评者角色，向群体的主张发起挑战。

四、群体决策方法

（一）头脑风暴法

头脑风暴法是由名叫奥斯本的广告经理设计而成的，可以产生新奇思想且富有创造性的问题解决方法。这种方法常给群体一个特定的题目，如为某个商品设计广告词，要求群体成员在较短的时间内想出尽量多的解决方案。这一方法的原则性要求为：第一，禁止在提意见阶段批评别人，反对意见必须放在最后提出；第二，鼓励自由想象，想法越多越好，不能限制他人的想象；第三，鼓励多量化，想法越多的人越可能最终获胜；第四，寻求整合与改进，一方面要增加或改进自己与他人的意见，另一方面要把自己与他人的观点结合在一起，提出更好的决策选择。这一方法适合需要多学科知识解决的复杂问题。

（二）德尔菲法

德尔菲法又叫专家评估法，是一种背对背的决策技术，由专家提供反馈，包括以下几个步骤：第一，要求群体成员对某个问题提出尽可能多的解决方案；第二，专家对群体成员的意见加以整理，并将整理的结果反馈给成员；第三，群体成员在得到反馈之后，就刚才的问题提出新的解决方案；第四，专家整理并提供反馈，直到群体就此问题达成一致。这种方法可以避免人际冲突，但较费时。

（三）列名群体技术

该方法主要用在当群体成员对所要解决的问题不太了解，并且在讨论中难以达成一致时。列名群体技术包括四个步骤：第一步，出主意，由成员单独提出方案，越多越好；第二步，记录方案，把每个人提出的所有方案都列出，不做选择；第三步，对方案加以分类，群体讨论并区分记录下的每个方案；第四步，对方案进行表决，每个人从 12~20 个备选方案中选出自己认为最好的 5 个，并选择累计得分最高的方案。

（四）阶梯技术

上述三种方法对群体决策有一定的作用，但会受成员讨论是否充分、社会懈怠等影响，阶梯技术可以解决这一问题。在使用这种方法时，群体成员是一个一个加入的，比如一个由五人组成的团体，在利用阶梯技术决策时，先由两个成员讨论，等他们达成一致后，第三个成员加入。加入后先由他向前两个人讲自己的观点，然后听前两个人达成的意见，最后三个人一起讨论，直到达成共识。第四、第五个成员以同样的方式依次加入，最终整个团体达成一致方案。

以上三种（2、3、4）方案加以对比，可以发现阶梯技术不仅在实际方案选择，而且在心理感受上均优于另外两种方法。但该方法较费时，所以主要用于重大的、重要的决策问题。

第五节　集群心理

一、集群行为

（一）定义和特征

集群心理是一种在人们激烈互动中自发发生的无指导、无明确目的、不受正常社会规范约束的众多人的狂热行为。具有以下特征：

①自发性。不是预谋的，而是一群人受到某种刺激后，自然发起的行为，既无组织，又无领导，也无计划，无法预料其发展趋势，只是一群情绪激动的人聚集在一起，竞相做出某种行为。

②狂热性。行动完全被激情所支配，没有方向和目的，缺乏理智，相互泄愤，相互刺激，盲目行动，完全不考虑行为后果。

③非常规性。行为不受正常社会规范的制约，肆意践踏和破坏社会准则，行为不受理性指导，而是凭借一时的心血来潮，做出各种违反常规的行为，扰乱社会秩序。

④短暂性。发泄内心积怨，减轻心理紧张后，行动即告结束，持续下去易被人利用成为有组织有目的的活动（群众运动）。许多集群行为都具有反社会性。

（二）发生条件

①环境场所。有些集群行为的产生需要必要的环境场所，反过来说，有些特殊的场合也便于促进人们对某种普遍刺激做出自发反应，从而产生集群行为。这种环境场所最主要的特征就是便于人们面对面的互动，如广场、体育馆等。除了空间条件外，时间也是集群行为的一个关键环境因素。

②社会失范。任何环境或场合，只要一大批人失去必要的行为规范就有可能导致集群行为。例如在某些突发情况中，由于人们事先没有想到要应付此类事件，没有明确的规范来指导自己的行为，只能靠自己临时的判断和接受他人的暗示来调整自己的行动。在这种没有规范指导的情况下极易产生集群行为。

③社会控制机制解体。这是比较重要的促成集群行为的条件。因为许多集群行为是危害现存制度的，所以维护这种制度的机制自然会努力制止这类行为的发生。但是，一旦当社会控制机制减弱并且未来将要崩溃时，便为集群行为的产生创造了条件。

④相对剥夺。当人们实际所有的东西不能达到自己认为应该获得的程度时，便会产生

一种相对剥夺感。特别是在一个长期的不断上升的满足和期望之后，突然出现倒退，这种相对剥夺的作用会更加明显，因为人们习惯了期待更多的东西。

⑤权力斗争。一些为达到某种政治目的的策划者，把集群行为作为一种政治策略，这是某些集群行为，尤其是以集体暴力为主要形式的集群行为产生的政治条件。

（三）发生过程

集群行为的发生可能涉及社会背景、心理过程和内在机制。例如，由于社会变迁、文化冲突等宏观社会背景，社会民众或某一群体产生不满或受挫等心理状态，通过信息传播和社会认同等机制，这些群体成员形成对自己和群体所处现状的普遍认识和共同信念，这就形成了集群行为爆发的潜在动机。而其中一些人就可能在对当时的政治环境、可用资源等方面进行理性思考或博弈后，将动机转化为实际行动，昭示着集群行为的开端。随后集群行为以流言、谣言、恐慌、灾后行为等相对无组织和无明确目标的途径扩大发展。诱发事件和即时环境既可能引发人际或群际冲突或不确定感，同时又为群内和群间互动以及成员的匿名性创造了条件。在这种情境下，循环感染、模仿、从众或是新社会认同等机制便可能发挥作用，从而使群体成员形成共同的信念或行为，这一过程又可能与流言、谣言等信息的产生和传播存在交互作用，最终导致事态的进一步扩大和发展。群体中少数积极分子通过行动动员更多人参与到集群行为中，而其他人在经历了博弈、控制转让或社会认同等心理活动后如何进行决策，乃至形成共同的信念和行为，演变为有组织和明确目标的集群行为。如何通过群体成员的新社会认同或博弈过程以及减压阀等机制而使群体行为最终平息或进一步扩大，乃至发展成社会运动。❶

集群行为发生的一般过程如下：

首先，高度的刺激和暗示。一群人集中在一起，注意力集中在共同关心的问题上——意外事件发生（高度刺激）——积极寻求暗示，并不假思索地加以模仿——发泄情绪。其次，情绪感染（循环和连锁式）。甲情绪激动，面红耳赤——感染乙，乙也激动起来，表现出欢呼、激愤——感染甲——感染更多的人。最后，情绪激发。情绪感染使整个人群激动起来，热烈的气氛笼罩着整个群体。这种情绪达到一定状态就会爆发，表现出一定的行为，如狂呼乱喊，手舞足蹈。在这个过程中，有两个重要机制，一是情绪感染，二是模仿。

二、集群行为的理论

（一）反常行为理论

该理论认为集群行为发生是因为参加者感到打破社会规范，做出反常行为，会获得在场人的赞许，同时个人作为群体的一部分做出的反常行为，可以避免责罚。❷

---

❶ 薛婷.中国人参与集体行动的社会心理规律[D].天津：南开大学，2012.
❷ 徐旭林.社会群体行为建模及其动力学分析[D].天津：南开大学，2010.

（二）紧急规范理论

该理论认为集群行为的发生，是在场的人群发现了指导他们的行为规范，这样能使整个人群的行为统一起来。这种规范并不是平常的社会规范，而是在情绪激动的紧急场合下，人们不知所措而临时出现的，它指导人们应付当前意外情境的行为。例如，电影院里突然着火，观众一时不知怎么办，看到有人往门口跑，也往门口跑。这种理论认为集群行为的出现不仅在于情绪感染和模仿，还有认知因素，人们认识到了紧急情况下的行为规范，并用共同知觉来代替感情的扩散。但这种理论没有解释清楚为什么在紧急情况下出现的总是破坏性规范而不是其他规范。

三、去个体化

（一）定义

在群体的保护下，个体违反在正常社会情境下的社会准则，做出事后感到惭愧和后怕的事情，这种现象被称作去个体化；也指个人在群体中会不顾及自己的行为，而与群体活动表现一致；也指个体在群体中失去了理性，放弃对自己的控制，与群体统一起来。

（二）研究

1. 费斯廷格的实验

费斯廷格在1952年做的一项研究中，让一群人批评他们的父母。有一组在具有高辨认性的情境下（如在课堂上）做出这种行为，而一组在具有低辨认性的情境下（如在昏暗的教室里）进行活动，并且每个人都套上一件布袋装，把自己掩盖起来。结果是低辨认组对父母的批评较多。

2. 津巴多的电击实验

津巴多在电击实验中，要求被试对隔壁一个女大学生进行电击，并向被试说明他们不需要负任何道义上的责任。他将被试分为两组，高辨认组：被试胸前有名片，房间里的灯光特别亮，彼此看得清清楚楚；去个体化组，被试套上一件布袋装，只露出鼻孔和眼睛，相互之间不做介绍，在昏暗的房间里进行。结果发现去个体化组比高辨认组按电钮的次数更多，而且时间更长。

3. 津巴多的现场实验

在纽约大学的热闹地段放置一辆看来被抛弃的汽车，并拿掉了贴在玻璃窗上的行车执照，还打开汽车引擎的盖子，26小时后汽车很快被拆毁了。因而，在人口密集的城市也能营造去个体化的环境。

（三）去个体化的原因

1. 匿名性

个体在群体中时，肆意地破坏社会准则，是因为个体觉得自己是一个匿名者，外人不知道自己的真面目，因而做出违反社会规则的行为不会被人发现，或不会追查到自己而受谴责，这样就助长了个人的冒险心，做出平常不敢表现的行为。

2. 丧失了责任感

一个人在单独行动时，往往能从伦理的角度考虑自己的行为，尽力避免受到舆论的谴责或法律的制裁。可是在群体中，其成员会觉得反社会行为是以整体出现的，责任只能落实到群体上，或者分散在每个个体身上，而单个人不会承担群体行为造成不良后果所招致的谴责。于是，个人在群体中就不像单独时具有强烈的责任感。与此同时，在进行群体活动时，个人会觉得"法不责众"，即使遭受惩罚也只能是惩罚群体，而不会惩罚个人。因为个人活动的责任是由群体来承担的，这样个人的责任心就会大大减少，对自己做出的行为当然也就更加不负责任，以至于胆大妄为。

3. 群体的淹没性

在群体中，成员的活动并不是以个人的身份出现的，而是具有群体的意义，是以群体的形式出现的，这样群体就淹没了个性，成员的自我被淹没在群体中，与群体同一起来。而且群体成员越是无个性特征，他们的情绪、思想和活动就越一致，自我的感觉就越少，行为也就越缺乏自我的控制。相反，如果个体单独行动，由于没有群体的淹没性，个性就明显地突出出来，并且很容易被他人知觉，于是个体会非常注意自我保护，避免做出不负责任的行为。

第六节 民族心理

一、早期民族心理研究

从社会心理学的形成过程看，民族心理研究是其最初取向之一，但是随着社会心理学研究的发展，其他学派兴起，与之并行，相互争论，相互促进，使民族心理研究得以不断发展。

（一）"民族心"说

民族心理研究最早是从 19 世纪末期德国民族心理学派开始的。1859 年，拉扎劳斯（M. Lazarus）和施坦泰尔（H. Steinthal）把当时的语言学和民族志资料同心理学研究结合起来，创办了《民族心理学和语言学》杂志，声称创立了一个民族心理学派。但是，对民族心理现象进行系统研究的，却是心理学家冯特。他于 1879 年在莱比锡创建了世界上第一所心理学实验室，门下集合了一大批弟子，从事生理心理学、心理物理学等领域的实验研究，取得了很多研究成果。为了公开这些研究成果，冯特于 1881 年创办了《哲学研究》

杂志。冯特晚年全力从事民族心理学研究，1900年开始陆续出版了《民族心理学》10卷本。他深受黑格尔的影响，他认为民族共有一种融化在民族本性中的精神。这种精神是一个民族心理过程的承担者、实体，也就是说，民族心不存在于个人心理过程中，不是用个人心理能够说明的，而是存在于一个民族的语言、风俗、神话、艺术、法律等文化现象中，只能到这些民族共有现象中去寻找。冯特作为一个有开创性的心理学家，对"民族心"的解释有合理之处，看到了一个民族在其发展中所形成的共同心理特点和对民族文化发展的影响。他的民族心理研究，为人们解释人类心理现象找到了一条比较广阔的出路，在相当大程度上，把个体心理现象同群体心理现象统一起来。

（二）群体心理论

继德国民族心理学派后，法国群体心理学派发展起来。塔尔德的模仿说、涂尔干的社会事实论，都从不同侧面提出并研究了群体心理现象。塔尔德主张群集心，涂尔干主张"集体意识"，这是两种针锋相对的观点。前者极力主张个人之间的模仿作用，并以此反对涂尔干的"集体意识"理论。涂尔干在其理论中力图论证超越每个人精神的"集体意识"是社会事件的原因。《自杀论》一书是涂尔干"集体意识"理论的精彩运用，他认为任何一种自杀都源于"社会事实"，而这种社会事实就是涂尔干所说的集体意识，是由思想、感情、行为方式、制度、思潮、舆论等价值观点、社会规范构成的意识总体。可见，这两种观点都有重大缺点，塔尔德用神秘的外在力量说明群体心理现象，涂尔干把超个人的精神实体混同于群体心理。

在法国群体心理学派中，对群体心理研究影响最大的是勒庞。1895年，勒庞出版了《乌合之众：大众心理研究》，比较集中地研究了群体心理现象，并用法国大革命时期群众运动的例子论证自己的观点。勒庞认为，如同个人有精神一样，群体也有精神，这就是群体精神，他称为"群体心"。所谓群体心，是指不受个人意识支配的精神体，这种精神体笼罩着群体行为，具有匿名性、情绪感染性及暗示感受性。群体是受群体心支配的感情现象，任何一个人，只要在群体中就会失去理智，盲目随从群体精神而难以控制和制止；当个人不在群体中时，是冷静的、遵从理性的、富有建设性、创造性的。他认为，迄今的文明是由少数有知识的贵族创造的，而这个少数的有知识的贵族远离群体。显然，勒庞是站在少数贵族的立场上反对法国大革命、贬低群体现象的。但是勒庞看到了存在于个人与社会之间的广大群体领域，以及在这个领域中的群体心理现象及其某些特点，应该说，这是他对群体心研究的独特贡献。

早期群体心理学派的另一个代表人物是英国心理学家麦独孤，他的立足点不同于勒庞，后者主张非理性的群体心，麦独孤则主张非理性的个人。但是，他和勒庞一样，都承认群体心现象的存在。麦独孤认为，群体行为是许多个人集合在一起时所形成的精神或心理力量结合，这种结合所产生的群体特性是个体所没有的，是超越个体的。麦独孤的这种观点，后来遭到了美国社会心理学家F.奥尔波特（F. Hallport）的批评。

二、集体无意识理论

瑞士心理学家荣格（C.G.Jang）创造性地发展了弗洛伊德的无意识理论。他认为人类精神由若干不同的彼此相互作用的系统和层次组成，包括意识、个人无意识和集体无意识。意识是个人心中能够被个人直接知道的部分。荣格用"个性化"这个术语表示意识过程，意识的个性化产生了自我。在荣格看来，自我被视为自觉意识的组织，是一种结构，由能够自觉到的知觉、记忆、思维、情感等组成。某种观念、情感、记忆或知觉，如不被自我承认就不会进入意识领域。

荣格说的个人无意识是指所有微弱得不能达到意识，或者微弱得不能存留在意识之中的体验。集体无意识与个人无意识不同，它的存在并不取决于个人后天的经验。个体无意识由那些曾经一度被意识到后来又被忘却了的心理内容所组成，而集体无意识的内容在人的整个一生中却从未被意识到。集体无意识是一个储藏所，它储藏着所有被荣格称为原始意象（primordial images）的潜在意象。这些意象是人们从祖先那里继承来的。这种意象的继承并不意味着人们可以有意识地回忆或拥有其祖先所拥有过的那些意象，而是说，它们是一些先天倾向或潜在的可能性，即采取与祖先同样的方式来把握世界和做出反应。由此，荣格认为，从个体出生的那一天，集体无意识的内容就为个人的行为提供了一套预先形成的模式，而后天经历和体验的东西越多，那些潜在意象得以显现的机会也就越多。教育和学习越丰富，也就越容易使集体无意识在各个方面得以个性化。

三、社会无意识理论

弗洛姆与荣格都是新弗洛伊德主义的代表人物，弗洛姆在弗洛伊德个人无意识的基础上，提出了社会无意识概念。社会无意识是指一个社会的大多数成员共同的被压抑的意识领域，是这个社会不允许其成员们意识到的内容。[1]弗洛姆指出，社会无意识是通过社会过滤器形成的。每一个社会，通过自己的生活实践和联系的方式，通过感情和知觉的方式，发展了一个决定认识形式的体系或范畴，这就是社会过滤器。社会过滤器是一种社会认知框架，由社会结构决定，促使该社会成员在认知时选择性地注意到什么，不注意到什么。社会过滤器由三部分构成：第一部分是语言，通过词汇、语法和句法，通过固定在其中的整个精神来决定哪些经验能进入我们的意识。第二部分是逻辑，也就是一种特定的文化中直接指导人的思维的规律。例如，形式逻辑会排斥悖论逻辑和辩证逻辑，而将矛盾心理即一个人在同一时间体验到爱和恨判定为荒谬的，结果使很多人很难意识到自己的矛盾心理。第三部分是社会禁忌，它宣布某些思想和感觉是不合适的、被禁忌的、危险的，并且阻止这些思想和感觉达到意识层次。

弗洛姆认为，从形式上讲，什么是无意识，什么是意识，取决于社会结构以及这个社会所产生的认知方式。但是未来是光明的，一旦人认识到在背后支配着自己的那些力量，

[1] 弗洛姆. 在幻想锁链的彼岸[M]. 张燕，译. 长沙：湖南人民出版社，1986：93.

如社会结构、社会无意识和社会过滤器等，人就能把自己从一个被动的状态转变成自由、自觉、自为的人，并以本来的真实的样子去认识自己、他人和世界。

本章小结

　　社会群体具有不同的分类，群体对于个人来说有归属感、认同感、社会支持等作用。群体中存在群体规范，群体的凝聚力是可以测量的，对于群体和其成员来说具有重要作用。群体中有领导的存在，影响领导效能的因素包括性别和文化等。群体有自己的规则，群体间的沟通对群体的士气与效率有重要影响。群体极化产生的原因很多，要克服群体思维，须掌握群体决策的四种方法。群体存在集群行为，要了解集群行为的理论和去个体化。民族心理是社会心理学的最初研究取向之一，集体无意识理论和社会无意识理论是其代表性研究成果。

关键概念

　　社会群体概述；群体分类；群体心理效应；群体规范；群体凝聚力；群体领导；群体内部沟通；群体决策；集群心理；民族心理

思考与练习

1. 什么是群体？它的心理功能有哪些？
2. 什么是群体规范？它对人们有哪些影响？
3. 什么是群体的凝聚力？它对群体有哪些作用？
4. 结合自己的观点，评价一下有关领导特质的理论。
5. 在群体活动中，什么样的"少数人"才能够影响多数人？
6. 群体沟通有什么样的特征？怎样协商解决人际冲突？
7. 群体极化产生的原因是什么？
8. 什么是群体思维？它的危害有哪些？我们怎样克服群体思维的影响？
9. 简述群体决策的几种方法。

第七章 社会影响

引言

彼得罗夫斯基说:"从众行为在比较偶然集合的人们中间(松散群体)和在呈现对他们无意义材料时才能在某些方面正确表达人的行为。这些'无意义的材料'显然不属于原则问题的范围。"

群体压力并不是改变人们意见的关键因素。在伦理道德问题等方面,对具有"集体主义自决"品质的人来说,关键因素在于他的崇高理想、价值观念。

在社会生活中,我们的心理和行为总是受到各种各样因素的影响,这些因素在很大程度上对我们的人格以及社会行为起着极大的制约作用。我们在这里所说的社会影响,不仅包括各种社会力量的影响,也包含文化的影响、团体的影响以及基于这些影响的从众与服从等。

什么是社会影响?

社会影响(social influence)是指运用个人或团体的社会力量(social power)在特定方向上改变他人态度或行为。这里所说的社会力量是指影响者用以引起他人态度和行为发生变化的各种力量,它的来源非常广泛,既包括与社会地位相联系的各种权力,也包括源于被爱和受尊敬的影响力。French 和 Raven(1959)对社会力量的来源进行了分析,他们总结出了6种社会力量的来源:

奖赏的权力(reward power):是指人们向他人提供奖励的能力,如私营公司老板对下级来说就具有这种权力,父母对孩子而言也具有奖赏权。

压制的权力(coercive power):与奖赏的权力相反,是指拥有权力的人提供惩罚的能力,如对不遵守课堂纪律的学生而言,老师就拥有这种权力。

参照的权力(referent power):是指让他人参考的权力,如团体是一种重要的参照权的来源,与团体保持一致是参照权影响个体的写照。

法定的权力(legitimate power):是指与一定地位相联系的权力,如部长和校长拥有的处理事务的权力。

专家权力(expert power):与某些特长相联系的权力,如医生在处理疾病时的影响力、政治家在处理国际事务中的能力。

信息的权力(informational power):是指了解某些他人不知道信息所拥有的影响力。

第一节　社会影响的反应机理

社会影响是人与人之间的心理作用方式，是指在他人的作用下，引起个体的思想、情绪和行为的变化。

一、社会影响理论

在一个特定的社会情境中，来自他人的社会影响的总量取决于三方面因素：他人的数量、重要性和直接性。

在社会促进的情况下，个人往往是观众或合作者影响的唯一目标，他人的社会影响直接作用于单个个体。当他人的数量增加时，他们对个体的社会影响也会增加。

相反，当很多人一起工作，而只有一名旁观者时，旁观者的社会影响则被群体分割，社会懈怠往往就会发生。

二、社会影响反应系统

（一）反应的心理过程

第一阶段，社会影响的感知。是社会影响的输入阶段、产生作用的前提。关键在于感知自己与社会影响的差异。

第二阶段，对感知信息的加工，综合判断各种反应的利害得失，权衡各种反应可能导致的各种后果，试图做出决策。

第三阶段，确定对社会影响的反应，做出反应的决策。

第四阶段，输出社会影响的反应，以语言、动作、活动等方式作用于环境或社会影响，完成顺应与否的反应。

（二）影响反应的因素

①影响反应的个体因素，如性别、出生次序、个性。

②影响反应的社会文化因素，如风俗习惯、宗教信仰、价值观念。

③影响反应的情境因素，如外在的奖赏和惩罚是助长从众的情境因素；不从众的存在是抑制从众的情境因素。

第二节 社会促进和社会抑制

一、概念界定

在一个人从事某项活动的时候，如果有其他人在场，他就会感到一种刺激，这种刺激会影响他的活动效果，在一些场合会促进活动的完成，在另一些场合反而会干扰活动的完成。这两种情况分别称为社会促进（social facilitation）和社会懈怠（social loafing），有的学者称为社会助长和社会抑制，也常合称为"他人在场"。

（一）优势反应说

①他人在场是一个唤醒源，导致个体动机增强。（评价——表现、竞争——紧张）
②动机增强对活动的作用，取决于个体从事活动的性质。
③如果一个人从事的活动是相当熟练的，或者是很简单的机械性动作，动机增强会使活动更加出色。
④如果一个人所从事的活动是正在学习的，或需费脑筋的，动机增强会产生干扰作用。

（二）结伴效应和观众效果

如果对材料掌握得极好，在激励性的群体状态下完成得更好，产生社会助长作用。

（三）怯场现象

如果对材料只稍微了解，在激励性较小、独处的状态下完成得更好，否则会产生社会干扰作用。

（四）他人在场对个体行为产生影响的心理原因

①他人在场本身就产生了激励性的作用。
②人们可能因他人在场而体验到被人评价的焦虑。
③他人在场在于它造成了分心。

二、相关的实验研究

（一）社会促进的实验

最早以科学方法揭示社会促进现象的是心理学家特里普利特。他在1897年做了如下实验：他让被试者在三种情境下骑车完成 25 英里路程。第一种情境是单独骑行计时；第二种情境是骑行时让一个人跑步伴同；第三种情境是与其他骑车人竞赛。结果显示，单独计时情况下，平均速度为每小时 39 公里；有人跑步伴同时，时速达到 50 公里；而竞争情境则无更大改善，平均时速为 52 公里。社会心理学家 F. 奥尔波特在 20 世纪 20 年代研究证实：社会促进可引起行为效率和质量双重提高。然而他人在场或与别人一起工作，并不总是带来社会促进作用。随着工作难度的增加，社会促进作用逐渐下降，以至于最终变为社会抑制。卡特莱尔（N.B.Cottrell）等人在 1967 年做了一项实验，他让被试者在独自一人和群体一起两种情境中学习单词配对表。配对单词有两类：一类由同义词组成，学习起来非常容易；另一类由无关单词组成，非常难于学习。结果表明，在容易的学习任务上，群体背景有明显的社会促进作用；而在困难的学习任务上，效果正好相反，群体背景带来了社会抑制，成绩反而不如一人独自完成的情况。

（二）社会抑制的实验

F. 奥尔波特在他的研究中发现，被试在群体中能写出较多批驳逻辑论点的文章，但文章的质量低于个人单独时所写。J.F. 达希尔发现，有观众在场时，个体进行乘法运算会出现许多差错。J. 皮森则发现，在记忆作业上，有旁观者在场会降低个体的表现。

三、对社会促进和社会抑制的理论解释

（一）优势反应强化说

①促进熟练工作成绩。他人在场→提高动机水平→优势反应增强。
②干扰非熟练工作成绩。

（二）注意力转移说

从事生疏的或复杂的工作，必须高度集中注意力在工作上。他人在场，势必造成工作者注意力的分散和转移，这样就影响了工作的正常进行。

（三）具体因素说

①作业性质。
②个体特征。
③竞争。
④评价的自我知觉度：明确的评价；适度的认知。
⑤外界刺激的干扰。
⑥注意力的分配和转移。
⑦评价者的地位和态度。

第三节 从众与众从

一、从众

（一）从众的界定

从众（conformity）是指个体在群体中常常会不知不觉地受到群体的压力，而在知觉、判断、信仰以及行为上，放弃自己的意见，转变原有的态度，表现出与群体中多数人一致的现象。

（二）有关从众现象的实验研究

有关从众的经典研究有两项，一个是谢立夫的团体规范形成的研究，另一个是阿希（Solomon Asch）的线段判断实验。

最早对从众行为进行实验研究的是出生于土耳其的心理学家谢立夫，1935年，谢立夫发表了有关团体规范如何形成的研究报告。在这篇报告中，他明确反对作为美国心理学奠基人之一的F.奥尔波特关于群体问题的观点，认为团体不是个体的简单组合，团体大于个体之和。

为了证明在不确定条件下团体压力会对个体的判断产生影响，谢立夫利用知觉错觉中的自主运动现象（autokinetic effect）研究大学生被试的判断情况。自主运动现象是指在一个黑暗的没有参照系的屋子里，当人们盯着一个静止不动的光点时，会感到该光点向各个方向运动的现象。在研究中，谢立夫把大学生每3个人分为一组，让他们判断光点移动的距离到底有多少，每一组在判断之后把自己的结果告诉给其他组的被试。

最初的时候，学生们判断上的差异很大，有的学生认为光点移动了十七八厘米，而有的学生认为只移动了一两厘米。但随着时间的推移，学生们的判断趋向一致，到第三个阶段时，所有被试组的判断基本达到了一致，即对这个问题形成了一个共同的标准，谢立夫认为这个阶段实际上已经建立起了团体规范。这种规范对每个人的行为与信念起着制约作用。有意思的是，在研究结束时，谢立夫问参加实验的被试他们的判断是否受到他人的影响，结果被试都否认他人对自己有影响。谢立夫的研究还发现在情境越不明确以及人们不知道如何定义该情境时，人们受到他人的影响越大。

麦克尼尔（Macneil）和谢立夫进一步研究了在自主运动情境中，形成的团体规范能够存在多久，结果发现团体规范对个体判断的作用越强大，团体规范被团体接受和传递的可能性越小。也就是说,规范的压制性力量越大,它以后被修改的可能性越大。这个结论有助于我们理解为什么强大的独裁政府会在一夜之间土崩瓦解。

与谢立夫的研究相比,阿希的研究被认为是有关从众研究的典范。由于谢立夫的研究是在一种模糊的情境中进行的,人们往往认为是不明确的情境使自己易受他人影响。那么,当情境很明确的时候,人们会不会从众呢?

阿希设计了这样的实验情境:当志愿参加实验的大学生被试来到实验室时,看到6名与自己一样参加实验的被试已经在等待了。实际上,这6个人是阿希的实验助手(也叫同谋),他们的表现是阿希事先设计好的。当被试和这6个人围着桌子坐下以后,阿希拿出一张卡片放在黑板架上,这张卡片的左边有1条线段(标准线段),右边有3条线段,旁边分别标有A、B、C,阿希告诉被试,他们的任务就是简单地报出A、B、C中哪条线段和标准线段一样长。

很显然,对被试来说这是一项极为容易的任务,只要视力正常的人都能看出B是正确的答案。在前两轮实验中,实验者的同谋选择了正确的回答。但从第三轮开始,实验者的同谋一致性地选择了错误的答案(比如A)。阿希想知道在这种情况下被试会不会从众呢?有多少人从众、有多少人不从众?结果发现,尽管被试的从众程度不同,但从总体上讲,至少有33%的被试会从众,即选择与实验同谋一样的答案。另外,在整个实验过程中,有76%的被试至少有一次从众发生。

在阿希研究的基础上,多伊奇和杰勒德(Henry Gerard)对从众的原因做了说明。根据他们的观点,促使人们从众的团体压力有两个来源:规范性(normative)和信息性(informational)的社会影响。前者发生在人们想要获得奖励与避免惩罚时;后者发生在个体希望从他人或其他团体那里获得精确的信息时。比如Campbell等人就指出,人们经常从团体获得信息,尤其是在情境不明确的时候,所以人们常常在团体情境中产生从众行为。

(三)从众的类型

①真从众。外显行为和内心观念都与团体保持一致。

②反从众。由个体内心抗拒引起的对抗从众的现象。

③权益从众。迫于团体压力,暂时在行为上保持一致。

④假不从众。指观点与团体一致,但由于某种特殊需要,行为上表现出与团体不一致。

(四)从众的动机

1. 行为参照

人是一种具有社会属性的动物,在许多情境中,人们由于知识储备不足,经验背景缺乏,并不能十分肯定地作出某种选择。依照社会比较理论,这个时候,人们会选择一定的参照系统,作为自己行为选择的比较系统,从而指引个体做出一定的选择。而从众所指向的是多数人的行为,自然就成了最可靠的参照系统。

人们对多数人的共同选择的信任度更高，这样的实例在现实生活中比比皆是。在通常情况下，人们普遍有这样一个推论：大部分人都这样做，应该是有充足的理由，即使选择错了，也不是我一个人错，还有这么多人陪着。因此，在不了解更多信息的情况下，我们更愿意到人多的商店购物，到人多的地点旅行，到生意好的餐厅吃饭，生意上则会形成特色一条街。这些社会现象的一个重要心理原因就是从众。

2. 偏离恐惧

"枪打出头鸟"是中国古训。暗喻如果偏离群体，会受到特别打击。在现实生活中，这种现象确实存在，如果一个人表现得过于突出，偏于群体的一般情况，会面临群体的强大压力乃至严厉制裁。沙赫特的一项研究发现，群体成员更喜欢与群体保持一致的成员，对于偏离群体的个人，往往会厌恶、拒绝甚至制裁，当群体出现不稳定状态时，首先被排挤的是先前偏离群体的成员。沙赫特发现，群体会对和群体意见不一致的成员施加影响，促使其行为和态度发生变化。他在一项实验中，安排3名助手用三种不同方式参与群体，分别为与群体一致、开始不一致但被影响后发生改变和始终不一致。结果，在一个6人小组中，后两种情况的成员，都会积极、主动地花许多时间来说服与群体不一致的成员（假被试）改变态度。进一步的实验结果还表明，群体成员对于态度和群体态度一致的新成员，表示出的接纳和喜欢程度更高；对于始终不改变态度的顽固分子，群体则明显倾向于将其抛弃于群体之外。

Freedman等人通过实验研究证明了群体对偏离者会采取惩罚态度。在他的实验中，被试小组要分别选择2名成员，1名去参加会遭遇电击的痛苦的实验，另1名参加会有报酬的愉快的学习实验。实验开始时，通过实验的操作，首先使被试们相信，小组中有5人的意见是一致的，只有1人和大家的意见不一致。然后让小组成员决定由谁去承受痛苦，又由谁去获取报酬。实验结果显示，群体中5个共同特征的被试，几乎一致地选择了被认为特征与群体不同的第6人（偏离者）。当选择1人参加有报酬的愉快学习实验时，群体却尽可能避免选择那个与众不同的人。

梅奥在美国西部电器公司的霍桑工厂的研究发现，在工人工作的非正式群体中，会形成一种自发的默契，即每个人的产量都不能太高或是太低，否则就会成为"偏离者"遭受其他成员的排挤。在现实生活中也有很多事例能够佐证这个研究结果。

在日常生活中，大部分人都有这种偏离的恐惧感，一旦感觉自己偏离了群体，就会产生焦虑感，而且个人越倾向于从众，就越害怕偏离群体。从文化特征上说，东方文化更倾向于鼓励人们的从众行为，因而人们也对偏离恐惧更敏感。

3. 人际适应

人的社会性发展历程和用社会定位自己的特性，使每个个体在社会中都不是孤立的，而必定与特定的人形成一定的群体，建立一定的联系，形成一定的人际交往环境。按照自我价值定向理论，人的自我价值感首先来自社会支持。因此，无论人归属于哪个群体，都会期望在这个群体中获得认可，维持与他人良好的人际关系。在一个群体中如果一个人能保持良好的人际关系，则有助于这个人取得更好的成绩。良好的人际关系也是心理健康的判断标准之一。在人际交往中，有的时候为了获得肯定，建立和维持良好的关系，个体在必要的时候就必须改变自己的行为和态度，以保持和大多数人一致。这个时候表现出的从众，就是前面提到的权宜从众，但是如果发生权宜从众的客观条件不容易改变，人们会通过个人的认知调节，使这种从众向没有心理失衡的真从众转变。

（五）从众行为的影响因素

1. 个性因素

很多个性因素与从众行为有关系，一般智力水平较低的人容易从众；情绪、情感不稳定的人也易从众；缺乏自信心、悲观情绪重的人易从众；对别人过分依赖、易接受暗示的人易从众；那些特别重视权威的人，也易从众。另外，个人所接受的文化熏陶对个人的行为也有明显的制约作用。中国人受传统文化的影响，倾向于爱面子，希求赞许，对他人的评价敏感，看重人缘，怕被孤立，这样的民族心理氛围使中国人的从众行为尤为突出，有的甚至不惜自我抑制、委曲求全地跟从别人。

2. 环境因素

从众行为与个体当时所处的情境有关，如组织中多数成员的地位或能力皆高于自己，则个体容易放弃自己的见解而顺从大家；组织对坚持独立意见的行为没有容忍态度，且对从众者给予奖励，则使个体的从众受到强化影响；能够满足个体愿望的组织，个体必然服从它；组织的凝聚力高，意见经常一致，则个体容易从众。[1]

3. 群体成员行为的影响

若群体中存在"反从众者"，可大大缓解个人所面临的从众压力，成为一个非从众者。群体成员，后来改变态度反对个人的意见，比一开始就做出不同于个人的反应更能引起个人的从众倾向。群体多数成员的行为与个人行为的差距太小时，个人不会感受到群体压力的威胁；当差距很大时，则易使个人怀疑群体反应的正确性；中等程度的差距给个人造成的从众压力最大。

二、众从

（一）众从的定义

众从（minority infiuence）是指群体中多数人受到少数人意见的影响而改变原来的态度、立场和信念，转而采取与少数人一致的行为的现象。当群体中有少数人意见保持一致，并坚持自己观点时，多数人可能会怀疑自己的立场是否正确，在思想上动摇不定，一部分人首先转变态度，倾向于少数人的意见，然后多数派内部思想瓦解，越来越多的人转变立场，开始听从少数派的意见，使少数派在群体中起到了举足轻重的作用。

---

[1] 李朔. 从众行为的心理分析及应用 [J]. 辽宁行政学院学报，2002（2）.

（二）众从行为产生的条件

1. 少数派成员内部的特征

①一致性。少数派成员意见的一致性，行为在时间上的前后一致性。

②独立性。必须符合时代精神的发展。

③权威性。"名片效应"的作用，增加了少数派意见的可信度。

2. 多数派成员内部的关系

①多数派成员内部意见发生分歧。

②缺乏群体凝聚力。

③多数派成员对遭遇问题的真实情况不明确。

三、从众行为和众从行为的意义

（一）从众行为的两重性分析

1. 从众行为的积极意义

①促进人们维护社会秩序，发扬良好的道德风尚，抵制不良的社会风气和消除不正确的思想观念。

②在一定程度上可以帮助领导者实现预定目标。

③能使个体达到心理平衡。

④有助于领导意图的贯彻和执行，有助于组织规范和秩序的形成，有助于维护权威和制度，使组织内秩序稳定，维护其正常运转。

2. 从众行为的消极作用

①容易给人和群体带来惰性，抑制创造性，容易窒息成员的独创性。

②容易使决策或决定出现偏差。在做决策或决定时，人们往往由于受到某种压力而不愿发表个人的不同意见，以致出现表现一致的强行通过或仓促作出不正确的结论。

③如被迫的从众行为过多，一旦遇有合适条件，易引起群体的极端行为，给组织和群体造成重大损失。

（二）众从行为的意义

①社会要产生大的变化和发展，就需要改革者（少数派）提出一种新异的思想或观点，供多数派选择，用于评价自己原先的立场。

②在任何一个群体内，总有一小部分成员对群体的准则或决议持有不同观点，这完全是正常的现象。

③对众从行为的深入研究和探讨，有利于社会的发展和变革，加速社会的发展进程，并妥善解决社会生活中的实际问题。

第四节 服从

一、服从的定义

服从（obedience）是指由于受到外界的压力，个体不得不改变自己的观点和行为，以符合外界要求的现象。服从和从众都是在社会或团体压力下进行的。

早在1963年，心理学家米尔格拉姆就研究了人们的服从倾向。在实验中，当志愿参加实验的大学生来到实验室的时候，实验者告诉他将与另外一个人一起参加一项惩罚如何对字词学习产生影响的研究，同时让被试扮演实验中"老师"的角色，而让另外一个人扮演实验中"学生"角色（该人实际上是实验者的助手）。被试的任务是当"学生"字词配对错误的时候对其实施电击，电压为15~450伏。被试每犯一次错误，惩罚的电压就增加15伏。实验中，在隔壁房间学习的"学生"故意犯了许多错误，当电压升到150伏的时候，"学生"开始求饶，随着电压进一步上升，"学生"大喊大叫，哭着求"老师"放过自己。"老师"有时候也会迟疑，但每次在他犹豫不决的时候，实验者会告诉他"继续下去""实验要求你必须继续"以及"你毫无选择，必须继续下去"等。在实验之前，精神病学家预测会有10%的人服从实验者的命令而坚持到用450伏的电压电击"学生"，但实际上这个比例达到了65%。

为了确定实际的服从倾向，米尔格拉姆在耶鲁大学继续做这一方面的实验，他想知道在互相熟悉的人之间，会不会因为服从实验者的命令而电击对方呢？他找到了正在校园一起散步的两个人，邀请他们参加与上面设计一样的实验，总共有40个年龄20~50岁的男性被试参加了这个实验。结果令他震惊，即使对自己熟悉的人，也有65%的被试施予最高的电压。当然，实际上假扮"学生"的被试并没有受到电击，他们的哭喊声都是事先制作好的录音。

由于该实验结果如此出乎意料，为了稳妥起见，米尔格拉姆通过改变实验方式，进一步对人们的服从倾向加以研究，发现了一系列有意思的结果：如有权威的实验者比普通人引起服从的比例更高；在实验中，实验者与被试（即扮"老师"的人）之间的距离也对服从有影响，距离越近，服从的比例越大。在经过这些研究之后，米尔格拉姆指出服从是人的一种基本倾向。许多其他国家的研究者也证明了米尔格拉姆所揭示的服从行为的普遍性，在澳大利亚这个比例是68%（Kilham等，1974），在约旦为63%（Shanab等，1977），在德国这个比例高达85%（Mantell，1971）。

二、服从的类型

（一）根据服从者内心是否发生冲突划分

口服心服，口不服心服：都是达到内心层次的服从，服从者对团体规范或权威人物心悦诚服。口服心不服，口不服心不服：是外显行为层次的服从，是因为团体压力太大或权威影响太大，成员无可奈何地暂时服从。不同服从类型之间可以相互转化，也都可以变为不服从。

（二）根据服从对象划分

个人服从集体，少数服从多数，下级服从上级，是社会团体中强调的组织原则。对权威的服从，又可分为敬佩服从和害怕权威。

三、服从的原因

第一，合法权利，是指社会以规章制度、宗教、法律等形式赋予团体中一些成员更多的影响力，从而使其他成员认为自己有服从的义务。但是，临时性合法权利是和特定的情境联系在一起的。

第二，缓解心理紧张，融洽人际关系。

第三，逃避惩罚，获取奖励。

四、影响服从的因素

第一，命令发出者的权威性，命令发出者对执行命令者是否关心、爱护，是否监督命令执行的全过程，等等，都会影响服从。

第二，服从者的道德水平、人格特征以及文化背景等也都会影响他对命令的服从。道德水平越高，越倾向于按照自己的价值观行事，拒绝服从权威而去伤害别人。不同民族通常有不同的文化背景，不同文化背景的人在服从行为上会有不同的表现。甚至是同一民族的不同世代，也会因为受到外来文化的洗礼而产生不同的表现结果。一般而言，相较于处在崇尚个人主义的文化，生活在集体主义文化背景下的人服从的比例会较高。

第三，情境因素，例如是否有人支持自己的拒绝行为，周围人的榜样行为怎样，奖励结构的设置情况，自己拒绝或执行命令的行为反馈情况怎样，等等，也会影响个体的服从行为。

五、服从的意义

服从于具备优势方面的个体，可以节省时间资源，通过分工达到资源优化配置；服从于强势群体，有益于保存自身力量；服从于组织安排，可以在整体层面通过配置安排，促

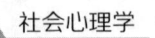

使团体在统一指挥下成为有机的整体，发挥组织最大能效。

换言之，对于一个结构精密的系统而言，每个个体像是系统里的部件，而服从就像是润滑油，通过服从能够发挥系统层面的最大效用。但服从过度容易带来盲从，不加思考的服从是盲从，盲从经常伴随一种歇斯底里的狂热，将事物极端化、两面化以及对人进行面具化和模板化，忽略人的主观能动性和事物是变动不居的变化特征。

第五节　顺从

一、顺从的定义

顺从（compliance）是指在他人的直接请求下按照他人要求做的倾向，在做出顺从行为时，人们可能私下同意他人的请求，也可能不同意，或者无所谓。[1]顺从行为是受到群体压力而表现出符合外界要求的行为，但内心仍然坚持自己的观点，保留自己的意见。

从众与顺从的区别：在于是否出自内心的意愿。放弃自己原有的意见遵守群体规范，是从众行为；虽然行为上与大家一致，内心态度并未改变，保留着个人的观点而符合客观要求，是顺从行为。

服从与顺从的区别：服从具有强制性特征，命令者和服从者之间具有社会规定的角色关系，且理由是外在的。顺从是自愿的，请求者和顺从者之间不存在社会规定的角色关系，且顺从的理由是内在的。

二、影响顺从的因素

（一）积极的情绪

情绪好的时候人们顺从的可能性更大，尤其是要求他人做出亲社会的助人行为时（Isen）。心情之所以有这样的作用，原因之一是心情好的人更愿意也更可能参与各种各样的行为。第二种解释则认为好的心情会激发愉快的想法和记忆，而这些想法和记忆使人们更喜欢提要求的人。由于好的心情有助于增加顺从行为，所以人们经常会在向他人提要求之前先给他人一点好处，Linden 和 Mitchell 把这种自我表现的策略称为讨好（ingratiation），预先的讨好和奉承对增加顺从行为十分有效。

（二）互惠规范

在社会规范中，互惠规范对顺从的影响很大。互惠规范强调一个人必须对他人给予自己的恩惠予以回报，如果他人给了我们一些好处，我们必须相应地给他人一些好处。这

---

[1] 朱振菁，吴莉莉，杨扬．浅析人际交往中从众、顺从与服从现象［J］．学理论，2012（4）．

种规范使双方在社会交换中的公平性得以保持，但同时也变成了影响他人的一种手段。Dennis Regan 的一项实验研究就证明了互惠规范的这种影响。在研究中，被试与另外一个学生一起完成一项工作，实际上，这名学生是实验者的助手，在有些情况下他对被试很友好，而在另外一些情况下他对被试不友好。在实验中间休息的时候，助手出去了一会儿，几分钟之后又回来了。回来的时候，有些助手给被试带来一瓶饮料，有些助手则什么也没带。不久，助手要求被试购买票面价值为25美分的演出票，结果发现有饮料的被试人均购票2张，而没有饮料的被试只买了1张票。互惠规范被广泛地运用于我们的日常生活中，尤其是在市场销售活动中。汽车销售人员在消费者购买了他们的产品之后，经常会赠送一些礼物；保险销售人员也是如此，当他们挨家挨户推销保险的时候，经常会给人们送诸如台历之类的小礼品，他们这样做无非为了增加人们的顺从可能性。

（三）合理原因

我们对他人的顺从也需要合理的原因，当他人能给其请求一个合理的解释时，我们顺从的可能性就大。Ellen Langer 和她的同事对理由对增加顺从的影响进行了研究，在研究中她让助手去"加塞"复印一些文件，在有些情况下助手没有说出理由，只是简单地说"我可以先印这5页文件吗？"，结果60%排队的人顺从了助手的要求；而在另一种情况下，助手给了一个简单的理由，他说"我时间紧张，可以先印这5页文件吗？"，结果94%排队的人顺从了助手的要求。仅仅给出一个简单的理由就可以增加他人的顺从，这是因为人们习惯于对他人的行为寻找原因，并且也相信他人不会提出不当的要求。

三、增加顺从的技巧

（一）"登门槛技巧"（Foot-in-the-door technique）

这是一种分两步实施的请求技巧，第一步先向他人提出一个小的要求，等他人满足该要求之后，再向其提出一个较大的要求，此时对方满足较大要求的可能性就会增加。Freedman 对家庭主妇交通安全问题的研究，证明了这种方法的有效性。在研究中，Freedman 发现：曾经在请愿书上签名的妇女，对随后在自己家草坪上竖牌子的要求顺从的比例远远高于一般人（55%与17%）。Joseph Schwarzwald 有关捐钱保护环境问题的研究，以及 Dillard 对此问题的元分析结果等都证明了这一方法的有效性。为什么"登门槛技巧"能增加人们顺从他人的倾向呢？ Freedman 与 Dejong 等人认为这与个体自我知觉的改变有关。例如，在 Freedman 的研究中，家庭主妇原先认为自己是不参加社会活动的人，一旦她们同意了实验者的小要求（即使是难以拒绝才答应的），她们的自我形象可能会发生变化，既然签了名，那么自己就应该属于参加此类活动的人。因此，随后出现一个大的要求时，她们会比以前更愿意顺从。也就是说，接受小的要求改变了个体对自己的态度，这种改变减少了他对以后类似行为的拒抗。

（二）"以退为进技巧"（Door-in-the-face technique）

它与"登门槛技巧"正好相反，这种方法是先向他人提出一个很大的要求，在对方拒绝之后，紧接着提出一个小的要求，这时候，小要求被满足的可能性会增加。Robert Cialdini 和他的同事对此进行了研究，他们先要求参加实验的大学生在下一年度内，每周抽出 2 小时的时间参加一些青少年活动，以便为他们树立"大哥哥"或"大姐姐"的榜样。毫无疑问，由于大学生没有那么多时间，所以没有人会同意这样的要求。随后，研究者又提出了第二个要求，问他们是否愿意参加"一次"这样的活动，结果 50% 的大学生同意后一种要求；而没有大请求的控制组，只有不到 17% 的人同意随后的小请求。但是，"以退为进技巧"必须满足三个前提：首先，最初的要求必须很大，这样当人们拒绝该要求时不会对自己产生消极的推论（例如，我不是一个慷慨大方的人等）；其次，两个要求之间的时间间隔不能过长，过长的话义务感就会消失，这一点与"登门槛技巧"不同，后者具有长期性；最后，较小的请求必须由同样的人提出，如果换作他人，该效应不会出现。"以退为进技巧"的发生与互惠规范有关，Harari 等人认为，当人们知觉到他人的让步时（既然不能捐出 1000 元钱，捐 10 元钱总行吧？），就会感到来自互惠的压力，即对他人的让步作出回报，从而接受他人的第二个要求。从这一点来看，"以退为进技巧"要比"登门槛技巧"更有效。正因为如此，该效应被广泛地应用于各种各样的协商情境中。

（三）"折扣技巧"（that's-not-all technique）

这种方法的第一步是先提出一个很大的要求，在对方回应之前赶紧打些折扣或给对方其他好处。与"以退为进技巧"相比，这种技巧不给对方拒绝初始大要求的机会。JerryBurger 研究用这种技巧销售面包的效果，发现当顾客询问没有标明价格的面包时，如果开始要价很高，并且在顾客回应之前，告诉他们这个价格里面还包含一份礼物，此时会有 73% 的人会购买面包；而在控制组中，当顾客问完价格以后，马上给他们看同样的礼物，并且说面包价格里已经包括礼物，这时有 40% 的人会购买。

（四）"低价法技巧"（low-ball technique）

即在最初的要求被他人接受之后，又告诉他人由于自己的要求被低估，又提出了新的较高的要求或价码。例如在某些商品的以旧换新中，销售人员开始给你的旧电视机估价 400 元，但当你真正购买的时候，销售人员说这笔买卖还要经过销售经理认可。在假装询问经理之后，他会很沮丧地告诉你：经理认为旧的电视机只值 200 元。这时他又面带微笑地对你说："你只要多掏 200 元钱就可以把新电视机搬回家。"在这种情况下，销售人员的策略就是"低价法技巧"，慢慢地增加砝码。

第六节 暗示

一、暗示的含义

暗示是社会影响的一种特殊形式，即在无对抗的条件下，通过语言、行动、表情或某种符号，对他人的心理和行为产生影响，使他人接受暗示者的某一观点、意见，或按暗示的一定方式活动。暗示只要求受暗示者接受现成的信息，并以无批判的接受为基础。

二、暗示的类别

根据不同的标准，暗示可分为以下几类：

（一）直接暗示与间接暗示

直接暗示是有意识地直截了当地发出信息，使受暗示者迅速地不加考虑地接受，以达到预期的反应为目的而不引起抵触的暗示。

间接暗示是暗示者发出比较含蓄的刺激信息，既不显露意图，也不表明动机，而是让受暗示者从暗示的内容去理解，从而接受其暗示。这种暗示委婉自然，容易被人接受，产生的体验也比较深刻。

（二）积极暗示与消极暗示

心理暗示按其作用来分，可以分为积极暗示和消极暗示。对人的心理行为和生理功能产生积极作用的，并使人增加力量、勇气、快乐和信心的暗示，即为积极暗示；对人的心理行为和生理功能产生消极作用的暗示，即为消极暗示。

（三）他人暗示与自我暗示

根据来源，暗示可分为他人暗示和自我暗示。来自外界的暗示称为他人暗示，自己对自己的暗示即为自我暗示。自我暗示是指自己的显意识不断重复，迫使潜意识接受显意识的思考内容从而做出改变。这样，自己的心理可以给自己施加某种影响，改变自己的行为与主管经验等。

（四）言语暗示与非言语暗示

言语暗示是指利用权威方法，通过语言诱导进行暗示。非言语暗示是通过表情、姿势或者其他的外界事务等手段进行暗示。

（五）单独暗示与集体暗示

一对一进行的暗示称为单独暗示。以团体为对象的暗示即为团体暗示。

三、影响暗示效果的因素

第一，暗示者的权力、威望、社会地位及人格魅力，都会对暗示效果产生明显影响。

第二，被暗示者如果独立性差，缺乏自信心，知识水平低，则暗示效果明显；被暗示者的年龄、性别与暗示效果也有关系，年龄越小越容易接受暗示，另外，一般女性比男性易受暗示。

第三，被暗示者所处的环境也会影响暗示效果，被暗示者处于困难环境又缺乏社会支持时，往往容易受到暗示。

四、暗示的实际意义

暗示的作用是巨大的，不但能影响人的心理与行为，还能影响人体的生理机能。比如，我们平时都敢站在桌子上，丝毫不感到害怕。但是，同样宽的一块厚木板很牢固地搭在山涧之上，下面是万丈深渊，敢站在上面的人则寥寥无几。大多数人在迈上木板之前就心跳加速、浑身颤抖、两腿发软，这种现象是自己吓唬自己，也就是自我暗示造成的。既然自我暗示可以产生恐惧反应，同样自我暗示也可以使这种恐惧消失。心理学在对类似的恐惧症的治疗中，常常结合自我积极暗示的办法解除恐惧。

此外，暗示作为一种心理疗法，有科学基础和功效，临床各科都可以见到不少由于暗示作用而造成的躯体症状，甚至超过实际患疾病的症状。这些病人无疑都是暗示治疗的对象，经过科学的治疗，可产生戏剧性疗效。对一些心因性疾病如厌食、哮喘、高血压、心动过速、神经性头痛、植物神经功能紊乱和更年期综合征等有一定的疗效。积极的暗示，通过调节人的神经内分泌，可以促进脑中有益的激素分泌，增进人的身体健康。而消极的暗示，不仅不能医治疾病，反而会使受暗示者产生心理障碍，严重的会出现妄想、幻觉等。[1]

本章小结

社会影响是指在他人的作用下，引起个体的思想、情绪和行为的变化。

社会促进是指个体在从事某项活动的时候，如果有其他人在场，他就会感到一种刺激，这种刺激会提高他的活动效果，促进其活动的完成。社会抑制则是指在有些情况下，他人在场会干扰个体所进行的活动，使其活动效果大大降低。

从众是指个体受到群体的压力，从而在知觉、判断、信仰及行为上表现出与多数人一

---

[1] 白洁，马惠霞. 对暗示的心理学分析[J]. 中共山西省委党校学报，2006（2）.

致的现象。

顺从是指个体按照他人的要求行事，而不管自己是否愿意这样做。

暗示是指在无对抗的条件下，通过语言、行动、表情或某种符号，使他人接受某一观点、意见，或按某种方式活动。

关键概念

社会影响；社会促进；从众；服从；暗示

思考与练习

1. 什么是社会影响？文化如何影响中国人的心理与行为？
2. 什么是从众？
3. 试述影响从众行为的因素。
4. 增加顺从可能性的技巧有哪些？
5. 社会影响理论是怎样解释来自他人的影响的？

第八章 人际沟通

引言

早年间，英国有位哲人，他单身时和几个朋友住在一间只有七八平方米的小房子里，每天却总是乐呵呵的。别人问："那么多人挤在一起还有什么值得开心呢？"他说："朋友们住在一起，随时可以交流思想、交流感情，难道这不是值得高兴的事吗？"过了一段时间，朋友们都成了家，先后搬了出去，屋内只剩下他一个人，但他每天仍非常快乐。又有人问："一个人孤孤单单，有什么好高兴的？"他说："我有这么大的空间，还有那么多的书可以看，悠然闲适，怎不令人高兴？"

数年后，哲人经济条件好了起来，他搬进了楼房一楼，仍是每天乐呵呵的。有人说："住一楼烦都不够烦的呢！"哲人却说："一楼，进门就是家，还可以在空地上养花、种草，这些乐趣多好呀！"

又过了一年，这位哲人把一楼让给一位家里有偏瘫老人的邻居，自己搬到顶楼。朋友又问："先生，住顶楼有哪些好处？"他说："好处多了！每天上下楼几次，利于身体健康；房间光线好；没有人在头顶上干扰，白天黑夜都安静。"

正如柏拉图说："决定一个人心情的，不在于环境，而在于心境。"心里想的什么样，看到的就是什么样，个体在自我信息传送的同时，正确的积极的认识和信息的摄入，会通过自我反馈促进良好的心境的形成，最终形成自我沟通和心境的良性循环。

第一节 人际沟通概述

一、人际沟通的含义

所谓人际沟通（interpersonal communication），是指社会中人与人之间的联系过程，即人与人之间传递信息、沟通思想和交流情感的过程。换言之，沟通是"一种传达意思给别人，且为别人觉知到的行为"。

沟通是解读意义的过程，也是建构意义的过程。在这一过程中，人与社会之间形成了互动关系，沟通双方的内心活动被联结起来，沟通双方的内心活动与社会、历史、文化也联结起来，人的社会化也被塑造出来。

二、人际沟通的基本理论

在人际沟通中，主要有信息论、交互作用论和关系论三种观点。

（一）信息论

信息论者把信源比作发信者的脑，把转换器比作发信者的口齿，把信道比作传播声波的空气，把噪声源比作干扰人际沟通中信息传递的各种因素，把接收器比作耳朵，把信宿比作听者的脑。

（二）交互作用论

交互作用论则认为沟通是人们通过行为、表情或借助工具，而共同建立和维持的一种场合，人们在这种场合里相互作用、相互控制。虽然在交互作用中也有信息的交流，但重要的不是这些信息和行为"意味着什么"，而是怎样去组织行为。它重视自我的考虑，认为沟通是通过相互作用发展自我潜能的工具。自我是沟通中意义引申的最终参照点。

（三）关系论

在关系论看来，人们所处的社会情境，与其说是信息交流和面对面的交互作用发生于其中的环境，还不如说就是沟通现象本身。换句话说，沟通是人们彼此之间以及与他们所处的环境之间，共同构成的一种整体的关系系统。因此，要研究沟通，就必须从一定生态系统中的各种关系出发，研究人与人、人与群体、人与环境等错综复杂的关系，弄清各种关系对沟通的影响。[1]

三、人际沟通的特点

（一）人际沟通具有目的性

人与人沟通时，是有一定目的性的。比如你在一个城镇中迷路了，希望通过开口问路而获得帮助，不论你问的对象是谁，一名警察或是小孩，不论你的语气是和缓或是着急，都有一个你想要设法求得的目的存在，即你想知道你身处何方，如何找到你要走的路。

（二）沟通双方都是积极的主体

人际沟通中的每一个个体都是积极的主体，人际沟通不同于通信设备之间简单的信息往复，在这里，沟通的双方都是积极的主体，都具有一定的目的、意图等。这种交流是对称的、易于反馈的。

人际沟通是两个或两个以上的人或群体之间传递信息、交流信息、加强理解的过程。这种社会性沟通的特点在于每一个参与者都是积极的、主动的主体，沟通的目的在于相互

[1] 潘喜梅.如何进行有效的人际沟通［J］.知识经济，2013（11）.

影响、改善行为。同时，沟通双方都有各自的动机、目的和立场，都设想和判定自己发出的信息会得到什么样的回答。因此，沟通的双方都处于积极主动的状态，沟通过程中发生的不是简单的信息运动，而是信息的积极交流和理解。

（三）人际沟通过程受制于一定的人际关系

在任何沟通中，人们不只是分享内容，还会显示彼此间的关系。互动行为涉及关系中的两个层面，一个是关系中的情感，另一个是人际沟通中关系的本质，即界定谁是主控者。而关系的控制层面有互补的，也有对称的。在互补关系中，一人让另一人决定谁的权力较大，所以一人的沟通信息可能是支配性的，而另一人则是在接受这种支配性。在对称关系中，双方不同意有谁能居于控制的地位，当一人表示要控制时，另一人将挑战他的控制权以确保自己的权力。或者一人放弃权力，而另一人也不愿承担责任。互补关系比对称关系较少发生公然的冲突，但是在对称关系中权力较可能均等。

（四）人际沟通过程存在社会性和心理性障碍

人际沟通可能产生特殊而复杂的沟通障碍。这种障碍与沟通渠道和使用的符号无关，而是由对社会交往情境理解不统一、个体心理特征差异，或是交流双方的文化特征，如风俗习惯、宗教信仰、民族观念等不统一所造成的。例如，同样一句"你吃了吗"，中国人认为仅是客套话，而美国人则认为你要请他吃饭。

（五）人际沟通的形式多样化

人际沟通在至少掌握同一个编码体系的情况下才能实现，也就是说，沟通者在进行人际沟通时，应使用同一种语言或非语言，如面部表情能够表现出其非语言沟通信息，而文字沟通，如书信、文摘等，也能够传达出其表示的含义。吵架、破口大骂是一种非理性的激烈的沟通方式；而冷战不说话，也是一种沟通方式，对方从中也能明白对方的意思。

四、人际沟通的原则

（一）平等的原则

人际沟通首先要坚持平等的原则，无论是公务还是私交，都没有高低贵贱之分。切忌因工作时间短，经验不足，经济条件差而自卑。这些心态会影响人际关系的顺利发展。

（二）相容的原则

主要是指心理相容，即人与人之间的融洽关系，与人相处时的容纳、包涵以及宽容、忍让。主动与人交往，广交朋友，交好朋友，不但要交与自己相似的人，还要交与自己性格不同的人，求同存异、互学互补、处理好竞争与相容的关系，更好地完善自己。

（三）互利的原则

即交往双方的互惠互利。人际沟通是一种双向行为，故有"来而不往非礼也"之说，只有单方获得好处的人际沟通是不能长久的。要双方都受益，不仅是物质的，还有精神的，所以沟通的双方都要讲付出和奉献。

（四）信用的原则

人际沟通离不开信用。信用是指一个人诚实、不欺、信守诺言。古人有"一言既出，驷马难追"的格言，现在有以诚实为本的原则，不要轻易许诺，一旦许诺，就要设法实现，以免失信于人。朋友之间，要言必信，行必果，不卑不亢，端庄而不过于矜持，谦虚而不矫饰诈伪，不俯仰讨好位尊者，不藐视位卑者，显示自己的自信心，获得别人的信赖。

五、人际沟通的构成要素

（一）信息背景

一个信息的产生，常受信息发出者过去的经验、对目前环境的感受以及对未来的预期等影响，这些就称为信息的背景因素。因此，要了解一个信息所代表的意思，必须考虑到背景因素，不能只接收信息表面的意义，还必须深入注意到信息背景的意义。

（二）信息的发出者

信息的发出者是指发出信息的人，一个人发出信息、表达思想时即为发送者，也称作信息的来源。

（三）信息

信息是指信息发出者所要传递给别人的观念、思想和情感的具体内容。思想和情感只有在表现为符号时才能得以沟通。

（四）信息传递的途径

信息传递的途径是指信息由一个人传递到另一个人所通过的渠道，也指信息传递的手段，如视觉、听觉和触觉等。

（五）信息的接收者

信息的接收者指信息传递的对象，即接收信息的人。

（六）反馈

反馈是指信息由接收者返回到信息发出者的过程，使沟通成为一个双向的交互过程，即信息接收者对信息发出者的反应。

（七）障碍

障碍指导致沟通困难的因素，如前面所提到的社会性和心理性障碍等。

六、人际沟通的过程

（一）人际沟通的心理过程
①沟通动机（共同占有信息；态度不一致性）。
②信息选择（赞同、相反、反对、非接触）。
③信息理解（经验、常识、偏爱及需要情境）。

（二）人际沟通的动作过程
①追求一致，提高对方的地位或表示支持对方的意见。
②镇静，与所有人都容易相处并表现得毫无拘束，显示满意的表情。
③表示同意、默认。
④给予指示或发指令，但表现得彬彬有礼。
⑤提供意见、批评并分析意见，表示意图和感情。
⑥提供信息，介绍情况，解释清楚。
⑦需求信息，请求重复问题（采取强硬的办法或温和的态度）。
⑧询问意见，求得对方的明确表示，尤其关注对自身行动的评价。
⑨请求告诉各种可能的行动方式。
⑩消极地拒绝意见，不予帮助，表示不同意。
⑪显露紧张及不满情绪（受压抑、情绪不安、受挫折）。
⑫表现出攻击行为，贬低对方的地位，肯定自己。

七、人际沟通的功能

（一）协调功能
人们通过沟通传播人为制定、大众认同的社会准则及健康的思想，协调共同活动，净化不良社会风气，消除不健康的社会意识形态。

（二）心理保健功能
通过沟通，人们可以同外界保持联系，满足归属感及安全感的需要。

（三）自我表露功能
人在沟通中自愿地把自己的个人信息传递给对方，可以加强彼此之间的情感联系，增加亲密感、幸福感，获得社会支持。

（四）心理发展动力功能
不论是婴儿还是老年人，都需要通过沟通来获得生理和心理上的满足，以此成为生存、生活下去的动力之一。[1]

---

[1] 刘雨玲.人际沟通的研究进展[J].现代交际，2018（9）.

（五）决策功能

人类除了是社会性动物之外，还是决策者。我们每时每刻都在做决策，如接下来是否要去看电视，明天要穿哪一套衣服，是否该给对方一个微笑，等等，都是在做决策。但有时是靠自己就能决定的，有时却是和别人商量后一起做的决定。

第二节　人际沟通的分类

一、按照发信者与接信者的位置是否变换分类

（一）单向沟通

只是一方向另一方发出信息，发信者与接信者的方向位置不变，双方无论在语言上还是在表情动作上，都不存在反馈信息，发指令、下命令、演讲、报告等都带有单向沟通的性质。

（二）双向沟通

双向沟通是指发信者和接信者的位置不断变化，发信者以协商、讨论或征求意见的方式面对接信者，信息发出后，又立即得到反馈。有时双方位置互换多次，直到双方共同明确为止。招聘会、座谈会等都属于双向沟通。

二、按照组织系统分类

（一）正式沟通

信息通过组织明文规定的渠道进行的传递和交流是正式沟通。组织内部的文件传达、通知发布、工作布置、工作汇报、各种会议以及组织与其他组织之间的公函往来都属于正式沟通。其优点是信息通路规范、准确度较高。

（二）非正式沟通

在正式沟通渠道之外进行的信息传递和交流称为非正式沟通，如员工间的私人交谈及一般的"流言"等。因为非正式沟通不但表露或反映人们的真实动机，也常提供组织没有预料的内外信息，因此，现在的管理者都很重视非正式沟通，常利用私人会餐及非正式团体的娱乐活动等，多与员工接触并从中获取各种资料，作为改善管理或拟订政策的参考。非正式沟通既具有沟通形式灵活、信息传播速度快等优点，又具有随意性和不可靠性等弱点。

三、按照信息流动方向分类

（一）下行沟通

下行沟通是指上级向下级传递信息。例如企业的上级领导向下级发布命令和指示。这种沟通方式大体有5种目的：传达工作指示；促使员工了解本项工作与其他任务的关系；提供关于程序与任务的资料；向下级反馈其工作绩效；向员工阐明组织目标，使员工增强其"任务感"。这种自上而下的沟通，能够协调组织内各层级之间的关系，增强各层级之间的联系，对下级具有督导、指挥、协调和帮助等作用。因此，这种沟通形式受到古典管理理论家的重视，今天仍为许多企业所沿用。但是，这种沟通易于形成一种"权力气氛"而影响士气，并且由于曲解、误解或搁置等因素，所传递的信息会逐步减少或歪曲。

（二）上行沟通

上行沟通是指由下级向上级传递信息。例如员工向上级报告工作情况、提出自己的建议和意见、表述自己的态度等。在组织中，不仅要求下行沟通迅速有效，还应保证上行沟通畅通无阻。只有这样，领导者才能及时掌握各种情况，从而做出符合实际的决策。但有关研究表明：有时自下而上的信息沟通即使到达了管理阶层，也不会被重视，或根本没被注意到，并且在逐层上报过程中内容会被逐层压缩，细节会被一一删除，造成严重失真。

（三）平行沟通

平行沟通是指同级之间传递信息，如员工之间的交流、同一层级不同部门的沟通等。在企业部门中经常可以看到各部门之间发生矛盾和冲突，除其他因素以外，部门之间互不"通气"是重要原因之一。保证平行组织之间沟通渠道的畅通，是减少各部门之间冲突的一项重要措施。这种沟通一般具有业务协调性质。它有助于加强相互间的了解，增强团结，强化协调，减少矛盾和冲突，改善人与人之间的关系。

四、按照沟通形式分类

（一）口头沟通

口头沟通是指面对面的口头信息交流，如会谈、讨论、会议、演说以及电话联系等。其优点是有亲切感，可以用表情、语调等增强沟通的效果，可以马上获得对方的反应，具有双向沟通的好处，且富有弹性，可以随机应变。但如果传达者口齿不清，或不能掌握要点做简洁的意见表达，则无法使接收者了解其真意。沟通时如果接收者不专心、不注意或心里有困扰，则因口头沟通一过即逝，无法回头再追认。

（二）书面沟通

书面沟通是指通过布告、通知、文件、刊物、书信、电报、调查报告等方式进行的信息交流。其优点是具有一定的严肃性、规范性、权威性，信息不容易在传达中被歪曲；它可以作为档案材料和参考资料，以及正式交换文件长期保存；它比口头表达更详细地供接收者慢慢阅读，细细领会。其弱点是沟通不灵活，感情因素少一些，对文字能力要求较高。

第三节　影响人际沟通的因素

一、个人方面的因素

个人因素涉及范围较广，既有生理性因素，也有心理、社会性因素。其中，与沟通有较密切关系的因素包括生理因素、情绪状态等。

（一）生理因素

例如，暂时性的生理不适，像疼痛、气急、饥饿、疲劳等，会使沟通者难以集中精力而影响沟通。但在这些生理不适消失后，沟通就能正常进行。

（二）情绪状态

沟通者处于特定情绪状态时，常常会对信息的理解"失真"。例如，当沟通者处于愤怒、激动状态时，对某些信息的反应常会过度，这也会影响沟通。

（三）个人特征

现实中，每个人都会因其生活环境和社会经历的不同，而形成各不相同的心理、社会特征。许多特征都会不同程度地对人际沟通产生影响。

个人特征对人际沟通的影响主要包括以下方面：

1.性格特征的影响

例如，两个性格都很独立、主观性又很强的人相互沟通，往往不容易建立和谐的沟通关系，甚至会发生矛盾冲突。而独立型性格的人与顺从型性格的人相互沟通，则常常因为"性格互补"而建立良好的沟通关系，有利于沟通的顺利展开。

一般来说，与性格开朗、大方、爽快的人沟通比较容易，而与性格内向、孤僻、拘谨和狭隘的人沟通，往往会遇到许多困难。

2.认识差异的影响

由于个人经历、教育程度和生活环境等不同，每个人的知识面，认识的深度与广度，以及所了解的领域和专业等都有差异。一般来说，知识水平越接近，知识面重叠程度越大（例如专业相同或相近等），沟通时越容易相互理解。知识面广、认知水平高的人，比较善于与不同认知范围和水平的人进行沟通。

3. 文化传统的影响

文化发展具有历史的延续性。不同地域、不同民族的文化，在长期发展过程中，会形成许多具有鲜明地域性和民族性的特征，从而形成特定的文化传统。这种文化传统所产生的文化定势，总是在左右着每个人的行为，形成既有共性又有个性的"文化"特征。

一般来说，文化传统相同或相近的人在一起会感到亲切、自然，容易建立相互信任的沟通关系。当沟通双方文化传统有差异时，理解并尊重对方文化传统将有利于沟通；反之，将对沟通产生不利影响。

4. 角色与关系的影响

例如，同学之间说话随便，互相打闹、嬉戏可以毫无顾忌，但师生关系则不一样，基于师道尊严，学生在老师面前只能恭恭敬敬。同样，下级与上级和同事与同事之间的交流也是不一样的。因此，沟通参与者的角色与关系不同，将会影响沟通方式与沟通效果。

（四）沟通技能

例如，有的人口才很好但写作不行，口头交流时头头是道，但书面交流则困难重重；有的人正好相反。另外，像对口齿不清、地方口音重、不会说普通话、书面记录速度慢等，也属于沟通技能方面的问题，对沟通也有重大影响。

二、环境方面的因素

影响沟通的环境方面的因素，主要包括嘈杂声干扰，环境氛围的影响，隐私条件的影响等。

（一）嘈杂声干扰

例如，门窗开关的碰击声、临街的汽车声和叫卖声、邻室的音响声、各种机械噪声，以及与沟通无关的谈笑声等。

（二）环境氛围的影响

例如，房间光线昏暗，沟通者看不清对方的表情；室温过高或过低及难闻的气味等，会使沟通者精神涣散，注意力不集中；单调、庄重的环境布置和氛围，有利于沟通者集中精神、进行正式而严肃的会谈，但也会使沟通者感到紧张、压抑而词不达意；色彩鲜丽活泼的环境布置和氛围，可使沟通者心情放松、愉快，有利于促膝谈心。

（三）隐私条件的影响

凡沟通内容涉及个人隐私时，若有其他无关人员在场，缺乏保护隐私的条件，便会干扰沟通。回避无关人员的安静场所，则有利于消除顾虑、畅所欲言。

总之，人际沟通的情境千差万别、千变万化，其影响因素也颇为复杂多样。了解一些常见的影响因素，有利于沟通者在沟通时随机应变，灵活应对。

第四节 人际沟通的障碍

一、人际沟通中常遇到的障碍

(一) 语言文化障碍

语言文化障碍是指语言表达不清、使用不当，造成理解上的困难或产生歧义。有时即使是同样的字眼，对不同的人而言，也有不同的含义。有一则笑话，主人请客吃饭，眼看约定的时间已过，只来了几个人，不禁焦急地说："该来的没有来"，已到的几位客人一听，扭头就走了两位。主人意识到他们误解了他的话，又难过地说："不该走的走了"，结果剩下的客人也都气呼呼地走了。文化的差异会导致双方在思维模式、认识及行为习惯等方面产生差异，进而产生沟通障碍。

(二) 心理障碍

现实中的沟通活动常为人的认知、情感、态度等心理因素左右，有些心理因素会对人际沟通造成障碍。人们的认知如第一印象、近因效应、晕轮效应、思维定势、社会刻板效应等都会影响人际交往。人们总是带着某种情感状态参与沟通活动。在某些情感状态下，人们容易吸收外界的信息；而在另一些情感状态下，信息就很难输送进去。如果不能有效驾驭情感，就会有碍正常的沟通。态度是人对某种对象的相对稳定的心理倾向，如沟通双方对某一事物的态度不同，就很难达成一致的沟通。[1]

(三) 反馈过程的障碍

有一个经常被提及的哲学问题，树木倒地时会发出声音，但如果没有一个人在树林里，这样的声音是否依然存在？它指出了人际沟通中的一个重要问题。从沟通的角度来说，答案是否定的，因为没有人知觉到，所以只有声波而没有声音。人际沟通过程必须包括发送者和接收者两个方面。发送信息者固然重要，但接收信息者也很重要，他们将反馈传递给发送者。在反馈过程中，反馈渠道的设置和使用，以及反馈过程中可能出现的信息失真等，都可能给沟通带来障碍。[2]

---

[1] 贺序，邓亚琴. 人际沟通能力的常见障碍和技巧解析 [J]. 才智，2013 (5).
[2] 徐秀芳. 人际沟通障碍及其消除 [J]. 安庆师范学院学报，2008 (7).

二、人际沟通产生障碍的原因

（一）信息发出者的原因

发出信息是最初的环节，也是很重要的环节，因为它是一个沟通的开端，从一开始就决定了整个交流中的基础感情色彩，定位了整个沟通的清晰方向。发出信息的人如果表达不当，就会引发误会，即会出现"说者无心，听者有意"的情况。信息发出者的态度和知识程度是至关重要的，会影响他能否真的表达出自己想要表达的内容，万一有所偏差，障碍之墙或许就会不经意地竖立起来。发送者的重要性是不容忽略的，由发送者产生的交流偏差，会使沟通障碍很顽固地建立起来，不好清除。

（二）沟通渠道的原因

同一信息经过不同的信息渠道传递，其效果大不一样。人类生活在这个世界，经常运用不同的感觉与外界沟通。所以，信息渠道造成沟通障碍不只是信息传递工具的问题，也和信息传递是否顺畅有极大的关系，绝不可忽视。要表达一件事情，与人交流思想，就一定要选对信息交流渠道，不然就会导致表达不清，误传讯息，再解释也难以挽回。

（三）信息接收者的原因

产生沟通障碍的最后要素就是接收者。接收者的影响因素主要有：接收者的心理选择性，如有些信息接收者愿意接收，而有些信息不管怎么渲染接收者都不接收，或许接收者本身有一种先入为主的思想，且根深蒂固，无法动摇，这样的沟通会很不顺利，极易引发争端；接收者当时的心理状态，如处于喜悦状态容易接受他人提出的要求，心情不好的话，说再多他也会有抵触心理；接收者的文化背景不同，如语言不通带来的困难，社会风俗、规范的差异引起的误解等，大家的意见就会发生碰撞，这在社会生活中是屡见不鲜的。

三、消除人际沟通障碍的对策

（一）说话直接

有些人说话时喜欢拐弯抹角，不直接表达出自己真实的想法而让别人去猜测。这不仅会让听者抓不到重点，有时还可能造成不必要的误解。另外，如果说话者直截了当，而听者却多心，以为说话者在拐弯抹角，也会造成误会。例如，一个刚参加工作的新人，在进行一项领导交给的任务时，询问领导出差是坐火车还是坐飞机，领导说："火车飞机都可以，你看着办吧。"这个年轻人以为领导暗示自己坐火车，嫌飞机贵。其实，他的这种推测完全是多余的、错误的。因为这位领导在处理事务时都是直截了当。而他作为沟通中接收信息的一方，却在不知不觉间受到了"打太极拳"方式的迷惑。这种不直接、相互试探的危害太大，相比之下，直来直去的沟通方式显得十分轻松。

（二）平行沟通

平行沟通产生障碍，大多是因为各职能部门分别行使不同的职能，而且分别属于不同的上级领导。各职能部门之间往往在沟通时，信息接收者认为两部门间是平级关系，而在心理上难以接受信息发出者者对自己发出的指令。这时，信息发出者只能把信息传递给自己的上级，然后由自己的上级与对方上级进行沟通，再由对方的上级向对方传递这一指令，对方部门才会接受指令加以执行。在这个过程中我们可以看到，传递的链条被人为地加长了，对行政部门来说拖延了行政时间，降低了行政效率；对企业来说则是致命的，导致企业管理信息的延时或延误，有可能引起更为严重的事故。各职能部门间如果能实现畅通有效的平行沟通，就能够避免这些不良后果。

（三）加强反馈

在沟通中，作为与信息发出者地位平等的接收者的反应，会对人际沟通产生重要影响。信息接收者的聆听技巧可以影响信息发出者对信息的传递。聆听的同时进行反馈，信息发出者将受到接收者的直接影响。

因此，我们要学会有效地倾听，学会倾听的艺术，提高倾听的技能：使用目光注视、接触；展现赞许性的点头和恰当的面部表情；避免做出分心的举动；复述，用自己的话重述对方所说的内容；要有耐心，不要随意插话，等等。❶

第五节　人际沟通的技巧

一、恰当地说出来

要想实现有效沟通，首先要说明自己的态度与观点。把该说的说出来，获得对方的理解与认同。还要说得恰当，对方的情绪会直接影响我们沟通的效果，所以我们的语言表达要讲究技巧。

二、自信的态度

在人际交往中，如果你带着消极的情感，别人是很容易从你的言谈举止中观察出来的，别人可能认为你不重视他，可能认为你个人态度有问题，这就很难办好事情。自信的态度，不仅包括带着积极的情绪处理你身边的事情，还包括不随波逐流，不单纯只依附别人的观点。要想达到有效沟通，除了多理解和体谅别人，站在别人角度看问题，还要肯定自我、充满自信地主动表达自我观点。

---

❶ 张曦. 论人际沟通障碍的克服 [J]. 商业文化，2011（10）.

三、说到别人的心坎上

在人际沟通中，即使你大道理讲了一通，如果对方听不进去，也是徒劳无功。要说就要说到别人的心坎上，否则宁愿不说。中国与西方比较容易情绪化，容易先入为主，往往第一印象不好，就影响后面的沟通。所以中国人交往时，即使是在重大事件决策时，都较少开门见山，切入正题。开口十分谨慎，喜欢先寒暄一下，看看对方的反应，揣摩对方的心情，如果对方情绪激动，态度强硬，即使要沟通的事情很重要，也不会选择在这种情况下交流。中国式寒暄是以试探性谈话，创造良好的沟通氛围，是为了自己说的事情能够在良好的状态下被别人接受，这个环节对于有效沟通是很必要的。

四、站在对方的角度看问题

人际沟通要想获得圆满结果，站在对方的角度看问题也是很有意义的。从心理学的角度来说，站在对方的角度看问题，能让我们理解对方的决策、态度与想法，获得与对方心理上的共鸣，达到相对折中的一致意见。从中国传统文化角度来看，站在对方的角度看问题，实际上顾及到了中国人很重视的面子问题，会让对方看到你没有轻视他。往往冷落对方会引起对方情绪上的波动，或许会无端产生诸多困难与问题，让你始料不及。

五、善于询问与倾听

善于询问与倾听，是敲开心灵之门的钥匙。通过积极倾听，我们才能抓住对方的愿望与需要，领悟对方的态度与立场，感受对方的内心世界，找到解决问题的突破口。当对方欲言又止、十分犹豫的时候，我们更加需要询问诱导对方，说出内心的想法。同时还要保护对方所顾虑的隐私或者担心的问题。一位优秀的沟通高手，绝对善于询问以及积极倾听他人的意见与感受。一个人的成功，除了专业知识以外，还要依赖人际关系和灵敏的洞察力。当今社会竞争日益激烈，为了在复杂的环境中获得更好的生存和发展空间，我们必须提高自己内在的软实力。积极运用有效的沟通方式，是我们获得成功的最好途径。

第六节　关于倾听

一、错误的倾听态度

（一）预先判断别人是不称职或者不合格的人

如果在回答之前就保有刻板印象，心里对对方有预先的判断，就会导致我们在倾听时存在强烈的偏见，使我们不自觉地带着指责的心态去接收信息，无论听到什么内容，都只会让我们在一开始就判定对方做得不够好，给出的回复自然也是责怪。因此，我们在倾听时要抛开主观印象，不要有预设，尽量不偏不倚地去判断。

（二）过滤信息或只听我们认为重要的事情

在日常对话中，越熟悉的关系越容易出现这种情况，细想一下，我们在面对父母和好朋友的时候，是否经常"选择性失聪"，只挑自己喜欢听的，只听对自己重要的信息。虽然大部分情况不会影响彼此关系，但是长期忽略对方的感受，以自己为主的倾听心态，会渐渐使亲近的人转移倾诉对象，不再愿意向你吐露心意，同时他们对你的回应也会如你一般以自我为中心。

（三）在还没听完信息之前，就尝试解决问题或提供意见

很多人以为倾听的目的就是解决问题，其实不然，真正的共情倾听不是给予解决问题的意见，而是听到对方话语背后的诉求，关注他们的内心需求。

（四）批评或指责

切忌一开始就用居高临下的态度进行批评，这在中国传统式亲子对话中经常发生，很多父母和长辈都喜欢用指责来对话，这只会激发孩子的叛逆心。

二、倾听的技巧

（一）关注感受需求

倾听的目的不是解决问题，而是使他人改变，这是倾听完成的标准，也是倾听的价值。

（二）把握反馈时机

比如对自己的理解没有把握时，可以通过复述去确认，在对方有明显情绪的时候，要及时给予安抚。

（三）注意反馈语气

人们在听别人谈自己的感受和需要时会比较敏感，所以我们在表达时，要注意语气中是否暗含批评和讽刺，尽量客观、温和地表达。

本章小结

人际沟通是指社会中人与人之间的联系过程。

沟通是解读意义的过程，也是建构意义的过程。在这一过程中，人与社会之间形成了互动关系，沟通双方的内心活动被联结起来，沟通双方的内心活动与社会、历史、文化也联结起来，人的社会化也被塑造出来。

人际沟通常常发生障碍。例如，信息源的信息不充分或不明确，编码不正确，信息没有正确转化为沟通信号，误用载体及沟通方式，以及信息自然地增强与衰减等。此外，沟通双方的主观因素也可能造成障碍。如果彼此缺乏共同经验，也难以沟通。

关键概念

人际沟通；双向沟通；沟通障碍；沟通技巧；倾听

思考与练习

1. 什么是人际沟通？
2. 人际沟通的过程是什么？
3. 沟通的要素有哪些？
4. 人际沟通的功能有哪些？
5. 人际沟通的技巧有哪些？

第九章 社会化

引言

儿时的你,是否曾因穿着裙子跟男孩子一起疯跑、翻墙而被母亲训斥?是否会在跌倒了疼得爬不起来时,听到父亲有力的声音"儿子,你知道男子汉应该怎么做!"?

少年的你,是否已经结交了三两挚友,与他(她)们相伴而行、如影随形?是否会和大家一起为某个明星而心动,为某部漫画而痴迷?

走进了青春期的你,是否不再欢迎父母走进自己的世界,也不想再做儿时的那个乖孩子;是否会为朋友间的磕磕绊绊而愁眉不展;是否开始了"爱"的萌动,在与他(她)擦肩而过的一刻也有了触电的奇妙感觉?

成长中的你,是否有了更远大的理想和追求,体验到了更多的欢乐和痛苦,为人父母、为人师长、为人上级……

社会化是一个不间断的终生进行的过程,个体的社会化是通过一生完成的。

第一节 社会化概述

一、社会化的定义

弗洛姆认为,"社会化诱导社会成员去做那些要使社会正常延续就必须做的事",是"使社会和文化得到延续的手段"。赖兹蒙(L.S.Wrightsman)说:"没有任何一个儿童是在完全的真空状态中成长起来的。从婴儿出生的时候起,他就被各式各样的人物和事件所包围,而这些人和事是会塑造他对世界的认知的。个体意识到他所属的社会的各种价值并把它们都吸收进去的过程,一般就称为社会化。"霍兰德表示,一个婴儿是带着繁多的行为潜能来到人世间的,这些行为的发展有赖于各种复杂的相互联系,包括与他人的相互作用。儿童在社会成长的过程中,学会了抑制某种冲动,并被鼓励获得在特定社会环境下应具有的特征和价值,这个过程就叫社会化。时蓉华指出,社会化是"在特定的社会与文化环境中，个体形成适应于该社会与文化的人格，掌握该社会所公认的行为方式"[1]。

社会化是个体通过与社会的交互作用，适应并吸收社会的文化规范，成为一个合格的社会成员的过程。也就是说，个体在社会影响下，通过学习社会知识，掌握社会技能，积累社会经验，并通过自身不断的选择和建构，形成一定社会所认可的心理—行为模式，成为社会成员的过程。

第一，社会化使个体知道社会或群体对自己有哪些期待，规定了哪些行为规范。

第二，社会化是使个体逐步具备实现这些期待的条件，自觉地以社会或群体的行为规范来指导和约束自己的行为，从自然人变为一个社会人。

第三，社会化是使社会和文化得以继承的手段。

人的遗传素质客观地决定了社会化的可能性。人脑不仅使人能够适应环境，而且可以改变环境，使其适应自己的需要。人类社会的语言现象为社会经验的传递提供了实现的条件。外部文化环境的连续且迅速的演变倾向，强化了持续社会化的重要性。

自然人，又称生物人，一般指新生儿，他们对社会一无所知，不具备人的社会属性，只有自然的生理性动机和需要。社会人，是指通过社会化，个体掌握了该社会的道德和文化，学会了该社会的道德规范和道德行为，形成了独立的人格，最终成长为社会化的人。

我们来看一个案例：1920年的一天，在印度加尔各答西南的一个小城附近，一位牧师救下了两个由狼抚养长大的女孩。这两个女孩，大的约七八岁，起名为卡玛娜，活到了17岁；小的不到2岁，不到一年就死在了孤儿院里。卡玛娜不喜欢穿衣服，给她穿上衣服她就撕下来；用四肢爬行，喜欢白天在黑暗的角落里睡觉，夜里则像狼一样嚎叫，四处游荡，想逃回丛林。她有许多特征和狼一样，嗅觉特别灵敏，用鼻子四处嗅闻寻找食物；喜欢吃生肉，而且要把肉扔在地上才吃，不用手拿，也不吃素食；牙齿特别锋利，耳朵还会抖动。她15岁时的智力水平大致相当于三岁半的儿童。这个案例说明，不经历社会化的过程，个体就无法实现从自然人到社会人的转变。

二、社会化的特点

（一）社会强制性

社会文化环境对人的影响，是通过各种直接和间接的方式进行的。个体出生后便置身于复杂的社会环境中，社会总是以各种各样的方式和途径影响、作用于个体的身心发展。个体的行为方式也时常有意识或无意识地被周围人和环境所塑造，社会化几乎是不以个体的主观意志为转移的，带有社会强制性质。

（二）主观能动性

这种能动性体现在两个方面：一是个体自身的人格特质等因素影响、引导着个体的社会化，个体不仅有选择地将社会文化内化，并且将内化了的社会文化又创造性地外化；二

---

[1] 时蓉华.现代社会心理学[M].上海：华东师范大学出版社，1989：72.

是社会化个体之间的相互作用，即个体既被社会化，同时也影响着其他个体的社会化。

（三）毕生持续性

个体自身因素与社会环境因素的交互作用，不断地推动着个体的社会化，没有固定不变的模式，必须随着社会的发展而发展。因此，社会化是一个不间断的终生进行的过程，个体的社会化是通过一生完成的。

三、社会化的内容

（一）政治社会化（核心）

1. 定义

早期的政治社会化研究都是从政治文化角度来认识的。阿尔蒙德认为，政治文化是一个民族在特定时期流行的一套政治态度、信仰和感情，而"政治社会化是政治文化形成、维持和改变的过程"[1]。政治文化与政治社会化是密不可分的，简单来说，政治社会化是政治文化的社会化过程或实现方式，只有通过政治社会化，政治文化才得以维持、传播、继承、发展和创造。迪韦尔热认为，政治文化一般是指文化的政治方面，政治社会化就是把文化中的权威、权力和等级制度赖以存在的价值观传授给人们[2]。理查德·E.唐森和肯尼斯·普热维特认为，政治社会化是公民获得对政治世界的认识的过程，是一代人将其政治标准和信仰传给下一代的一种方式[3]。兰顿也认为，政治社会化是人们把自己所属的社会团体对社会的信仰和观念，融合到自己的态度和行为模式中的过程，是政治社会代代相传政治文化的方式[4]。因此，政治社会化是个体逐步接受与获取被现有政治制度所肯定和实行的政治行为取向与行为模式的发展过程，或者说，是个体的政治态度和政治信念形成的过程。政治社会化是一般社会化的核心。国家意识或爱国情操的培养是公民的政治态度与政治意识发展的重要组成部分。

2. 心理学家海斯和托尼的研究发现

儿童的国家意识依三个连续阶段逐渐发展：

第一阶段：国家象征期。升国旗、唱国歌、悬挂领袖肖像是培养儿童国家意识的途径。

第二阶段：抽象国家观念期。儿童通过自己或家庭所享有的公民权利、履行的社会责任、参加的各种社会活动来培养国家意识。

第三阶段：国际组织系统期。儿童随年龄增长逐渐知道世界由许多国家组成，他们所在的国家是国际关系中的一员，爱国观念扩展到自己所在国家在国际上所承担的职责。

---

[1] 阿尔蒙德, 鲍威尔. 比较政治学——体系、过程和政策 [M]. 曹沛霖, 译. 上海：上海译文出版社, 1987.
[2] 迪韦尔热. 政治社会学——政治学要素 [M]. 杨祖功, 王炼, 译. 北京：华夏出版社, 1987.
[3] 里查德·E.唐森, 肯尼斯·普热维特. 政治社会化 [M]. 纽约：小布朗公司, 1969.
[4] Kenneth. P. Langton. Political socialization [M]. NewYork: Oxford University Press, 1969.

（二）法律社会化

1. 定义

法律社会化是关于法律信仰的形成、法律准则规范的内部化及法律遵从行为等方面问题的社会化过程。

2. 美国心理学家塔普的研究——法律社会化发展的三阶段

第一阶段：先习俗阶段，关键在于服从。

第二阶段：习俗阶段，关键在于维持规则。

第三阶段：后习俗阶段，关键在于制造规则。

3. 霍根的研究

霍根认为，法律社会化包括对规则的遵从、对社会期望的敏感和他人生活的关心以及观念的成熟等。

4. 李伟民的研究

考察了自小学到大学的不同年龄段学生的法律观念的发展，得出了和塔普相类似的发展模型。

5. 张积家、王慧萍的研究

二人做了相关青少年法律社会化问题的研究，将青少年法律意识的发展分为两个阶段：道德和情感定向阶段，法律和理智定向阶段。

（三）道德社会化

1. 定义

道德是一定社会调整人们之间以及个人与社会之间关系的行为规范的总和，将特定社会所肯定的道德规范逐渐内化的过程就是道德社会化。

2. 瑞士心理学家皮亚杰的道德认知发展理论

研究方法：谈话法——通常向孩子提出一对实例，询问情境中个人行为的好与坏。

研究结果：道德认知发展分为三个阶段。

3岁前，前道德阶段，多以自我为中心，按照自己的想象去对待规则。

3~7岁，他律道德阶段，多从行为的效果判断行为的好坏。

7~12岁，自律道德阶段，依靠行为背后的动机来判断是非。

3. 美国心理学家科尔伯格的道德发展阶段理论

研究方法：沿用了皮亚杰的方法，但目的是借助道德两难的问题情境（即著名的"海因茨难题"），了解儿童道德判断后如何说明其判断的理由，即探讨儿童对道德判断的内在认知历程。

研究结果：道德发展阶段论——三个水平六个阶段

第一时期：前习俗水平的道德。

第一阶段，避罚服从取向，不从行为本身着眼，而从行为带来的后果着眼，如果后果带来奖励，行为就是对的，否则就是错的。

第二阶段，相对功利取向，对行为对错的判断持利益交换的观点，帮助别人是希望别人帮助自己。

第二时期：习俗水平的道德。

第一阶段，乖孩子取向，即对行为对错的判断多以符合家庭社会期待的乖孩子为标准。

第二阶段，遵守法规取向，开始认同社会规范，自觉遵守义务与责任。

第三时期：后习俗水平的道德。

第一阶段，社会法治取向，对行为的对错判断多以符合社会大众权益的法规为准，个人行为符合公定法规者为对，违反公定法规者为错。

第二阶段，普遍伦理取向，个人根据其人生观与价值观，建立了真理和正义的一致性与普遍性信念。

4. 中国传统道德社会化的主要途径

（1）家教

以"孝"为核心；尚勤俭，戒奢侈；尚谦逊，戒浮躁。

注重习惯的培养，利用亲子关系加深道德情感，始于家庭，移于社会。

（2）尚贤

从春秋时期开始倡导和实施的一项整治措施，是国家提倡尊重贤人，推举、选拔、任用贤人，实行贤人治国。

中国传统道德社会化有不可忽视的影响，对于明确社会成员的角色及其相应的权利义务和道德要求，利用社会舆论和奖惩措施实现社会尊师重教等起着重要作用。

5. 中国现代社会的道德社会化研究方向

罗毅的研究：中国人道德感情的基本特点和道德社会化的主要途径。

章志光等的研究：品德形成的三维结构设想。

郑晨的研究：时代变迁导致中国人的道德观念的变化。

陈会昌、李伯黍的研究：当代中国人或当代中国青少年的道德观念及道德判断等问题。

（四）性别角色社会化

个人学习自己所属文化所规定的性别角色的过程称为性别角色社会化，即个体在社会生活中，学会按自己的性别角色的规范行事的过程。学者把男女之间的差异从三个方面加以描述：

1. 性

性是一个生物学概念，表示男女在生物学方面的差异，如遗传、内分泌、解剖及生理的差异。

2. 性别

表示男女在人格特征方面的差异。男性特质和女性特质指的就是性别的差异。

3. 性别角色

表示社会对男女在态度、角色和行为方式方面的期待。由于生物的"性"不同，社会对其期待也不同，因而出现了思维方式与行为方式的差异。这种差异与生理特征没有必然联系，不是天生的，而是社会化的结果。家庭对性别角色社会化的影响是通过性别期待与认同、模仿等机制实现的。婴儿从出生起，双亲就按其不同的性别要求加以培养教育。例如，在衣着、玩具、说话方式、行为表现等方面，双亲对男婴与女婴的要求是不同的；此外，婴儿的性别认同也不一样：女婴模仿母亲，男婴模仿父亲。儿童进入学龄期以后，学校和社会从多方面强化男女两性的角色差异。例如，学校和教师在升学期待、课余生活、体育锻炼项目等对不同性别的学生有不同的要求；教科书也表现出不同的性别期待。

（五）语言社会化

个体社会化从掌握语言开始，全部社会化是以语言社会化为前提的。语言包括语词、语音和其他意义符号，是一种取得共识的符号系统，是人们思维和相互交流的手段，个体掌握一种语言后，才能接受相应的社会习俗和态度，塑造自己的人格。

语言是个体与他人及社会联系的纽带。语言集中反映了文化，掌握某种语言的过程本身就是社会化的过程。因为语言中蕴含的知识、规范与观念必然对掌握这种语言的个体产生深刻影响。语言社会化在个体社会化中占据特别重要的地位。

四、社会化的方式

社会化的方式分为有意识与无意识两种。

其主要机制有：

1. 奖励与惩罚

2. 模仿

3. 认同

①行为强化与消退效果。

②强化理想行为和不强化非理想行为导致行为的改变。

③行为塑造技术（正强化）：用于提高期望行为。

④行为消退技术：用于降低过剩行为的发生。

五、社会化的基本途径

（一）社会教化：潜移默化

即社会通过社会化的机构及其执行者实施社会化的过程，主要包括两大类：

①系统的正规的教育。

②非系统的、非正规的教育。

（二）个体内化：主动选择与适应

即个体将社会目标、价值观、规范和行为方式等，转化为自身稳定的人格特质和行为反应模式的过程。

六、社会化与个性化

社会化强调的是社会对个体的影响和个体对社会的适应，而不强调个体影响社会，以及社会为适应个体需求和促进个体发展必须进行的调整和完善。而个性化是指个体在特定社会条件影响下，在实现社会化的同时形成个人心理—行为倾向独特性的过程。一个高度文明和发达的社会，应当在强调社会化的同时，发展起容纳个人创造性、合理追求，并由此使社会得以不断改革的机制。

个性化是与社会化相对的概念。个人的社会共同性是通过个性中与社会、文化要求相适应的行为体现的，而个人的独特性则通过高度带有个人色彩的思维方式和行为方式，以及稳定而特殊的个人能力、气质和性格等得以体现。

个性化与社会化是同步进行、同时实现的。个体社会化的过程也是个性形成或个性化的过程。一方面，社会对某个特定的群体有相对一致的期望，在同一群体中生活的人们，有着系统化的共同社会生活。这种社会生活的共同性带来了人们经验的相似性，由此，人们发展起与社会期望相一致的观念、情感、思维和行为方式，使社会化的目标得以实现。另一方面，个体除了有与他人相一致的社会生活外，还拥有独特的、难以被系统化的社会生活，这种生活使个体在社会化的同时也获得个性化。

社会化和个性化是两个伴生的、相互影响的双向互动过程，是一个过程中的两个方面。个性化与社会化相伴随的原因有两个。第一，社会及其代理者在引领个体的社会化时，不可能使每一个个体获得完全相同的经验。个体在被社会化的同时，实际上已经通过与他人的独特的相互作用过程，建立了与任何其他人相区别的个别化经验。第二，个人与社会环境的相互作用并不是简单、被动的，而是具有能动性与选择性，每个人的经验世界，都会由于这种能动性和选择性而与其他人相区别。个人因为有和他人相同或相似的社会生活，获得相同或类似的经历和内在体验而被社会化，也因为有不同于他人的独特社会生活、经历和内在体验而产生个性化，最终使个人的观念、情感、思维、行为方式的内容、表现形式都具有高度的个人色彩。

当一个社会只允许社会化存在而扼杀个性化时，社会的继承者会出现"过度社会化"效应，只会适应既存的社会现实，而缺乏推动社会发展和变革应有的独特性和创造性，那么这个社会就可能长期在一种水平上简单重复。纵观人类文明的发展历史，总是一种更为先进的文明战胜相对落后的文明。中国数千年的封建社会，从发达强盛走向落后衰微，意识形态、文学艺术、科学技术缺乏革命性成就，其中最重要的原因就是对个性的扼杀。

但是，如果一个社会过于强调个性化而忽视了个人的社会化，则会出现"社会化不足"的症候，社会的继承者缺乏应有的传承优秀传统的能力，从而使社会失去应有的连续脉络，社会也因为缺乏凝聚社会的共同性基础而更容易失范和分崩离析。一个良性运行的社会，应该既从宏观上规定人们的行动方向和方式，发展起完善的社会化代理机构体系（如完善的教育体系）和社会化诱导机制（如完善的奖励制度与法制体系），同时也为个人发源于原始生命的个性发挥提供尽可能大的空间，使社会化和个性化作为一个人的不同侧面，在个体身上得到充分的统一。对个人而言，合理的状态应当是既能较好地适应社会，又能充分发挥自己的个人风格和独创性。

第二节　社会化的影响因素

一、本能决定论：遗传因素

生物遗传是我们能成为社会人的基本前提。具备人的遗传素质、人的生理结构、人的神经系统尤其是人脑，是人之成其为人的基本条件。遗传作用只有结合正常的社会环境，才能保障人正常社会化的实施。

二、环境决定论：社会环境因素

（一）社会文化

社会文化是指一个社会或一些人共同承认的价值观和意义体系，包括使这些价值观和意义具体化的物质实体。不同历史时期、不同民族、不同阶级和不同地点，都会使文化带上时代特点、民族特点、阶级特点和地区特点。

美国耶鲁大学的约翰·怀廷领导的"六文化研究规划"小组，对不同民族、不同文化及相应的育儿方式对儿童社会化的影响进行了研究。六种文化分属印度、英格兰、墨西哥、肯尼亚、日本和菲律宾，其中多为原始民族。研究者在每个国家选取24个3~10岁的儿童及其母亲，观察她们与孩子的互动行为。结果发现，不同文化的儿童的社会化及行为模式有所不同。

A型文化：强调群体的重要性，儿童从小受到责任感方面的训练，乐于助人。他们对家务劳动涉及较早，因而对家庭利益比较关注。那些不服从成人指挥的孩子，往往会受到严厉惩罚。

B型文化：具有明显的个人主义倾向。学校教育始终强调个人成就，标榜自我中心。这种文化下的儿童期待"他人注意"和寻求"支配他人"。

（二）家庭

父母行为是孩子行为的第一参照系。宁静和谐的家庭，会使孩子感到安全愉快、生活乐观、信心十足、情绪安宁、待人和善；气氛紧张的家庭，使孩子容易形成忧郁、不信任感和情绪不安的个性特征。虽然家庭在个体最初社会化过程中占据主导地位，但是随着父母工作繁忙，与孩子面对面的接触大为减少，因此家庭以外的社会化主体变得越来越重要。

（三）学校

学校是专门为社会化目的而设立的学习机构。教师在学生社会化过程中发挥着重要作用。儿童进入学龄期以后，学校的影响逐渐上升到首要地位，成为最重要的社会化因素。

儿童在学校获得其在社会和文化传统中所需要的知识、技能和态度（政治意识、政治态度的培养也起相当重要的作用）。儿童在学校扮演学生、同学、朋友等社会角色，接受纪律的约束，学习各种规范，接受各种形式的评价，从而表现出自我控制、与人友好相处、服从指导等。

（四）同辈群体与业缘群体

同辈群体是由地位、年龄、兴趣、爱好、价值观等大体相同或接近的人组成的关系亲密的非正式群体。同辈群体是一个独特的、极其重要的社会化因素，在某些方面甚至远远超过父母和家庭成员的影响。

对双生子及有血缘关系的家庭和收养家庭的研究发现，基因的影响大约可以解释人格特性中50%的个体差异，共享环境影响，包括共享家庭影响，只能解释0~10%的人格差异。那么剩下的40%~50%由什么来解释呢？答案是同伴的影响，孩子比较关注的不是父母怎么想，而是他的同伴怎么想。

（五）大众传媒

电影、报纸、杂志、电视、广播、网络等，使个体能够有效地了解社会、增长知识、开阔视野、认识各种道德观念，提高明辨是非的能力。心理学家布鲁默、社会学家豪斯认为，电影直接影响青少年犯罪倾向和行为。沃尔森姆认为，阅读漫画书可以导致青少年犯罪，有些漫画书的内容给儿童提供危险、扭曲的世界观，改变儿童对现实的看法。多数研究者认为，电视暴力直接影响青少年的侵犯行为与侵犯倾向。

网络的优点：使个体便捷高效地学习文化知识、掌握生活技能；网络的虚拟世界使青少年能够扮演多种社会角色，利于对不同角色的领悟理解；网络的匿名性有助于个体个性的培养、独立自主意识的提高。

网络的缺点：暴力色情信息极大威胁青少年社会化；网络的非现实性让青少年沉迷在虚拟的世界中，造成对现实社会的认同危机；网络传播信息的异质性容易导致青少年的认识偏差。

中国人的社会化过程的特点：

①社会化的基本模式：以家庭为中心，实行多重家长制。如望子成龙，严师如父，爱生如子，学生之家，终身为父。

②社会化的重点：忍耐服从，行为适当，自我克制。

③社会化的关键：集体主义和社会本位的培养。

④社会化特征最突出的方面：理想规范和现实逻辑之间的紧张，文化规范中的"做人"和日常生活中的"做人"相脱离。

第三节　社会化的心理机制

社会化心理机制是从心理机制的视角来研究和探讨社会化，个体心理发展的社会化机制是指个体在形成适应社会要求的心理结构过程中，社会教化机制与个体心理机制相互作用的方式和状态[1]。

一、角色引导机制

角色是一定社会身份所要求的一般行为方式，以及理解事物的态度和价值观。在现实社会生活中，角色是个人自身与社会的桥梁，一个人担负什么样的角色，社会就会对其产生什么样的要求和期望。为此，角色引导人们生活的诸多侧面，并影响人们的实际生活状况，以及人们的行为方式与内在心理状态。

个体的社会环境和社会生活，与其社会角色相一致，并依据社会对于相应角色的要求和期待而被系统化。个体学习扮演社会角色，并按照社会对个人的角色期望确定自己的努力方向，从而使社会结构得以维持和发展。对于处在特定社会位置、扮演特定社会角色的人们，由于共同的社会要求和期待，使他们的社会生活具有高度一致性。例如，学生角色占据核心地位的儿童和青少年，社会对于他们有高度一致的理解、期待和对待方式。这种一致性程度很高的社会化环境，使他们对事物的基本看法、对社会事件的观念与态度，以及基本的价值倾向具有很高的一致性。

二、社会比较机制

任何一个具有自我意识的人，都需要在明确评价和确认自己的确切状况之后，才能明确自己作为主体同别人及周围世界的关系，才能明确自己应当怎样对待所处环境中的他人及其他客体，自己的行为才有明确的定向。将自己的状态与他人的状态进行比较，以获得明确的自我评价的过程就是社会比较。无论从动机的出发点来说，还是从评价所涉及的内

---

[1] 邓艳.论个体心理发展的社会化心理机制及对青少年思想教育的方法论要求[J].青少年学刊，2019（2）：28-32.

容来说，人们的自我评价都是倾向于社会性的。

三、社会学习机制

在相当长时期内，人们认为学习是直接经验的获得，是在行为实践过程中实现的。但是，班杜拉与合作者在 20 世纪 60 至 70 年代进行的大量实验研究证明，人的社会化不只取决于行为实践，观察学习的经验以及相关的心理机制对人的社会化过程也起着十分重要的作用。个人可以通过观察他人的行为和后果来学习各种行为、行为规范和行为方式。也就是说，人的思想、情感与行为，既受行为实践的影响，也受观察经验的影响。

传统行为主义理论认为，个人行为方式的建立依赖于外部强化的直接经验。也就是说，人们根据所受到的强化或惩罚才建立起相应的行为规范概念和行为方式。但是班杜拉等人研究发现，外部强化力量直接作用于行为者本人会产生行为导向作用；但当这些强化力量不直接作用于本人，而是作用于有共同特征的其他人（如同辈），并且这种作用过程及后果被人们观察到时，也会产生同样或类似的作用，这种作用被称为替代性强化。人们大量社会化经验的获得，都来自替代性强化机制支持下的观察学习经验。

根据班杜拉的研究，不仅直接强化、替代强化对人的社会化有定向作用，而且随着人的自我意识水平不断提高和自我评价标准的形成，自我强化逐渐成为社会化经验中具有自我引导性质的重要机制。也就是说，人们会使用自己设定的标准来评价、衡量自己，当行为符合自设标准时，他们会以自己能够支配的奖励给自己以正强化，如考试成绩满意，会用看电影或郊游来进行自我奖励。而当行为没有达到自设标准时，他们会进行自我惩罚，如做错事或考试失败后主动放弃应得的东西。自我强化能使人对自己的社会学习经验进行自主调节，从而一方面接受外在强化与替代性强化的影响而被社会化，另一方面又受自我强化的调节而使社会化过程带有主动性和个性化色彩。

四、亚社会认同机制

亚社会是人们社会化的直接背景，外部社会对于人们的要求与期望、奖励与惩罚，都是以亚社会为出发点的。因此，人们在社会化过程中需要认同的是作为自己直接生活环境的亚社会。他们必须接受亚社会的引导，完成对亚社会的良好适应，否则就不能顺利成长和发展。当亚社会对青少年有与大社会相冲突的要求或期望，且这种冲突被青少年意识到时，青少年就会产生究竟是适应大社会还是亚社会的强大压力。

第四节 社会化的阶段和社会化的结果

一、生命历程中的社会化阶段

个体的社会化是一个持续终身的过程。根据人的发展周期和发展阶段的特点，社会化分为4个阶段：基本社会化、预期社会化、发展社会化、再社会化。人的一生，是社会化的一生。

（一）儿童期的社会化：基本社会化（早期社会化）

个体在儿童期的社会化，主要任务是学习生活知识、学习语言、掌握行为规范、建立感情联系、确立道德及价值判断标准。

（二）青春期与青年期的社会化：预期社会化

青春期与青年期的社会化，是个体在学校里进行的社会化，主要任务是学习社会行为规范和知识、技能，为扮演所期望的社会角色、为进入社会做好各种准备。

（三）成年期的社会化：发展社会化

这一时期的社会化要求个体根据环境和自身状况的变化，接受新的期望和要求，承担新的责任、义务和角色。例如，职业培训、成人教育。

（四）再社会化

再社会化是个体在成年期后发生的一种较为特殊的社会化形式，指全面放弃已习得的价值标准和行为规范，重新确立新的价值标准和行为规范。再社会化着眼于人的改造，发展社会化着眼于人的完善。

二、社会化的结果

（一）语言与认知能力

社会化的核心是学习，而学习的核心是掌握语言。语言是人类在长期经验积累基础上形成的描述客观事物的符号系统，是人们理解他人和被他人理解的重要工具。语言是文化最集中的体现，学习一种语言必然要接触相应文化。语言获得本身有不可替代的社会化作用，而且其他社会化的实现是以语言掌握为前提的。从一定意义上说，在多大程度上掌握了某个社会的语言，就在多大程度上获得了社会化。

（二）道德观点与行为制约机制

道德社会化（moral socialization）和法律社会化（legal socialization）是个体社会化的主要内容，是个体作为社会成员存在所必需的行为制约机制建立的原因。当人们认同和接受某种道德规范，并使自己的行为遵循这些社会道德规范时，就实现了道德社会化。当人建立了法治观念，自觉按照法规约束自己的行动时，就实现了法律社会化。

（三）成就与工作导向

坎特（R.M. kanter）研究发现，工作者个人对工作环境的适应、对工作的介入和疏远程度，与工作情境的机会结构、权力结构和伙伴群体的社会结构有关。如果向上流动的机会很少，工作者则倾向于限制自己的抱负，试图在工作之外的活动中寻求满足，创造频繁的伙伴交往；在组织情境中处于权力较低位置的个人，可能变得更具有权威主义倾向。

第五节　社会化的理论

一、精神分析理论的观点

弗洛伊德认为，婴幼儿期的生活经验是构成个体人格的主要因素，婴幼儿期也是社会化的最重要阶段。童年期的社会化奠定了个人一生发展的基础。

埃里克森认为，人格的发展贯穿人的一生；注意了主体的自我作用与社会文化的影响；对人格发展的每一阶段是由"认同危机"来定义。

二、认知发展理论的观点

（一）皮亚杰的道德发展理论

儿童的道德判断经历两个发展阶段。一是根据行为的现实后果来判断是非，道德判断服从权威，以成年人的观点为标准；二是根据行为者的意图来判断行为的是非，并且以自己的观点为道德判断的标准。

（二）科尔伯格的道德发展理论

把人的道德发展过程分为前习俗、习俗、后习俗三个水平和六个阶段。

三、社会学习理论

把社会化的过程看作是有机体和环境的交互作用的过程。认为儿童的许多行为模式是通过观察—模仿学会的。观察学习有4个过程：

① 注意过程。
② 保持过程。
③ 行为再现过程。
④ 强化和动机过程。

四、解释理论

① 儿童与父母、其他成人进行交流，发现社会群体（如家庭）的共同意义。
② 儿童不仅学习文化，还在日常互动中使用学习或发现的语言和解释技巧。
③ 儿童不仅模仿习得的文化，而且运用已有的知识创造属于他们自己的独特的同辈群体文化。

五、正常成熟论

人的社会化并不单纯是由社会规范、社会压力等外部力量塑造的，还是一个相对独立的自然成熟过程。儿童需要好的环境以保证其天赋的顺利实现，不过，当"环境因素支持、改变和控制"成长时，"它并不导致发展的根本进步"，这些进步来自内部。

六、群体社会化理论

影响个体发展的因素简化为：遗传＋环境。遗传因素解释成人间50%左右的人格差异，剩下由社会环境，主要是儿童期与青春期的同辈群体的影响来解释。家庭外社会化主要是一种群体过程，发生于儿童与青春期的同辈群体中。群体内的同化作用使儿童与其同辈更加相似；群体内的分化作用又使得个体间的差异增大。

第六节　成人的社会化

随着社会科学技术的迅速发展和社会生活方式的急剧变化，成人的社会化问题在社会生活中变得越来越重要。当今高校几乎全部设置了继续教育学院，就是显示成人社会化地位的一个重要佐证。

一、成人社会化的必要性与内容

（一）成人社会化的概念

作为社会化的一个有机组成部分，成人社会化是指在基本社会化的基础上，成人为适应社会文化环境的变化及其所要求的角色重构，而在承担正式社会责任后所进行的延伸性的社会知识、技能、价值观念和行为规范的学习过程。

人们对社会化概念的理解有一个从狭义到广义的发展历程。20世纪50年代以前，人们认为，一个人从出生开始，经过儿童和青少年阶段的发展，已基本掌握社会生活所需要的知识技能、价值观念和行为规范，其社会化过程至此完成。因此，这种意义上的社会化实质是以青少年儿童为对象的狭义社会化。后来，人们逐渐意识到，社会化是一个广义而非狭义的概念，社会化过程贯穿于人的一生，它是一个连续不断的、终身的过程。

成人社会化，一方面是为完成进一步适应而进行的维持性学习，另一方面则是为变革而进行的创新性学习。因此，成人社会化，既能使社会的正常运作与发展得到保证，也能使成人在适应社会需要的同时，自身个性得以发展和完善。

（二）成人社会化的内容

成人社会化主要包括以下内容：

第一，进一步接受社会的深层文化传统和生活经验，继续学习生产、生活所需的知识与技能。成人所需的知识与技能广泛涉及工作和生活的多个方面，而且成人所拥有的知识与技能需要根据环境的改变而不断充实和更新。

第二，接受新的价值观念和社会行为模式。社会行为规范会依循一定社会政治、经济和文化的变革而变革，成人自然也需要根据社会的发展状况和不同的生活情境，不断掌握并遵从相应的社会规范。例如，随着社会的发展，成人职业的变换与流动变得更为频繁，从事新职业的成人就要学会遵从该职业所特有的道德规范。

第三，确立相应的人生目标与价值观念。人生目标的确立并不仅限于未成年阶段，每个成人都应根据个人情况确立相应的人生目标，唯有如此，成人才不至于在发展中盲目而为、迷失方向。另外，与青少年相比，成人的价值观要实现由理想趋于现实的转化，他们对客观事实的体认将更多是以其对现实的意义为根基。发展健全的个性是成人社会化的本质要义之一，也是成人社会化内容的一个有机构成部分。

二、成人社会化的文化反哺机制

文化反哺是我们这个物质生产高度繁荣、社会急剧变迁的时代独有的现象。这一方面是由于社会变迁加快，各种新事物、新规则层出不穷，成人已有的知识体系和经验，与现实生活的对应性和对现实生活的解释力开始下降，他们必须学习新的知识、技能乃至新的价值观念和行为规范。另一方面，成人既有的知识、经验反而会在某种程度上阻碍成人了解、接纳新事物，从而影响他们适应新的生活方式。而实际生活变化所引发的社会化需求，又要求成人必须适应社会，以达到自己感到满意的生活状态并与社会变迁相适应。在这种情况下，对新鲜事物较为敏感、易于接受的年青一代，就成为一种新形式的与传统方向相反的文化代理人，反过来对长辈施加影响，引导长辈适应现代社会生活。

文化反哺已经成为现今成人社会化的一种重要机制。社会迅速的生活方式变迁和生活观念变革所引发的成人继续社会化的压力，被主要在家庭中发生的文化反哺机制化解了。这种化解，在客观上正在发挥打破传统的成人本位社会结构，缓冲传统代际冲突的作用。当然，这种反向社会化的存在，并不会否定一般社会化的意义和作用，而是更显示了现代社会的社会化，正在由传统的单向社会化方式向双向乃至多向的社会化方式转变。一般社会化和反向社会化的互补，更有利于个体的持续发展、代际的良性互动和人类文化的传承和延续。

三、角色获得

角色获得（role taking），是指站在别人立场上，体验别人的角色，了解别人在特定交往情境中的期望与情感。通过角色获得，我们知道别人在特定条件下期望我们怎样行为，了解此时此刻我们怎样表现才恰当，由此调节自己的行为，使行为效果符合我们的愿望。心理学家发现，通过角色获得，我们可以细致了解别人在特定条件下对我们的感受。如果需要，我们甚至可以知道应该选择怎样的姿势，用多高的声音说话等。角色获得既是成人社会化的内容，又可以看作成人社会化的运作方式。许多成年人在青少年时代与同龄异性的交往，曾经受到教师、家长和社会舆论的严厉禁止。现在，当他们面对自己的子女与异性的交往问题时，更多地表现出的是理解、帮助和指导，而不再是简单禁止和缺乏理性的担忧。只有这样，他们才能与子女正常沟通，这是一种学习，是一种社会化。如果当今父母仍然对子女与异性交往简单禁止甚至横加指责和干扰，不但难以理解，更说明他们自身在社会化方面需要调整或得到帮助。

四、角色改变

从阶段发展来讲，成年人要经历成年初期、成年中期、成年晚期的较大社会角色改变。在成年初期，青年人自我意识蓬勃发展，人格处于形成和再构成时期，但其社会角色处于"边缘人"地位。这时，青年人脱离孩子群体，但不能完全承担成年人的责任和义务；名义上已成年，却通常被排斥在成人行列之外。这时，青年人的角色表现是内心矛盾冲突不断，抱负水平不确定，容易采取极端立场。

在成年中期，成年人的职业、家庭、个性、社会地位相对稳定，他们进入社会的核心，其角色任务主要是胜任现行多种角色并能顺利在角色间转换，尽可能创造更多思想的或物质的成果。这是人生各种重担集于一身的时期，既要继续和发展上一代人传下来的知识和技能，又要学习新知识，掌握新技能，以帮助和培养年青一代的成长。社会对他们的要求更多、更严格，社会化的任务更艰巨，意义更重大。

在成年晚期，个体走过中年时代以后，将面临生理衰退带来的体力、精力的不足，随着离开工作岗位，个体逐渐退出社会主角舞台，新生一代的后来居上和自己伴侣的消亡，让个体更多地表现出情绪消极低沉、失落感等老年特征。

成年人无论在成年的初期、中期还是晚期，其角色的多样性使得他们不得不经常转换角色。

这种角色变化既可能出现在同一个阶段，如在单位是职员、领导、同事，在家里是妻子、丈夫、父母等；也可能是阶段发展中的变化，如由单身变成父母，由学生变成职员，由低级职位晋升到高级职位等，也就是说，个体随时随地都在体验角色的转变，因此，扮演好自己的角色和转变好各种角色，成为个体不可避免的任务，也是社会化的目标之一。

五、再社会化

成年人在初始社会化基础上步入社会，经过进一步角色学习胜任了社会各种角色，但有时由于一些原因，原来已经学习的价值标准和行为规范不能适应新情况，个体需要通过吸收新的角色、价值或知识来建立新价值标准和行为规范，确立新生活目标，这就是再社会化。

再社会化经常发生于下列情况中：

①较大的角色变换需要再社会化。例如，作为移民、新兵，要学习新的价值观念和行为规范。

②社会化不完全或称为顺应不良者，需要用再社会化矫正其原先社会化的不足和对主流文化的错误偏离。

③无理性反社会化产生的有害社会进步者需要再社会化，如对惯偷、黑帮、破坏分子等进行改造。对特殊角色的改造也需要用再社会化手段，如对战犯、恐怖分子、邪教头目和参与者进行改造。

本章小结

社会化是个体通过与社会的交互作用，吸收并适应社会的文化规范，成为一个合格的社会成员的过程。也就是说，个体在社会影响下，通过学习社会知识，掌握社会技能，积累社会经验，并通过自身不断的选择和建构，形成一定社会所认可的心理—行为模式，成为社会成员的过程。社会化表现为一个过程，一个人从出生到长大成人，直到步入垂暮之年，始终不断地经历着社会化。

关键概念

社会化；政治社会化；法律社会化；道德社会化；同辈群体

思考与练习

1. 什么是社会化?
2. 社会化概念在社会学史上有哪些发展?
3. 社会化主要有哪些类型?各自的含义是什么?
4. 社会化的生物基础和社会主体各有哪些?各自的作用及特点是什么?
5. 关于社会化的过程和机制,主要有哪些理论?它们的主要观点是什么?
6. 试分析成人为什么要经历社会化,简述成人社会化的内容。

第十章 社会行为

引言

人类的社会行为很多，根据后果可以划分为两类：一种是对社会或他人有益的行为，我们称亲社会行为（prosocial behavior），如助人行为和利他行为；另一种是对社会有害的行为，我们称反社会行为（antisocial behavior），其中最有代表性的是侵犯行为。下面，我们在分析人类社会行为的基础上，对人类的这两种行为进行分析，同时我们还将讨论新闻媒体等因素对这些行为的影响。

第一节 社会行为的基础

一、遗传与环境作用总述

在人类行为的发展中，遗传与环境到底起什么样的作用，一直是心理学家及其他行为学家争论的问题。从柏拉图和亚里士多德时代起，有关人性及人类行为是由遗传还是由环境决定的争论就一直存在。亚里士多德认为，人类的灵魂与动物不同，它有意识和自由意志。受亚里士多德观点的影响，遗传因素对人类行为的重要性被大大低估，人们过分地强调外界环境因素对行为的决定作用。表现在心理学上，就是行为主义占据美国心理学的主导地位达半个世纪之久。华生认为，人的行为除了少数简单的反射外，完全是由外界环境塑造的，只要控制环境条件，就可以塑造出不同的人。

但与这种思路相反的是，在心理学产生的早期，人们对先天遗传因素的作用更为看重。麦独孤在分析人类的社会行为时，就强调了基于遗传的本能因素。他指出，人类的所有行为都可以用本能解释，本能加上一些经验的作用过程，就构成了人类的一切活动，并进一步形成个人品质与民族特性。弗洛伊德甚至把本能理论推向了极端，早期的精神分析理论认为，人的一切行为动机都和性本能冲动有关。尽管后来他自己及其后继者对这一理论的某些方面做了修改，但总体上讲，依然是以内在动机和倾向解释行为的产生，环境的影响并没有体现在他的理论中。

随着心理学的进一步发展，人们认识到环境与遗传共同决定着人类的心理与行为。比如社会学习理论认为，个人的行为不是由动机、本能、特质等内在因素决定的，也不是由环境力量决定的，而是由个人与环境的相互作用决定的。班杜拉的观点被许多心理学家所接受，因为他的这种整合使得心理学家有可能去揭示人类心理与行为的本质。但是这种平衡很快就面临新的挑战，20世纪70年代末出现的社会生物学，以及90年代认知神经科学的兴起都说明了这一点。社会生物学家通过对动物及人类某些行为的研究指出，人类的社会行为也可以通过遗传而获得（比如人类的利他行为），认知神经科学的研究者也想从脑与神经层次证明行为的客观基础，我们知道，这种客观基础是来自遗传的。

从表面上看，人们并不认为这个问题有多重要，因为从事社会行为研究的科学家与从事基础性脑研究的科学家并没有为此争论。但是对"遗传和环境因素到底对行为有什么样的影响？"这个问题的回答却会对心理学的发展方向产生重大影响，并且从根本上有助于我们认识人类行为的本质。本文就是以对这个问题的研究为主线，通过分析相关的理论与实验证据，使当前的心理学家认识到这个问题不可能存在一个非此即彼的回答。

二、遗传因素在行为发展中的作用

（一）生物学理论的观点

任何一种行为都有它的遗传基础，这是无可争辩的事实，许多方面的事实可以证明这一点。达尔文的进化论从自然选择的角度，分析了生物遗传因素在有机体发展中的作用，他认为，个体由于基因构成的不同而对环境的适应性不同，适应的生存，不适应的则被淘汰。这一理论成功地解释了人类情绪的发展，他发现人类通过面部表达情绪具有固定性的模式，这种模式是人类长期进化的结果。爱克曼（Ekmam）等人也发现了人类情绪表达的普遍性（不同国家、地区基本一致）、内在性（自然产生的过程）及一致性（儿童与成人一致）的证据，这些证据都支持了进化论对人类情绪发展的解释。

但是，与低等动物不同，人类的许多社会行为，如合作、父母为后代的献身及利他行为，并不能用进化论加以解释。为了解释这些行为，汉米尔顿（Hamilton）用近亲选择进一步扩展了进化论的范围。他认为自然选择不仅给个体好处而存在，通过给予个体基因类似的其他个体好处而起作用。这样，一个对个体不利的特征（如助人）会因为他有足够的近亲而被选择。汉米尔顿的观点后来被威尔森（Wilson）等人引入了社会生物学理论，按照这一理论，不论是通过直接还是间接的方式，基于遗传的动物与人类行为总是以最大限度地产生后代为目的。汉米尔顿、威尔森等人所提出的这一理论很快受到了人们的追捧，在80年代大显风头。但可惜的是，与其他源于生物学基础的理论一样，它所能解释的行为很有限，因而无法长久地对心理学发展方向产生影响。

（二）遗传与心理发展的关系

对于心理发展的研究很早就有学者进行探讨，主要围绕"遗传"与"环境"两者进行探讨，国外学者高尔顿（Galton）、格塞尔（Gesell）等人极力推崇遗传的绝对影响力，华生、斯金纳等人则主张环境决定论，认为环境是个体心理发展的决定性因素。但是随着研究成果的不断深化，发现人类所有的复杂特质都是生物遗传和后天环境长期相互作用的结果。而遗传则是心理发展的生物前提和自然条件，规定了个体心理发展的潜在的可能范围，因此个体的心理特质与行为都受遗传因素的影响❶。但是在不同的心理特质与行为层面上，遗传影响的大小不一样。起初，人们认为遗传的影响在发展的早期较大，而环境的作用在以后的发展中更大。然而没有证据支持这一观点。相反，霍恩（Horn）等人发现随着年龄的增加，基因的影响对智力发展越来越重要，比如基因差异可以解释婴儿在发展测验分数中15%的变异，而对儿童来说，基因对IQ的贡献超过50%。普劳明（Plomin）在一篇综述文章里对这一方面的研究做了总结，他指出不论基因影响如何发生变化，它对人的心理与行为的影响都随着年龄的增加而加大。

从特质上讲，基因对身体和智力特征的影响要大于它对社会与人格特质的影响。这样说并不是否认基因对后者的作用，实际上，基因对人格特质的影响已为许多研究者证实。爱维斯（Eaves）通过研究个体儿童期，与成人期人格的关系后发现，不论是人格特质中的内—外向、神经质，还是个体差异，如社会赞许倾向、害羞等，在各个年龄阶段，很大程度上由遗传因素决定。

三、环境对人类社会行为的影响

在心理学体系中，强调环境在人类心理与行为发展中的作用是从行为主义开始的。早期的行为主义者用一种极端的形式突出了环境的影响，在一定程度上夸大了环境的作用。现在，随着心理学的进一步发展与分化，人们从很多方面找到了后天环境因素对人类发展的重要性。

（一）家庭环境

家庭是人们接受环境影响的主要场所，个体的人格成长与社会技能的掌握主要是在家庭中完成的。不同的家庭教养方式对儿童的心理发展有极为不同的影响，这一点已经被许多领域的心理学家所证实。即使在同样的家庭中，不同孩子也面临着不同的对待方式。正如阿德勒在分析出生顺序时所认为的，父母对待不同出生顺序孩子的方式不同，从而造成孩子们在依赖感、成就行为等方面的差异。

基于这种思路，当今心理学家在研究家庭影响时，不再把一个家庭看成是对每一个孩子有同样影响的地方。实际上，在成长的过程中，孩子们往往面临着两种家庭影响：共同性的与非共同性的影响，前者是指家庭内部所有儿童共同面对的环境，如社会阶层、教育水平、儿童养育哲学等；后者是指家庭内部父母对不同孩子的区别对待方式。普劳明和丹尼斯（Daniels）指出，就对儿童成长的作用而言，后者的影响更大。比如，收养的孩

---

❶ 刘建榕.从行为遗传学的发展再看人类心理发展[J].福建师范大学学报（哲学社会科学版），2007（2）：142-145.

子即使与家庭中其他孩子面临同样的家庭环境，但由于父母对待他们的方式不同，使收养孩子的人格发展与其他孩子不一样。因此在家庭内部，对孩子发展影响最大的是孩子所面临的特殊环境，而不是一般性的家庭因素。正是这一原因，麦考比（Maccoby）提出家庭研究的方向，应该由家庭间变量转到家庭内变量上来。

（二）文化环境

环境影响行为的另一个重要层次是文化。与生物进化一样，文化也存在进化的问题。文化进化是指文化特征由上一代向下一代传递的过程，它往往以文化与社会规范的形式表现出来。按照文化进化的观点，人的成长离不开社会与文化环境，文化不仅向个体的发展提供了目标与内容，而且社会化本身就是一个文化影响个体的过程。

与生物进化不同，文化进化有自己的特色。从速度上看，与生物进化相比，文化进化的速度要快得多。生物进化一般要经过成千上万年的时间，而文化进化则经过一代或几代人就能完成。文化进化的基础是知识在代与代之间的传递。从结果上看，生物进化使人或动物拥有一些特质，文化进化则决定了人如何使用这些由遗传得来的能力。

文化差异对人的行为的不同影响可以说明文化的作用。墨瑞里（Morelli 在中非研究中发现，与一般社会不同，由于当地的习俗是父亲带孩子，所以父婴关系对孩子成长显得更为重要[1]。而在其他社会中，母婴关系起这样的作用。艾姆伯（Ember）通过研究肯尼亚一些部落中男孩与女孩的性成熟原因，发现父母的关注是造成女孩成熟早的根本原因。在成长的早期，如果给男孩同样的关注，就没有成熟上的性别差异。

四、遗传与环境的相互作用

在人类心理与行为的发展中，遗传与环境的作用从来都是不可分割的。遗传提供了生理上的基础，而环境提供了发展的空间。许多证据可以说明二者之间的相互影响。

（一）遗传建构环境的观点

斯卡尔（Scarr）认为，孩子的遗传特征与他的养育环境有着紧密联系，它们之间的关系可以表述为用遗传特征建构生活环境（genotype → environment）。这种建构有三种形式：被动型（passive kind），父母向孩子提供遗传特质和经验，使遗传与环境不可避免地发生关系，如家里的藏书量和父母对读书的兴趣对孩子的影响；唤起型（evocative kind），孩子在遗传基础上作出某种反应后，这些反应进一步强化了遗传特征，如爱笑的孩子受到的关注比消极的孩子多，而受到关注本身又会强化笑的行为；主动型（activekind），个体基于遗传特征选择适合自己的环境。斯卡尔认为，个体的成长就是遗传与环境相互作用的结果，正如劳伦兹所言："人类的内在活动系统不仅受生理遗传的影响，也受环境与文化传统的影响。"

另外，从社会文化与生理变化的关系上看，尽管它们是不同的过程，但它们总是一起进行。就像 Stebbing 所论述的那样，使用遗传努力越多的社会，所获得的资源也越多，进

---

[1] Morelli G A, Tronick E Z. Efe father: one among many? A comparison of forage children's involvement with fathers and other males [J]. Social development. 1992, 1: 36-54.

步也越快，而这一切的实现要通过文化和社会化，教育与学习是这一过程的关键。遗传特征的进化通过生理过程，社会文化的进化则通过发展不同的规范。

（二）行为遗传学的证据

遗传和环境影响行为，但它们的相对影响到底有多大一直是人们争论的问题，行为遗传学（behavior genetics）的出现在一定程度上解决了这种争论。为了区分二者的相对影响，行为遗传学提出了两个前提：一种心理或行为（如智力分数），如果在不同的时间及情境下相一致，那它就可以归于遗传；一种心理或行为（如攻击行为），如果可以通过持续强化而巩固下来并保持稳定，就认为它由环境决定。在这两个前提的基础上，行为遗传学强调遗传因素对行为产生决定性影响，但同时认为遗传并不直接决定行为，它只是行为产生的生理基础，而行为的发展受环境的影响。以身高为例，来自父母的遗传和环境中的营养因素同样重要。

行为遗传学通过家系研究（family study）、双生子研究（twinstudy）和收养研究（Adoptionstudy）来区分二者的影响。Gottesman 的家系研究发现在亲属当中出现精神分裂症的概率是一般人群的9~13倍。霍恩在得克萨斯州的一项收养研究中也发现，从个体的角度看，孩子的智商与生母的智商相关性更高，因此，他认为智力的个体差异由遗传决定；同时也发现，从群体的平均智力来看，个体与养父母的更相似[1]。这个结果尤其适用于生身父母智商较低的孩子。从一个不好的家庭进入一个好的家庭，孩子的智力可以提高15~20 分（IQ）。

双生子研究通过对同卵双生子（monozygotic）和异卵双生子（dizygotic）的研究来区分二者的影响。由于前者所携带的遗传信息是后者的两倍，所以可以用定量的方法加以估计：$H2=2(Rmz-Rdz)$，其中 H 代表遗传可解释的变异，Rmz 和 Rdz 分别代表同卵双生子和异卵双生子的智力相关系数。例如，同卵双生子之间智力相关系数为 0.75，异卵双生子之间智力相关系数为 0.50，则 $H2=2(0.75-0.50)=0.5=50\%$，也就是说，智商差异的50%源于遗传。对同卵双生子来说，环境可以解释另外 25%。在此基础上，一些行为遗传学家用这种方法进一步估计了遗传和环境的相对影响，指出在人格特质上遗传的作用占50%，大于环境的影响。而在分裂症与情感异常上，环境的影响大一些（为 20%~50%）。智力的50%~80% 基于遗传，15%~25% 与后天环境有关。酗酒则主要由遗传决定[2]。

（三）概率渐成论

高特利伯（Gottlieb）在 *Psychological Review* 发表了一篇文章，从概率渐成论（probabilistic epigenesis）的角度分析了遗传与环境在生物学基础上如何对人起作用。他指出，分子生物学强调基因对蛋白质结构的作用是通过 DNA — RNA —蛋白质合成。与此相反，概率渐成论则认为是来自机体内部与外部的环境信息激活了 DNA，从而产生了适当的蛋

---

[1] Horn J M. The texas adoption project: adopted children and their intellectual resemblance to biological and adoptive parents[J]. Child development.1983，54：268-275.
[2] Nagoshi C T. Behavioral genetics, in en-cycolpedia of human behavior [M]. Pittsburgh: Academic Press, 1994: 345-357.

白质。Tooby 等人也同意这种观点，他们认为在有机体的发展中，基因起了一部分作用，环境则起着另一种作用，二者的协作是构成有机体的重要前提[1]。

弄清遗传与环境对人类行为的作用问题，对心理学的发展有指导意义。它有助于我们对心理学的发展趋势有更清楚的认识。比如 20 世纪 80 年代兴起的社会生物学和 90 年代产生的认知神经科学强调了客观生理因素对人类的重要性，反映了人们对这个问题认识的深入，但似乎又有矫枉过正的危险。正如 Eric Turkheimer 所指出的，认知神经科学的发展与遗传技术的进步，反映了生物遗传因素在心理学发展中受到重视，人类的任何一种行为特征都与遗传有关，都有它的生理基础，也都在某种程度上与一定的脑功能相联系。但是，如果我们仅以此为基础去理解人类的行为，那将是可笑的，因为生理基础和行为不在同一个层次上，就好像生理特征是电脑的硬件，而行为是电脑的软件一样，哪个有问题电脑都会出毛病[2]。

比如有两个人，一个是 70 岁的老人，他因大脑左半球布洛卡（Broca）区中风，所以在脑成像成上看起来有阴影；另一个是 25 岁的年轻人，他加入了一个要求沉默与逃避现实的宗教组织。如果让我们对这两个人的沉默寡言归因的话，前者往往被认为是生理性的，而后者被认为是心理性的。这种归因意味着什么呢？因为前者的失语症在大脑中有表征，所以很容易认为是大脑的原因，而后者尽管也与大脑有关，只是没有表征，就被归为心理方面。仅从脑功能变异去解释心理与行为显然是不够的。

从实践上看，区分这个问题对教育观念的转变有重要的现实意义。素质教育是以承认个体差异为前提的，这种差异既有遗传的基础，又受环境的影响。因此，对具有不同能力水平的人，教育的目的与要求也应该有差异。否认这种差异就如同否认教育的作用一样是不可取的。所以，我们所倡导的素质教育应该因人而异，而不是对不同爱好、不同能力的人采取千篇一律的做法。

第二节 侵犯行为

一、侵犯行为概述

（一）什么是侵犯行为

侵犯行为（Aggression）是指任何试图伤害或危害他人的行为，它是心理学家最为关注的人类社会行为之一。这种行为之所以受重视，主要与第二次世界大战以及 1964 年发生在美国的一起暴力案件有关。在第二次世界大战结束之后，审判战犯的工作给人们出了

---

[1] Gottieb G. Normally occurring environmental and behavioral influences on geneactivity: from central dogma to probabilisti cepigenesis [J]. Psychological review.1998, 105: 792-802.

[2] Eric Turkheimer. Heritability and biological explanation [J]. Psychological review.1998, 105: 782-791.

一个不小的难题：那些在"二战"中杀人如麻的纳粹军官声称他们之所以杀人，是因为他们必须服从命令，所以他们辩解自己无罪。另一件事是发生在1964年的一天晚上，当一名无助的妇女在遭受歹徒的袭击时，有几十户居民听到她的呼救，却无人救助，甚至无人打电话报警。这两件事促使美国的心理学家开始关注人类的暴力和助人问题，使在几十年之后，这两个问题成为我们分析人类行为的核心。

对侵犯行为的界定要注意三方面问题：

一是强调它必须是一种行为，而不是一种意图，尽管这种行为伴随有意图。

二是从效果上看，这种行为可以是反社会行为，也可能是亲社会行为。大多数侵犯行为不为社会所认可，但也有一些侵犯行为是社会所赞同的，我们称为被认可的侵犯行为（sanctioned aggression），比如教练对不认真训练的球员加以惩罚。

三是侵犯行为必须伴有侵犯性情绪（aggression-feeling），比如愤怒。尽管外在行为不一定总是能够反映一个人的内部情绪，但大部分情况下侵犯总是与愤怒联系在一起。

从表面上看，亲社会行为与社会规范的要求相一致，而反社会行为违背了法律和社会规范，因此人们常常认为反社会行为不好，但实际上正好相反。人类历史上大部分的残忍暴行，都是由与规范相一致的官方行为所铸成。"二战"中纳粹分子杀害600多万犹太人乃德国政府的官方行动命令。70年代中期波特政权控制下的柬埔寨，300多万高棉人被杀害也是政府命令。具有讽刺意味的是，所有这些暴行都是由国家或团体的合法领导所导致的，并宣称是为整个国家着想。纳粹堂而皇之地宣称他们的目标是为"净化"德国人种，其他政府则是以恢复"法律与秩序"为由。与这些暴行相比，任何年代中的个人谋杀事件均微不足道。因此，人们已经意识到，放纵的政府比放纵的个人更具危险性。

（二）侵犯行为的分类

人类侵犯行为的一个重要特点是侵犯形式的多样性，可以从不同的维度把侵犯划分为以下类型：

一是根据侵犯的方式，侵犯可以分为言语侵犯和动作侵犯。使用语言进行的侵犯行为（如谩骂、讽刺、诽谤、嘲笑、讥讽等）都是言语侵犯；使用身体某一部位或是武器进行的侵犯行为（如踢打、撞击、砍杀、枪击等）都是动作侵犯。

二是根据侵犯的动机，侵犯可以分为报复性侵犯（retaliatory aggression）和工具性侵犯（instrumental aggression）。报复性侵犯的目的在于造成对方身心上的痛苦或是伤害，工具性侵犯的目的则是通过侵犯对方达到其他的目的。

三是根据侵犯的指向性，侵犯还可以分为公然侵犯（overt aggression）和关系侵犯（relational aggression）。公然侵犯是直接侵犯，通常以与他人面对面的公开对抗行为为特征。关系侵犯是隐蔽的间接侵犯，是指通过有意操纵同伴关系或者损害（或威胁）同伴关系伤害他人的行为。

（三）侵犯行为的影响因素

1. 挫折与侵犯行为

挫折（frustration）是指任何妨碍个体获得快乐或达到预期目的的外部条件，如果他人阻碍了个体做自己喜欢或想要做的事情，他人就是挫折。早期的挫折侵犯理论把挫折和侵犯看成是互为因果，即挫折必然导致侵犯，侵犯也必然以挫折为前提，并且认为宣泄（catharsis）是减少侵犯的有效方法。

但是，随着研究的深入，人们对挫折侵犯理论提出了一些批判。比如米勒就发现挫折并不一定导致侵犯，其他研究者也证明了这一点（Averill，1983；Worchel，1974）。研究者发现，当我们感受到挫折是无意而不是有意的时候，我们并不会有侵犯行为；另外，挫折侵犯理论对宣泄的看法也未必全对。Shahbaz Mallick 和 Boyd McCandless 选择小学三年级儿童进行了一项实验：儿童两两一组玩堆积木游戏，每组当中一个孩子实际上是实验者的助手，他的任务或是让被试完成堆积木的任务，或是阻碍其完成任务。之后一部分学生（包括受到挫折和没有受到挫折的学生）参加打靶，剩余的学生和老师聊天，老师告诉其中一部分学生，在实验过程中他们的同伴累了或是情绪不好，而对另一部分学生仅仅谈了一些中性的话题。在这些干预之后，让助手进入另一间屋子玩搭积木的游戏，让被试有机会帮助或阻碍这些助手完成任务，被试可以选择按"伤害键"不让助手完成或不按该键使助手完成任务。结果发现，除非告诉被试，同伴是由于疲劳或情绪不好才给他造成阻碍，否则，挫折一般会引起侵犯行为。这一结论说明，当人们认为他人有意给自己造成挫折时，更可能以侵犯行为回应之。

一个事件之所以能产生愤怒或侵犯行为，关键在于受害者必须知觉到这种侵犯或挫折是他人有意造成的伤害，因此人们对他人行为的归因会影响自身会不会愤怒以及处理愤怒的方式，如表10-1所示。

表10-1　当人们感到愤怒时的反应

反应类型	侵犯冲动（%）	实际侵犯（%）
直接攻击行为：		
口头或象征性攻击	82	49
予以拒绝或收回某些利益	59	41
身体攻击	40	10
间接攻击行为：		
向第三者说、诅咒	42	34
伤害对冒犯者有重要意义的东西	25	9
替代性攻击：		
攻击无生命物体	32	28
攻击另一个人	24	25
非攻击性行为：		
平静活动	60	60
就此了事，不伤害无礼者	59	59

针对这些争论，柏科维兹修改了这一理论，他认为挫折只是引起侵犯的因素之一，这些因素还有疼痛、极端的温度以及遇到讨厌的人等。挫折对人们的心理和行为产生很大的影响，史特劳斯在家庭暴力的研究中发现，在美国家庭中造成挫折的原因依次为：性生活、社交活动、金钱、儿童教养。在中国家庭中情况大致差不多，只是顺序有一些不同，这四种因素正好反过来。

2. 对侵犯行为的学习

学习在侵犯行为产生中起着非常重要的作用，受攻击与挫折使人感到愤怒，这些愤怒情绪只是侵犯行为的一项重要因素。在有些情况下，人们并不表现攻击行为，这主要与学习有关。正如学习理论所强调的，侵犯行为可经由学习而获得，强化（reinforcement）和模仿（imitation）对学习过程具有重要意义。班杜拉所做的观察学习（observational learning）的 Bobo doll 实验就很好地说明了学习对侵犯行为的影响。班杜拉认为，儿童侵犯行为的获得并不一定要以其亲身获得奖励或惩罚为前提，可以通过观察他人从事此类行为之后受到奖励或惩罚而学会这类行为。在研究中，班杜拉把儿童带到一间屋子里完成一个艺术项目，在同一个屋子的另一头，一个大人正在静静地玩一些玩具（tinker toys），在他的旁边有一个大木槌和一个假人（bobodoll）。儿童被分为实验组和控制组：实验组的儿童看到的是大人叫喊着用大木槌击打假人，控制组的儿童看到的是大人只是静静地自己玩玩具。在孩子们看了约十分钟之后，把他们带到另一间放着各种各样孩子们喜欢的玩具的屋子，告诉他们这些玩具是留给其他人玩的，以此激起他们的挫折感。之后把儿童带到第三间屋子，屋子里有一些玩具，包括 Bobo doll。结果正如研究者所预料的：实验组的儿童比控制组的儿童表现出了更多的侵犯行为。

3. 温度与侵犯行为

早在 19 世纪初，一些社会哲学家就发现天气变化与犯罪行为之间存在一定的关系。而近二十年来，对这个问题的研究更多。比如罗特姆（Rottom）的一项档案研究发现空气污染与暴力犯罪有关。在巴龙的研究也发现犯罪与温度有关，他通过研究发生在夏天的城市暴乱与气温的关系，发现两者的关系呈现倒 U 型曲线，在 27℃~30℃时，暴乱的数量最多，当温度较低或很高时，暴乱发生的数量较少。但是由于他们没有考虑不同温度的持续时间，使得这个结论受到卡尔史密斯和安德森等人的批评，其中安德森用概率论对这一曲线加以修改，指出在特定的温度范围内，暴力事件的发生与温度呈现线性关系，也就是说，在 38~41℃以内，随着气温的升高，人们的暴力倾向增强，但是在超过这个温度之后，由于人们外出的机会下降，所以暴力行为产生的机会也较少。

4. 兴奋转移与侵犯行为

由于敌意性的侵犯行为总是伴随着情绪的唤醒，所以心理学家想知道由于其他刺激所引发的生理上的唤醒是否会转移到侵犯性冲动之上。泽勒曼（Dolph Zillmann）等人在研究爱情行为时发现，由其他刺激诱发的情绪唤醒会转移到爱的对象上，他称这一心理过程为兴奋转移（excitation transfer）。泽勒曼认为兴奋转移不仅发生于爱情中，也可以解释侵犯行为的发生，在他的一项研究中，泽勒曼让实验助手或者激怒男性被试，或者用中性的态度对待男性被试。然后再让其中一半的被试从事大运动量的锻炼，而另一半被试不锻炼。稍加休息后，给被试提供一个电击助手的机会，正如泽勒曼所预料的，愤怒且锻炼的被试比愤怒但没有锻炼的被试用更高的电压电击助手。除了锻炼，大的噪声、暴力与淫秽电影等引起的情绪唤醒都会增加人们的侵犯性。

5. 侵犯性线索与侵犯行为

侵犯性的线索也会引发侵犯行为。柏科维兹发现，情境中与侵犯相关的一些线索，如刀、枪、棍等器械往往会成为侵犯行为产生的起因，他把这种现象称为武器效应（weapon effect）。除了刀、枪等明显的侵犯性线索，与死亡、邪恶等相联系的黑色也是引发侵犯的线索。比如，弗兰克（Frank）等人就发现，在职业棒球和橄榄球比赛中，穿黑色服装的一方受到的惩罚经常比穿浅色服装的一方多。实验研究也证明，穿黑色衣服的赛马选手表现出更高的侵犯性。卡尔森（Michael Carlson）对23项研究所做的元分析发现，与侵犯有关的线索不仅可以引发侵犯，并且能够使已经愤怒的人的侵犯性加强。

6. 去个体化行为与侵犯

去个体化（Deindividuation）是由心理学家津巴多（Zimbardo）和费斯廷格等人提出来的。实际上早在19世纪90年代，法国社会学家勒庞在研究群体行为的时候就发现，在群体中，个体的情绪会很快传给团体的其他成员，从而使处在群众中的个人做出一些独处时不敢做的野蛮与毁灭性行为，并把这种现象叫作社会传染。

后来津巴多和费斯廷格对这种现象进行了进一步研究，他们认为群体中的个体有时候会失去对自己行为的责任感，使自身自我控制系统的作用减弱甚至丧失，从而做出平时不敢做的反社会行为，并称为去个体化。

津巴多认为这种行为与两方面因素有关：一是个体从群众中所获得的不败感，即认为群体是战无不胜的；二是个体在群众中具有匿名性，即没有人可以认出自己，因而不必为这些破坏性的行为负责。在津巴度的一项研究中，4名年轻妇女组成一个小组参加一项对陌生人实施电击的实验。实验中有些小组（实名组），被试彼此以真实姓名称呼，她们的胸前挂着写有自己姓名的牌子，很容易辨认谁是谁；另一些小组（匿名组）中的被试则穿着宽大的衣服，并且把头包得严严实实。结果正如所预料的那样，匿名组的被试电击他人的概率大大增加，可见匿名性对个体的去个体化行为产生重要影响。

7. 饮酒与侵犯行为

长期以来，人们一直认为酒精能使人变得易于被激怒及好斗，许多相关研究支持这种假设。比如布什曼（Bushman）和古斯塔法森（Gustafson）就用实验研究也证明，过量饮酒的人易于被激怒，从而表现出高的侵犯倾向。那么，为什么喝酒能使人们变得好斗呢？一些研究者认为是酒精给侵犯行为提供了直接的生化刺激，我们俗话说的"酒壮人胆"就是这个意思。而大多数研究人员则认为酒精降低了人们对侵犯行为的控制，霍尔和斯蒂勒等人称之为"去抑制"（disinhibition），强调这种抑制对暴力行为的影响。

（四）日常生活中的侵犯行为

1. 家庭暴力

长久以来，家庭暴力（family violence）被视作家庭内部事务，得不到人们的重视。家庭暴力是存在于婚姻这一小型组织中的严重问题，带有极大的隐蔽性和私密性。表面和睦的家庭可能暗潮汹涌，除非受害者本人告发施虐者，否则，他人是很难发现或干预的。家庭暴力的发生具有一定普遍性，可能发生在社会各个阶层，而受害者一般以妇女儿童居多。就总体而言，受教育程度越低，生活越贫穷，社会地位越低，则家庭暴力的发生率越高。

家庭暴力主要包括三种形式：身体暴力、精神暴力以及性暴力。身体暴力是指用手、工具等对受害者进行侵犯，造成其身体损伤；精神暴力是指采取冷落疏远、当众羞辱、威胁恐吓等手段对受害者的心理造成伤害；性暴力是指在受害者不愿意的情况下，以要挟、打骂等强制性手段迫使受害者与之发生性行为。

2. 校园欺负

校园欺负（bullying in school）是中小学生中经常发生的一种侵犯行为，包括恶意推搡他人、打骂他人、给他人起侮辱性的绰号、散布谣言等。

二、减少侵犯行为的方法

一个人在某种情境下是否表现侵犯行为取决于三方面因素：个体愤怒程度、个体表达愤怒的倾向以及个体是否为了他人才表现侵犯行为（工具性侵犯），与此有关，减少侵犯行为的方法包括以下几种：

（一）惩罚

假如人们预期自己的行为可能遭受惩罚，则会避免表现侵犯行为，但事实上，受到惩罚的儿童往往比平常儿童表现出更多的侵犯行为。比如史特劳斯等人系统地研究了家庭暴力的社会影响，发现惩罚能使受惩罚者更具侵犯性，不论是因模仿还是由于受惩罚者愤怒的增加。更为重要的是，在一个家庭中，这种侵犯性可由上一代传递给下一代。在一项研究中，史特劳斯等人发现，已婚而且曾看到过父母相互攻击的男性，有35%的人在过去一年中打过自己的妻子；而从未见过父母有暴力行为的男性中，只有10%的人在过去一年中打过自己的妻子。女性的比例也基本类似（27%，9%）。因此，不论是男性还是女性，儿童期曾受过惩罚的人，长大成人后更可能以暴力行为对待家人，父母可将其暴力倾向传给下一代，史特劳斯等称为"家庭暴力的社会遗传"。

心理学研究表明，惩罚只能抑制人们明显的侵犯行为，但同时可能导致更多隐蔽性的侵犯行为，而后者的危害性更大。心理学家常常把有侵犯倾向的人分为两类：控制不足侵犯型和控制过分侵犯型。前者是指那些经常犯小错误的人，这类人大错不犯、小错不断；后者则是指那些平常把自己隐藏得很好，但一旦犯罪，就是罪大恶极的人。利用惩罚减少侵犯行为对前者有用，对后者作用不大。

（二）降低挫折与自我控制

由于侵犯行为与挫折有紧密的联系，所以通过降低挫折来减少侵犯行为也是一种较好的方式。在生活中，我们应该常常注意自己的言行，不要成为他人的挫折制造者。同时，我们还要学习对自己的侵犯行为加以抑制或控制，我们可以设身处地地从对方的立场出发，看看自己的行为到底会给他人造成什么样的危害。体验一下他人的感受，并通过自我反省，有效地减少自己的侵犯行为。

（三）替代性侵犯与宣泄

当个体受挫折或烦扰时，如果由于对方的权力太大等许多原因而不能加以报复，个体可能以其他方式对另一目标表现出侵犯行为，这种现象被称为侵犯转移或替代性侵犯。替代性侵犯的基本原则是，目标对象与挫折来源越相似，个体对该目标对象的侵犯性冲动越强烈。

有时候人们也使用宣泄（catharsis）的方法来减少自己的侵犯行为。早在20世纪初，弗洛伊德在治疗神经症的时候就发现，当病人向自己诉说了积压在内心深处的欲望之后，病人的病情会得到好转，他把这种现象称为宣泄。后来，其他心理学家把这个原则用在处理侵犯行为方面，他们认为人之所以表现出侵犯行为，是因为遭受挫折。所以只要提供场合或机会，让那些遭受挫折的人把自己的愤怒和挫折发泄出来，他们的侵犯动机就会减弱。

三、传播媒体与暴力行为

随着新闻媒体在生活中的作用越来越大，心理学家也开始关注它的影响问题。自20世纪70年代以来，许多与媒体影响有关的实验研究被心理学家作为媒体影响的证据。下面我们就从几个方面谈谈媒体的影响。

（一）影视暴力对孩子暴力行为的影响

随着电影、电视在人们生活中的影响日益扩大，人们开始注意到这些媒体中的暴力内容与日常生活中人们表现暴力的关系。自70年代以来，随着彩色电影和彩色电视节目的普及，电影和电视中出现的暴力屠杀内容越来越多，并且形象越来越逼真。最初人们认为传播媒体暴力能刺激人们表现出更多的侵犯行为，如60年代后期，基伯纳（George Geibner）等人参与了美国卫生署的一项研究，经过几年的研究，他们在研究报告中指出：观看电视暴力与侵犯行为之间存在因果关系，而这种因果关系只在某些儿童身上存在。这份报告受到了来自各方的强烈批判，大多数批评者认为完成这项研究的委员会对影视暴力影响的评价过于保守。有人指出之所以如此，是因为研究者接受了来自媒体方面的资助，所以对研究的可靠性值得怀疑。

为了得到更令人信服的结论，10年后美国卫生署再次请科学界评估电视暴力的影响。

经过一系列的研究，莱弗（Leifer）、班杜拉和艾让（Leonard Eron）等人向人们展示了一个许多人希望得到的结论：电视暴力确实能使观看节目的儿童产生更多的侵犯行为，电视暴力与侵犯行为之间的因果关系已是非常明显的事实。

这一结论得到了该领域许多研究者的支持。许多实验和准实验研究发现，刚刚看过暴力电视节目的儿童在解决社会冲突时表现出更高的暴力倾向（Liebert&Sprafkin，1988；Murray&Kippax，1979）。在一项非常著名的长期研究中，艾让和赫斯曼（Rowell Huesmann）收集了被试在8岁、19岁以及30岁时的一系列资料，结果发现儿童期对暴力片的偏好与他们成人后的暴力行为有着非常紧密的关系。

这项研究先是在美国和加拿大进行的，后来艾让和赫斯曼在澳大利亚、芬兰、以色列，博萨（Botha）在南非等国家的研究也支持这个结论。尽管这些研究有这样或那样的局限，结果却都表明影视暴力对孩子的行为没有什么好处，所以为了孩子的健康发展，我们还是应该在这一方面有所限制。

但也有研究者对这一结论表示怀疑。早在1961年，费什巴赫（Seymour Feshbach）的一项研究就表达了与此相反的观点。在研究中，费什巴赫让愤怒及平静的被试观看暴力或非暴力影片，看完影片后测量每个被试的侵犯行为，结果表明观看暴力影片使原先愤怒的被试的攻击性降低，而不是加强了他们的暴力行为。

到目前为止，对影视暴力与侵犯行为关系的争论还有很多，到底是影视暴力导致侵犯行为，还是个体的侵犯倾向决定他对影视暴力的偏好一直是研究者关心的问题。为了解决这个问题，史特劳斯提出了以家庭暴力为中介的理论思路。他认为影视暴力与侵犯行为之间不是谁决定谁的关系，它们同时受到家庭暴力的影响：是家庭暴力同时决定着一个人的暴力倾向和对暴力媒体的选择。

为什么媒体暴力会对人们的行为产生影响呢？可能有以下几个方面的原因：

1. 去抑制

班杜拉认为，看到他人的暴力行为会降低我们在类似情境中对自己暴力行为的抑制。去抑制现象的发生，部分原因是我们对暴力行为的情绪变得迟钝或不敏感，不关心他人的感受与痛苦。Drabman等人在一项研究中发现，看过大量凶杀节目的大学生，在看暴力影片时所产生的生理唤醒要比他们观看科幻片时的生理唤醒水平低。因此研究者认定媒体暴力使人们习惯于这些暴力，并对此产生去抑制。

2. 形成侵犯剧本

赫斯曼借鉴了认知心理学的概念，认为儿童在观看暴力片的时候，会发展出一套侵犯性的剧本（aggressive scripts），这个剧本表明了侵犯事件发生的顺序，它存储于记忆之中，指导着一个人的行为。比如我们在前面讲过的班杜拉的Bobo doll研究就反映了这样的剧本。

3. 认知启动（cognitive priming）

前面讲过的武器效应把一些侵犯性的线索和侵犯行为的产生联系在一起，并指出这些线索最终引发暴力行为。因此，从某种意义上讲，这些刺激对侵犯行为具有诱发作用，我们把由这些刺激引发暴力行为的现象叫作认知启动。

（二）传播媒体中的性暴力

人们非常关心色情题材对侵犯行为的影响，黄色书刊、色情暴力片是否会增加犯罪？传播媒体的色情内容对暴力行为的刺激到底有多大，一直是人们想弄清楚的问题。20世纪60年代后期，美国成立了一个专门的委员会，来研究黄色书刊对人的反社会行为的影响。与大多数人的预期相反，该委员会的研究表明这些东西与反社会行为的上升并无关系，青少年犯所接触的黄色书刊并不比同伴多。他们在分析性暴力罪犯时发现，这些人早期的家庭背景在性问题上很保守，而且被限制。

其他心理学家在研究这个问题时还指出，年轻人在性犯罪问题上的行为主要受同伴的影响，而不是媒体的影响。但是这一结论受到了批评，尤其是女权主义者，她们宣称，某些黄色书刊贬低了女性的地位，从实际上鼓励了性暴力。也有人发现，在媒体暴力与侵犯行为的关系中，性别因素也起着重要的作用，如马拉姆斯（Malamuth）比较了观看暴力色情片、非色情暴力片及中性影片对青少年侵犯行为的影响，发现暴力色情片增加了男性而非女性对性暴力的态度，使男性被试产生更多的性幻想。

第三节　亲社会行为

人类的亲社会行为是指任何自发性地帮助他人或者有意图地帮助他人的行为，人类的亲社会行为可以分为利他行为和助人行为，其中助人行为的涵盖范围要大于利他行为。利他行为（altruism）是指在毫无回报的期待下，表现出自愿帮助他人的行为，而助人行为是指一切有利于他人的行为，包括期待回报的行为。但是在日常生活中，我们对这两种行为的区分并不多，这不仅是因为意图难以把握，还因为二者都是有利于社会发展的行为，对其加以鼓励要比区分更重要，所以心理学家常常把二者放在一起讨论。

一、对利他行为与助人行为的理论解释

（一）社会生物学的观点

威尔逊认为，任何遗传上具有高生存价值，即有助于个体持续生存的决定性特质，往往具有向下一代遗传的倾向。之所以如此，是因为具有该特质的个体比不具该特质的个体较易生存下去，并且产生较多的后代，而每一个后代也将具有该特质。以此类推，具有该特质基因的群体将在该物种中占多数，从而形成群体优势。比如，具有产生较长脖子基因的长颈鹿常常容易获得数量有限的食物，因而会比短脖子的长颈鹿产生更多的后代，经历

数代以后，我们将看到脖子更长的长颈鹿。然而脖子过长会使动作变得笨拙，也会被淘汰。如此一来，只有脖子长度适中的长颈鹿能够成为该种族的优势群体。

威尔逊把这一演化原则用到利他行为的解释中，指出帮助他人的倾向对群体的基因来说具有很高的持续生存价值，对个体来说则未必如此。以一对鸟饲养6只小鸟为例，每一只幼鸟有半数的基因来自其雄性亲代，6只小鸟的基因加起来就是其雄性亲代的3倍。假如这只雄鸟牺牲自己去保全它的幼鸟，它的基因库依然超于从前。Robert Trivers 则从相互性的角度阐述了社会生物学的观点，他认为只有双向的或相互的利他行为（Mutualor reciprocal altruism）才可作为生物学上的基础。他认为个体利他行为的潜在成本，必须经由得到来自他人帮助的可能性所抵消。社会生物学对利他行为的预测较易验证，比如具有血缘关系的个体之间会有更多的利他行为。

（二）社会进化论的观点

尽管社会生物学观点很吸引人，在20世纪80年代风靡一时，但它也极容易招致批评，因为人们认为社会因素要比生物因素更重要。肯贝尔提出的社会进化论就反映了人们对这个问题的共识，这种理论认为，在人类文化与文明的发展历史中，人类将选择性地进化本身的技能、信念和技术。因为助人行为与利他行为是遍布于整个社会的行为，因此它们也在进化中得到了提高，并已成为社会规范的一部分。

社会进化论认为有三种规范对亲社会行为很重要：

1. 社会责任（social responsibility）规范

社会责任规范是指我们有责任和义务去帮助那些依赖我们并需要我们帮助的人。按照这种规范，家长有责任保证孩子的健康和安全，老师有责任帮助学生解决学习中遇到的问题。这个规范主要是针对助人者而言的。

2. 相互性（reciprocity）规范

相互性规范也叫互惠规范，是指人们之间的助人行为应该是互惠的，别人帮助了我，那么我也应该帮助别人，即帮助那些帮助过我的人。心理学家认为这种规范对维持人际关系的协调和稳定有重要的意义。

3. 社会公平（social justice）规范

社会公平规范是指帮助那些值得帮助的人。在日常生活中，我们有时候没有助人并非我们没有责任感或者不遵循互惠规范，而是我们认为对方不值得帮助。

（三）学习理论的观点

学习理论在看待助人行为与利他行为时，认为儿童在成长的过程中有关助人行为的规范的掌握是学习的结果。在学习过程中强化和模仿很重要，儿童会模仿父母或他人的助人行为，并把它们融入自己的生活中，而在这个过程中，父母的教养方式对孩子助人行为也有较大的影响。

他人要求帮助的行为常常唤起人们许多混杂的情绪感受，一方面人们乐于去帮助他人，因为那是一件善事；另一方面，人们又知道帮助他人必须付出某些成本——这些成本可能是人们不愿付出的。Pancer等人的研究就证实，在一些情境下人们会主动逃避帮助他人。研究者在人行道上摆上一张桌子，有时候桌上有募捐箱，有时候则无任何东西。Pancer发现当桌子上有募捐箱时，行人似乎有远远避开的倾向；另外，当有人坐在桌子后面收集募捐物时，比没有人坐在桌子后面更容易使人产生逃避行为。

除了逃避帮助他人，人们有时也逃避接受帮助，当事情能自己做时，人们不希望别人来帮助。心理学家Brehm用抗拒理论（reactance theory）解释人们的这种逃避行为，按照这一理论，人们总是希望自己有选择的自由，而接受来自他人的帮助会威胁到自己的这种自由。当个体知觉到自己的自由受到威胁时，就会有不愉快的经验产生，从而促使他逃避帮助以保持独立性。交换理论（exchange theory）则从接受恩惠的成本看待这一问题，指出接受他人的帮助会使自己欠他人的"债"，从而也要去帮助他人。归因理论（attribution theory）从自尊受到威胁的角度看待人们的逃避行为，认为接受他人帮助暗示着自己的失败与无能，如果一个人把他人的帮助归于此，他必然会产生逃避行为。

二、影响助人行为的因素

影响助人行为的因素有很多，主要包括以下几种：

（一）情境因素

对利他行为的研究发现，即使最具有利他行为倾向的人，在某些情境中也不会去帮助他人，所以情境因素对人们的助人行为有重要的影响。影响助人行为的情境因素有很多，主要包括以下几个方面：

1. 他人的存在

上一节提到的1964年发生在美国的那一起著名暴力案件，妇女在遭受歹徒袭击时数位邻居听到了呼叫声，却无一人实施救援。许多社会评论家把这种现象看成是一种道德腐败。对此，心理学家拉坦纳（Latane）和达利（Darley）认为，恰恰是旁观者的存在成了助人行为缺乏的原因。当有其他人存在时，人们不大可能去帮助他人，其他人越多，帮助的可能性越小，同时给予帮助前的犹豫时间越长。拉坦纳和达利把这种现象叫旁观者效应（bystand ereffect）。对这种效应的解释有三个：

①责任扩散（diffusion of responsibility）：旁观者越多，每个人分担的责任越少，这种责任分担可以降低个体的助人行为。在一项现场研究中，拉坦纳策划了一个抢劫事件情境。情节很简单，当小商店的售货员到店铺后面核对商品时，两个抢劫犯低声说"决不能错过这个大好机会！"，然后就拿了一箱啤酒跑了。这一事件都是在小店里只有一位或两位顾客时发生。正如研究者所预料的，单独目击犯罪行为的人与那些尚有其他人在场的人相比，显然更有可能向店员报告偷窃行为。

②情境的不明确性（Ambiguity）：从决策分析过程来看，个体有时无法确定某一情境

是否真正处于紧急状态，这时，其他旁观者的行为就会自然而然地影响该个体对情境的定义，进而影响他的行为。假如其他人漠视该情境，或表现得好像什么事情也没有发生，我们也可能认为没有任何紧急事件发生。拉坦纳和达利设计了一个实验情境，在实验中让男性大学生填写一份调查问卷，几分钟后有烟雾透过气孔进入房间，在4分钟内烟会越来越多，使被试看东西与呼吸变得困难。结果发现，当被试是单独一人时，他们会到周围查看一下到底是怎么回事，而且75%的人会向实验者报告这种情况；而当被试与两名实验助手一起填写问卷时（实验助手没有起来查看情况），只有10%的人这样做。很显然，其他人的沉默使被试认为这个情境是没有危险的。

③对旁观者效应的第三种解释与人们的评价恐惧（evaluation apprehension）有关。鲍姆斯特（Baumeister）等人认为，如果人们知道他人正注视着自己，就会去做一些他人期待自己去做的事情，并以较受大家欢迎的方式表现自我。在某些情境中，比如烟雾充满屋子，被试会担心在他人都保持沉默时，如果自己表现出担心的话会使别人认为自己的胆子太小。也就是说，试图避免社会非难的心态抑制了人们的助人行为。

2. 环境条件

物理环境也会影响人们的助人意愿，比如天气条件、社区大小以及环境中的噪声等都对人们的助人行为产生影响，卡宁汉姆（Cunningham）就用两项现场研究证明了天气对助人行为上的影响。在第一项研究中，研究者走向行人，让他们帮助填写调查问卷。结果发现在阳光明媚、气温适中的天气条件下，人们较为愿意去帮助他人。另一项研究是在一个与天气关系密切的露天餐厅进行的，卡宁汉姆也发现，在天气好时人们付的小费也较多。

除了天气，人们所处的社区大小也影响人们的助人行为与利他行为。一般情况下，人们有一个刻板印象，即大城市里的人不友善，也不乐于助人；而小城镇里的人则是既愿意合作又乐于助人。欧尔（Houre）、考特（Korte）等许多研究者指出，在帮助处于困境中的陌生人时，城市大小确实有不同的影响。阿马图（Amato）通过调查澳大利亚55个社区中人们的助人行为，发现在所设计的五种情境下，小城镇的人帮助陌生人的比例显著高于大城市的人。这些情境包括为慈善事业捐款、看到他人摔倒、看到他人掉东西等。但这些结果只是针对陌生人而言的，对亲戚、朋友来说，大城市居民的助人行为未必比小城镇与农村的少。许多学者用都市生活的匿名性、感觉神经负荷过重等解释这种差别，但到目前为止，我们无法确定哪种解释较好。

噪声也影响人们的助人行为。在一般情况下，人们总是认为噪声降低了人们对环境中全部事件的反应性。谢若德（Sherrod）以此观念为基础进行研究，发现在噪声条件下，人们帮助困境中陌生人的可能性会大大降低。马修（Mathew）进一步证明了这一点。在一项实验中，他把许多书和报告故意扔在地上，看进来的人会不会帮着捡起来。结果发现当屋子的噪声处于正常水平时，72%的被试会帮着收拾散落的书籍；而当噪声很大时，这个比例只有37%。其他的研究者也发现，巨大的噪声使人们忽略了环境中的其他事物，并驱使人们尽快逃离该情境。

3.时间压力

时间压力也影响人们的助人行为。假如你正在校园里散步，这时候有人忽然拦住你，让你提供一些帮助，你会不会帮他呢？同样的事情如果发生在你急着去上课，你又会如何对待呢？常识及一些研究均显示，在前一种情境下，我们更可能去帮助他人，我们经常因为太忙而无法帮助他人。达利等人的实验为此提供了很好的证据。他们以神学院的学生为被试，要求他们从一幢楼走到另一幢楼，以便和某个人讨论圣经中和善的撒马利亚人的故事。研究把被试分成两组，告诉其中一组被试慢慢地走，不用赶时间；而告诉另外一组说对方在等他们，所以必须尽快赶去。在走过去的途中，被试会碰到一个衣衫褴褛的人，他不停地咳嗽并自言自语。研究者想知道，被试会不会停下来帮助他。结果匆匆而过的那一组被试只有10%的人提供了帮助，而悠闲的那一组有63%的人提供了帮助。

（二）助人者的特点

情境因素能增加或减少个体表现出利他行为的可能性，但是有些研究也发现，一些人即使在不利的情境中也会帮助他人，而有些人即使在最有利的条件下也不去助人。可见助人者的特点在很大程度上影响人们的助人倾向，从这个角度来看，与助人行为或利他行为有关的因素包括以下几个方面：

1.助人者的人格因素

虽然我们无法给"乐于助人的人"画出一幅人格剖面图，然而，确实存在着一些人格特质，它们能使一个人在一些情境下表现出较大的助人与利他倾向。萨陶（Satow）发现，对社会赞许需求高的人，更可能给慈善机构捐款，但这种助人行为只有在其他人能看到时才出现。这些人之所以助人，是因为他们想受到表扬。另外一种人格因素是个体的爱心与道德感。在一项研究中，伦顿（London）访问了那些在"二战"中冒死救助犹太人的基督徒，发现这些人都有很强的个人道德感，并且与自己的父亲或母亲在这一点上极为相似，父母是他们行为的道德指引者，可见父母在孩子助人行为上的深刻影响。

2.助人者的心情

心情也会影响人们的助人行为。不少证据显示，当一个人心情很好时，他较乐于帮助他人。比如艾森（Isen）就发现，在图书馆得到一份免费的午餐，在电话亭里捡到一枚硬币，在实验室里工作表现好或听到好听的音乐，都能使一个人的助人可能性增加。如果没有这些令人心情愉快的事情发生，个体的助人倾向便大打折扣。很显然，这些正性情绪增加了人们助人的意愿。

然而，正性情绪所产生的效果有时候会受到限制。首先，由好心情引发的助人效果一般很短暂，大约为20分钟，之后便不起作用。其次，假如向他人提供帮助会损及个人的愉快心情，则愉快情绪将降低个人的助人行为，因为心情很好的人希望自己的良好情绪能得以保持。悲伤或沮丧的心情对助人行为的影响则要复杂得多：有些情况下，不好的情绪使人们只注意自己的需求，从而降低了助人的可能性；但在另外一些情形下，帮助他人又能使人们感到愉快，因而缓解其不良的情绪。

3. 助人者的内疚感

与亲社会行为有特殊关系的另一种心理是人们的内疚感（guilt）。内疚感是指当人们做了一件自己认为是错误的事时，所唤起的一种不愉快情绪。为了降低这种情绪，人们常常会选择去帮助他人。在弗瑞德曼（Freedman）等人的一项研究中，被试坐在一张桌子边上等待实验开始。在有些情境中，桌子极易被打翻，所造成的结果是桌子上的卡片散落了一地。实验者告诉被试这些卡片是某个人写论文急需的资料，当被试打翻桌子时，他会因搅混了这些卡片而产生内疚感。在另外一种情境里，桌子很稳固，卡片也没有被弄乱。结果与预期一样，诱发内疚感的情境使人们产生了更多的助人行为。对于内疚感产生的影响，一些研究者认为可能与人的两种动机有关：一方面，有内疚感的人希望通过做善事以弥补自己的过错；另一方面，他们希望能避免直接面对受害者，以免尴尬。

在内疚感与助人行为的关系中还有一个有趣的现象，这就是忏悔（confession）的效果。忏悔能使个体的内疚感降低。卡尔史密斯的研究支持了这种观点。在研究中，实验者要让被试相信，由于被试使用了不好的信息而破坏了实验结果。之后一部分被试有机会向实验者忏悔自己的错误，而另一些被试则没有这样的机会。同时还有一个控制组，该组被试并不认为自己破坏了实验结果，随后测量被试愿意继续参加实验的时间。结果显示内疚感增加了人们的助人行为，忏悔降低了罪恶感，也减少了助人行为，如表10-2所示。

表10-2 内疚感、忏悔与助人行为

情境	自愿参与进一步实验的时间（h）
内疚组	4.33
忏悔组	2.67
控制组	1.92

4. 个人困扰与同情性关怀

个人困扰（personal distress）是指当我们面对他人受难时所产生的个人反应，如恐惧、无助或任何类似的情绪。同情性关怀（empathic concern）是指同情心及对他人关心等，尤其是指替代性地或间接地分担他人的苦难。二者的区别在于前者将焦点集中于自己，而后者把焦点集中在受害者身上。个人困扰促使人们设法去降低自己不舒服的感觉，人们既可以通过帮助他人达到这一目的，也可以通过逃避或忽略苦难事件而达此目的。而同情性关怀只能表现为帮助处于困境中的他人。许多研究证明了同情心能增加人们的亲社会行为。在一项研究中，主试告诉被试一个名叫卡罗的大学生在车祸中双腿骨折，这使他的功课落下了很多，然后再让被试听一盒与卡罗谈话的录音带，问每个被试是否愿意帮助卡罗。实验者利用被试听录音时的指导语操纵同情心：在高同情心组里，被试被要求想象卡罗对受伤的感受，以及这次意外对他的生活造成了什么样的影响；在低同情心组里，实验者让被试尽量采取客观的态度去听谈话的内容，不用关心感受。结果与预期的一样，高同情心组有71%的人自愿去帮助卡罗，而低同情心组帮助的比例只有33%。心理学家戴维斯（Davis）针对人们的这两种特性编制了一个测量问卷，如表10-3所示。

表10-3　个人困扰与同情性关怀的测量

仔细阅读下面的题目，并在每个题目前边的横线上写上符合你自己情况的分数。

其中：

0＝完全不像我

1＝有点不像我

2＝说不清楚

3＝有点像我

4＝非常像我

同情性关怀量表：

①看到别人有危险，我常常有一种要保护他们的愿望。

②看到别人受到不公正的对待，我有时不觉得他们可怜。*

③对那些比我不幸的人，我常常很关心他们。

④我认为我是一个相当心软的人。

⑤有时看到别人有麻烦，我并不感到抱歉。*

⑥他人的不幸并不经常使我不安。*

⑦我常常受到发生在我周围事情的影响。

个人困扰量表：

①在紧急情况下，当我看到别人急需帮助，我会提供援助。

②在一个非常情绪化的情境中，我常常感到很无助。

③在紧急情况下，我感到恐惧和不舒服。

④我常常能够相当迅速地处理危难事件。*

⑤处于紧张情境中时，我很害怕。

⑥看见别人受到伤害，我也能够镇定自如。*

⑦紧急情况常常使我有一种不能控制自己的感觉。

注：打"*"的题目反向计分

（三）求助者的特点

人们的助人行为也受求助者特点的影响。斯洛科沃（Slochower）发现人们对慈善事业捐款的行为就与接受捐款的人有关，如果募捐者是一个非残疾人，人们不大会捐款。影响助人行为的求助者特点包括以下几个方面：

1. 是否受他人喜爱

人们经常会帮助自己喜欢的人，而人们对他人的喜欢与否一开始便会受到如外貌与相似性等因素的影响。在许多情况下，长相漂亮的人更可能获得他人的帮助。在本森（Benson）等人的一项现场研究中，研究者把一份填好的入学申请表放在机场的公用电话亭里，申请表上面已经贴好了邮票，只等寄出。研究操纵了外貌特征这一变量：有时申请表上贴上很漂亮的照片，有时则贴上不漂亮的照片。结果证明，照片上的人无论是男是女，只要漂亮，人们更可能帮他（她）寄出申请表。除了外貌的因素，求助者与助人者的相似性对助人行为的发生也很重要。艾姆斯威勒（Emswiller）在一项研究中以嬉皮士为被试，研究他们的助人行为。研究中他把助手打扮成"嬉皮士"或"正直的人"，结果发现：77%的嬉皮士帮助了同类，而只有32%的嬉皮士帮助了"正直的人"。来自同一国家、具有某些相似的态度等都能促进助人行为的产生。

2. 是否值得他人帮助

一个人是否会得到帮助也部分取决于他是否值得帮助。比如，在路上人们大多会去帮助一个因生病而晕倒的人，而不太会去帮助一个躺在地上的醉汉。维纳通过对大学生的研究发现，如果大学生认为自己的同学是由于某些不可控的因素，如教师讲得不清楚而借笔记，他们较乐意把笔记借给同学；但如果是由于可控性的原因，如从不好好记笔记，则他们不大乐意将笔记借给该同学。假如一个人能借自己的力量完成某项任务，人们便不会去帮助他。

3. 性别的影响

性别因素也影响助人行为的出现。伊格列（Eagly）等人发现当危险出现时，男性比女性表现出更高的助人倾向，但可惜的是这种行为只针对女性求助者，尤其是漂亮的女性，而不是男性求助者。与男性的这种偏好不同，女性助人者的助人行为则不受求助者性别的影响，并且在特定情境下女性也会有较高的助人倾向。比如 Shumaker 指出，指出，他人所需要的帮助是同情等社会与情绪支持时，女性的助人倾向比男性更大。

本章小结

根据社会行为产生的后果，可将社会行为分为亲社会行为与反社会行为，前者是指任何自发性地或有意图地帮助他人，有利于社会发展的行为，后者是指有意伤害别人且不为社会规范所许可的行为，其中最有代表性的是侵犯行为。

关键概念

侵犯行为；挫折；亲社会行为；社会责任规范；相互性规范；社会公平规范

思考与练习

1. 结合有关理论，说明遗传和环境因素在人类行为发展中起着怎样的作用。
2. 人们为什么会愤怒？挫折侵犯理论怎样解释人类的侵犯行为？
3. 试述温度、线索、去个体化和饮酒等对侵犯行为的影响。

4. 减少侵犯行为的方法有哪些？
5. 结合有关研究，谈谈媒体暴力对儿童侵犯行为的影响。
6. 社会生物学和社会进化论怎样解释人类的利他行为？
7. 影响助人行为的因素有哪些？

参考文献

[1] 吴甜甜.中国当代社会心理学发展的新方向[J].科教导刊（中旬刊），2016（11）：169-171.

[2] 杨中芳.试谈大陆社会心理学研究的发展方向[J].社会学研究，1987（4）：62-89，105.

[3] 葛鲁嘉.社会心理学研究的多元学术取向[J].武汉科技大学学报（社会科学版），2021，23（6）：666-673，580.

[4] 黄雪娜，金盛华，盛瑞鑫.近30年社会心理学理论现状与新进展[J].社会科学辑刊，2010（3）：54-59.

[5] 倪卓.他者"镜像"中的朝鲜族[D].延吉：延边大学，2017.

[6] 林全金，田小彪.印象管理理论背景下大学生人际互动问题与对策[J].才智，2022（8）：113-115.

[7] 杨佳倩.归因理论在企业管理者决策中的作用[J].经营与管理，2021（6）：72-77.

[8] 张爱卿.归因理论研究的新进展[J].教育研究与实验，2003（1）：38-41.

[9] 王浩，俞国良.亲密关系中的权力认知[J].心理科学进展，2017，25（4）：639-651.

[10] 诸彦含，周意勇，刘丽颖，等.组织中的人际冲突：类型、模型与表达[J].心理科学进展，2016，24（5）：824-835.

[11] 孙钊远.比较人和其他动物的利他行为及动机[J].祖国，2019（10）：292-293.

[12] 余明友.社会侵犯行为的心理成因及控制对策[J].社科纵横，2011，26（7）：75-76，84.

[13] 王恩界，乐国安.社会心理学关于侵犯行为的理论探析[J].社会科学战线，2006（3）：270-272.

[14] 宋勃东，李永娟，董好叶，方平，王岩.无惧失败预测幸福：成就动机对心理幸福感的预测作用[J].心理科学，2015（1）.

[15] 王颜芳，程文娟.成就动机研究现状与展望[J].管理工程师，2016（12）.

[16] 李常旭.社会排斥对印象管理的影响：权力感与亲和动机的中介作用[D].长春：吉林大学，2019（5）.

[17] 王建峰，戴冰."追名弃利"：权力动机与社会存在对亲社会行为的影响[J].心理学报，2019（12）.

[18] 游韵.中国文化观照下的社会情感学习[J].西北师范大学学报（社会科学版），2022，

59（2）：38-47.

[19] 郑旭涛.集体行动：概念比较中的理解[J].探索，2020（4）：64-75.

[20] 柯泽，宋小康.从真实互动到虚拟互动：网络社会中地域偏见的重塑[J].新闻与写作，2022（3）：56-64.

[21] 席美云.社会心理学原理与应用发展探析[M].北京：新华出版社，2014：279.

[22] 陈晶.关于流动人口社会融合的几点争论——在"时间—空间—群体"维度上的探讨[J].人口与社会，2017，33（3）：23-32.

[23] 原光.管理心理学[M].北京：中国政法大学出版社，2018：319.

[24] 周秋红.网络论坛领导者的心理品质分析[C]//中国心理学会发展心理学专业委员会、中国心理学会教育心理学专业委员会二○○六年度学术年会论文摘要集.[出版者不详]，2006：53.

[25] 刘训练.西方群体政治心理研究的发展历程[J].南京社会科学，2013（8）：83-89.

[26] 薛婷.中国人参与集体行动的社会心理规律[D].南开大学，2012.

[27] 徐旭林.社会群体行为建模及其动力学分析[D].南开大学，2010.

[28] 李朔.从众行为的心理分析及应用[J].辽宁行政学院学报，2002（2）.

[29] 朱振菁，吴莉莉，杨扬.浅析人际交往中从众、顺从与服从现象[J].学理论，2012（4）.

[30] 白洁，马惠霞.对暗示的心理学分析[J].中共山西省委党校学报，2006（2）.

[31] 潘喜梅.如何进行有效的人际沟通[J].知识经济，2013（11）.

[32] 刘雨玲.人际沟通的研究进展[J].现代交际，2018（9）.

[33] 贺序，邓亚琴.人际沟通能力的常见障碍和技巧解析[J].才智，2013（5）.

[34] 徐秀芳.人际沟通障碍及其消除[J].安庆师范学院学报，2008（7）.

[35] 张曦.论人际沟通障碍的克服[J].商业文化，2011（10）.

[36] 时蓉华.现代社会心理学[M].上海：华东师范大学出版社，1989：72.

[37] 阿尔蒙德，鲍威尔·比较政治学——体系、过程和政策[M].曹沛霖，译.上海：上海译文出版社，1987.

[38] 迪韦尔热·政治社会学——政治学要素[M].杨祖功，王大东，译.北京：华夏出版社，1987.

[39] 里查德·E.唐森，肯尼斯·普热维特·政治社会化[M].纽约：小布朗公司，1969.

[40] Kenneth. P. Langton. Political socialization[M]. NewYork：Oxford University Press，1969.

[41] 邓艳.论个体心理发展的社会化心理机制及对青少年思想教育的方法论要求[J].青少年学刊，2019（2）：28-32.

[42] 刘建榕.从行为遗传学的发展再看人类心理发展[J].福建师范大学学报（哲学社会科学版），2007（2）：142-145.

[43] Morelli G A, Tronick E Z. Efe father：one among many？ A comparison off oragechil-

dren's involvement with fathers and other males[J]. Social development, 1992, 1: 36-54.

[44] Horn J M. The texas adoption project: adopted children and their intellectual resemblance to biological and adoptive parents[J]. Child development, 1983, 54: 268-275.

[45] Nagoshi C T. "Behavioral genetics", in en-cycolpedia of human behavior[M]. Pittsburgh: Academic Press, 1994: 345-357.

[46] Gottieb G. Normall yoccurring environmental and behavioral influences on geneactivity: from central dogma to probabilistic epigenesis[J]. Psychological review, 1998, 105: 792-802.

[47] Eric Turkheimer. Heritability and biological explanation[J]. Psychological review, 1998, 105: 782-791.

后 记

　　本书是根据社会心理学的发展历史与现状，结合社会心理学领域的最新研究成果，在总结自身教学经验的基础上，融合社会工作、社会学、心理学方面的已有研究成果，吸取大量国内外文献资料而编写。本书可供各高校社会学、心理学、社会工作等相关学科的师生作为教材或拓展读物进行教授与学习，也欢迎对社会心理学学科感兴趣的社会各界读者朋友进行参考。

　　在此，我们要对致力于社会心理学研究的国内外专家学者表示由衷的感谢，感谢出版社对本书的出版给予的大力支持，同时感谢我的诸位学生对本书编写及校对工作所提供的帮助。

　　由于编写人员专业水平有限，本书难免存在一些错误与不当之处，望广大读者朋友能够对本书进行批评指正，以使我们今后对本书不断修订、充实与完善。

徐从德
2022年1月